绿色交通建设与维护丛书

地铁施工与安全控制

孙谭勇　祁正平　肖　威　主编

中国建设科技出版社有限责任公司
China Construction Science and Technology Press Co., Ltd.

北　京

图书在版编目（CIP）数据

地铁施工与安全控制 / 孙谭勇，祁正平，肖威主编. --
北京：中国建设科技出版社有限责任公司，2025.5.
--（绿色交通建设与维护丛书）. -- ISBN 978-7-5160-4470-4

Ⅰ. U231.3

中国国家版本馆 CIP 数据核字第 2025940UH5 号

地铁施工与安全控制
DITIE SHIGONG YU ANQUAN KONGZHI
孙谭勇　祁正平　肖　威　主编

出版发行：中国建设科技出版社有限责任公司
地　　址：北京市西城区白纸坊东街2号院6号楼
邮　　编：100054
经　　销：全国各地新华书店
印　　刷：北京雁林吉兆印刷有限公司
开　　本：787mm×1092mm　1/16
印　　张：11.75
字　　数：300千字
版　　次：2025年5月第1版
印　　次：2025年5月第1次
定　　价：78.00元

本社网址：www.jskjcbs.com，微信公众号：zgjskjcbs
请选用正版图书，采购、销售盗版图书属违法行为
版权专有，盗版必究。本社法律顾问：北京天驰君泰律师事务所，张杰律师
举报信箱：zhangjie@tiantailaw.com　　举报电话：(010) 63567684
本书如有印装质量问题，由我社事业发展中心负责调换，联系电话：(010) 63567692

编 委 会

主　编　孙谭勇［重庆市轨道交通（集团）有限公司］
　　　　　祁正平（中国水利水电第四工程局有限公司）
　　　　　肖　威（中铁五局集团电务工程有限责任公司）
副主编　黄守辉（中交一航局城市交通工程有限公司）
　　　　　王　忠（福建富源鸿大机电设备工程有限公司）
　　　　　张　磊（深圳市城市交通规划设计研究中心股份有限公司）
　　　　　刘云龙（中咨泰克交通工程集团有限公司）
　　　　　张云飞（中国交通建设股份有限公司轨道交通分公司）
　　　　　张　烨［中交三航局第六工程（厦门）有限公司］

前　言

地下铁路，简称为地铁，是城市轨道交通的重要组成部分。地铁所拥有的独特优势，如不占用地上空间、安全快捷、能够有效缓解交通拥堵、节能减排、促进城市绿色发展等，使其成为人们出行的必乘交通工具之一，也成为众多国家重点发展的城市交通基础设施。

地铁施工往往需要穿越城市繁华区域，这些区域居民居住密度较大，商务活动繁多，施工限制因素较多，地下工况复杂，因此须综合考虑现场实际情况选择科学合理的施工方法。

和普通工程建设项目相比，地铁工程具有隐蔽性强、作业空间有限、施工环境复杂、地下管线多、紧邻建筑物等特点，因此，地铁施工对于施工变形控制的要求极高。另外，城市地铁工程所在区域水文地质情况较为复杂，施工过程会面临诸多不确定性因素。地铁工程由于涉及城市地铁轨道、车站、区间等的建设，所以施工结构形式也较多，施工难度较大。以上特点都决定了地铁施工过程具有较高的风险性，因此需要进行地铁施工风险管控，提升施工安全控制能力，以降低施工风险，避免事故发生和保护人员生命安全。

本书在参考《地下铁道工程施工质量验收标准》（GB/T 50299—2018）、《工程岩体分级标准》（GB/T 50218—2014）、《混凝土结构工程施工规范》（GB 50666—2011）、《混凝土结构工程施工质量验收规范》（GB 50204—2015）、《钢筋焊接及验收规程》（JGJ 18—2012）、《钢筋机械连接技术规程》（JGJ 107—2016）等标准的基础上，重点介绍地铁施工的常见施工技术，以重庆轨道交通 24 号线一期 3 标工程、成都轨道交通 19 号线二期工程和深大城际 2 标常规设备安装装修一工区等项目为案例，进一步阐述地铁地下车站和区间隧道的施工工艺；结合地铁施工常见的安全风险，对地铁施工的安全控制进行深入分析。全书共 5 章，分别为绪论、地铁车站施工、地铁区间施工、地铁工程质量试验与检测和地铁工程施工安全风险及管控。本书适合地铁工程、城市轨道交通及地下工程等项目施工人员学习参考。

本书编写分工如下：第一主编孙谭勇负责第 2 章的第 1~3 节及第 3 章的第 3 节的编写，并负责全书的统稿及前言、参考文献的整理；第二主编祁正平负责第 1 章，第 3 章的第 2 节、第 4 节的编写；第三主编肖威负责第 2 章的第 4.3 节，第 3 章的第 1.1~1.3 节，第 4 章的编写；第一副主编黄守辉负责第 3 章的第 1.4~1.6 节，第 5 章的第 1、2 节的编写；第二副主编王忠负责第 2 章的第 4.1、4.2 节，第 5 章的第 3 节的编写。

鉴于编写人员专业能力和知识储备有限，书中难免有疏漏和不足之处，恳请广大读者批评指正。

编 者
2025.2

目 录

1 绪论 ·· 1
   1.1 地铁的组成 ··· 1
   1.2 地铁的优缺点 ··· 4
   1.3 地铁发展概述 ··· 5

2 地铁车站施工 ··· 7
   2.1 地铁车站明挖法施工 ·· 7
   2.2 地铁车站浅埋暗挖法施工 ··· 42
   2.3 地铁高架车站施工 ·· 47
   2.4 地铁车站安装装修工程施工 ·· 54

3 地铁区间施工 ·· 73
   3.1 地铁隧道区间盾构法施工 ··· 73
   3.2 地铁隧道区间矿山法施工 ··· 99
   3.3 地铁隧道区间 TBM 法施工 ·· 115
   3.4 地铁高架区间施工 ·· 135

4 地铁工程质量试验与检测 ··· 146
   4.1 原材料送检与配合比验证 ··· 146
   4.2 混凝土试件留置与养护 ·· 147
   4.3 钢筋原材料及接头检验 ·· 148
   4.4 车站施工中的试验检测内容 ·· 149
   4.5 盾构施工过程中的试验检测内容 ··································· 151
   4.6 矿山法隧道施工过程中的试验检测内容 ·························· 153

5 地铁工程施工安全风险及管控 ··· 156
   5.1 明挖法基坑施工安全风险及管控 ··································· 156
   5.2 浅埋暗挖法施工安全风险及管控 ··································· 160
   5.3 盾构隧道施工安全风险及管控 ······································ 166

参考文献 ··· 176

1 绪 论

1.1 地铁的组成

根据地铁功能要求、使用要求、设置位置的不同,地铁可划分成地铁车站、地铁区间和车辆段三部分。限于篇幅,本书主要介绍地铁车站、地铁区间这两部分的相关内容。

1.1.1 地铁车站

地铁车站是城市地铁路网中的一种重要建筑物,它是供乘客乘降、换乘和候车的场所,应保证乘客方便、安全、迅速地进出车站,并有良好的通风照明、卫生、防火设备等,给乘客提供舒适、清洁的环境。

地铁车站应配备主要的技术设备和运营管理系统,从而保证城市地铁的安全运行。地铁车站里的辅助设备包括自动扶梯、直升电梯、卷帘门、防洪门、乘客引导标志、照明系统、售检票系统、车站设备自控系统等。根据需要,地铁车站还可设置屏蔽门和防核辐射门等。

1.1.1.1 地铁车站的组成

地铁车站一般由站厅区域、站台区域、出入口、风亭和冷却塔等使用空间组成。

1. 站厅区域

站厅区域一般划分为公共区(分非付费区和付费区)、设备区两部分。

2. 站台区域

站台区域一般划分为候车区及部分设备区。地铁站台按照线路分布情况,又可做如下分类,如图1.1所示。

(1)岛式站台:站台位于上下行行车线路之间。
(2)侧式站台:站台位于上下行行车线路的两侧。
(3)混合式站台:将岛式站台及侧式站台一同设在一个车站。

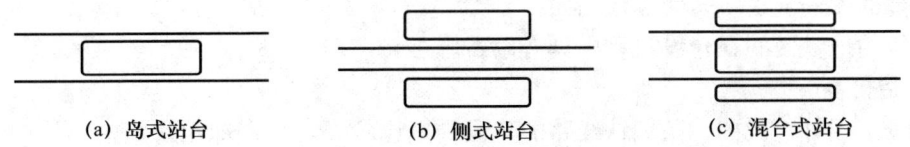

(a) 岛式站台　　　　(b) 侧式站台　　　　(c) 混合式站台

图1.1 地铁站台按线路分布分类

需要注意岛式站台和侧式站台的区别。侧式站台候车客流换乘不同方向的车次必须通过天桥才能完成,一旦乘客走错方向,会给换乘带来很多不便;但侧式站台候车方式带来的轨道集中布置，有利于区间采用大的隧道或双圆隧道双线穿行，具有一定的经济性。岛式站台便于客流在站台上互换不同方向的车次，岛式站台的两根单线单隧道布线方式在城市地下工况复杂的情况下穿行时具有较大灵活性。

3. 出入口

地下车站一般设 4 个出入口，分期修建时，不少于 2 个。车站的规模、人行楼梯及自动扶梯的设计除应满足上下乘客的需要外，还应满足站台层的事故疏散时间不大于 6min 的需求。

车站出入口平台标高，一般应高于附近规划地面或车站防洪设防高程。

4. 风亭

风亭的设置应尽量考虑与地面建筑合建，合建时应考虑防火措施和基本卫生要求，独立修建的风亭一般应在道路红线以外。

5. 冷却塔

冷却塔应尽量布置在邻近建筑物的屋顶上。当因条件限制不能布置在邻近建筑物的屋顶上时，可布置在周围的地面上。特殊地段冷却塔可采用下沉式或全地下式的布置方式，但必须满足工艺要求，周边应设置绿化，并采取安全措施。

1.1.1.2 地铁车站的特点

地铁车站在实际工程建设中需满足以下几个方面的特点。

（1）根据实际选择规模合适的车站，以经济适用为主。

（2）车站的建筑设计能够遵循当地的风土人情、城市风格、环境特点。

（3）当客流量较大时，需采取措施和选用相关设备，以保证环境清洁、集散迅速、温度合适等。

（4）选取车站的类型应结合周围交通线路情况及环境特点，最大化利用城市面积和空间。尽量减少对周围环境的影响，整个工程应向管线改迁少、拆迁房屋少、造价低的目标发展。

（5）车站地理位置的选取应兼顾各种因素。例如，交通是否便利、距离商业区远近程度、是否有利于乘客换乘等，一定要根据高峰期人流量确定站台、站厅及相关公共区域的面积。

1.1.2 地铁区间

地铁隧道的施工方法不同，会形成不同断面形式的区间隧道，简称为地铁区间。目前，地铁区间的断面形式主要有矩形断面、马蹄形断面、圆形断面（图 1.2），其中由盾构修建的区间隧道，多为圆形断面。

我国的地铁区间在建设过程中具有以下施工特点。

1. 造价高

相较于国外，我国一条地铁线路的建设周期比较短，投资却相对集中。早期，我国每千米的地铁造价达到八九亿元，近几年地铁的造价有所降低，一般也在 3 亿～5 亿元，长距离的地铁区间隧道是地铁线路的重要组成部分，所需要的资金投入很大。

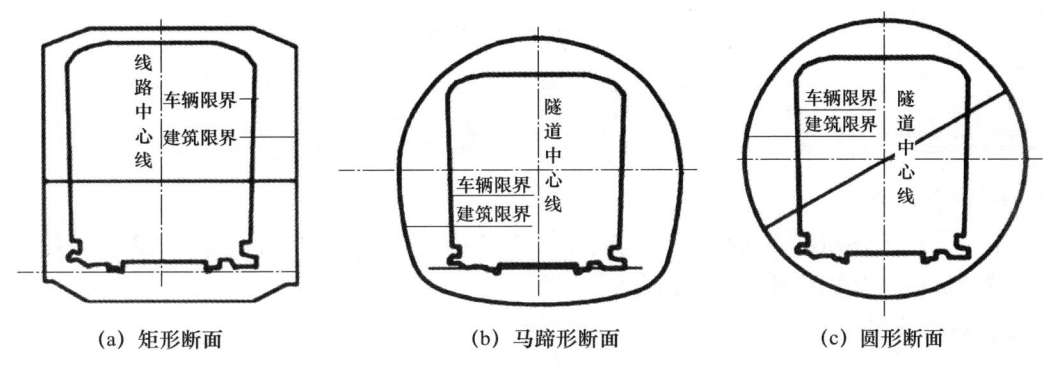

图 1.2 地铁区间断面形式

2. 周边环境条件复杂

我国修建地铁的各个城市的地形、地貌和水文地质条件各不相同,地铁施工前的相关地质勘察难以做到尽善尽美,尤其在一些地质条件复杂地区,等到开挖之后往往会发现,实际情况要比勘测了解的情况复杂许多。

3. 施工技术难度高

我国的地铁施工过程中,地质的复杂性决定着工程的难易程度。虽然在施工前都会进行地质监测和岩土勘察,但是由于地质具有多变性,地铁施工过程中可能会遇到土层塌陷、地面沉降等问题。且在岩溶地质、瓦斯地质、高应力、软土地层等复杂地质条件下,地铁施工技术难度更高。

4. 影响因素多

地铁线路的地下部分一般修建在城市道路之下,难免会遇到多方面条件的干扰和制约,其中路面上的交通,尤其是车流和人流,路面之下的城市管线和附近的建筑物,以及现场狭窄的施工环境都对施工过程影响较大。

5. 质量和安全标准高于一般的建设项目

地铁作为城市重点建设项目,在修建过程中会受到社会大众的广泛关注,必须对质量严格把关,一旦发生事故,会造成严重的经济损失和恶劣的社会影响。

6. 建设时间不充足

修建一条地铁的合理工期一般在五六年,可是我国的合同工期要比合理工期少一两年。有些地铁项目的建设有时会与城市重大活动的举办挂钩,赶工期往往成为家常便饭。

7. 投资相对较少

一条地铁的建成需要一笔非常庞大的资金。目前我国修建地铁的资金有一部分来源于地方财政,为了省钱,有些城市或地区将费用压得很低,这无疑会对地铁施工的质量和安全造成一定的负面影响。

8. 施工安全难以保证

基于以上几个特点,地铁施工的安全性得不到明确的保证。在如此条件下,一旦发生安全事故,需要相关人员尽快摸清安全事故发生的原因,由此制定出适用于该地铁施工的安全管理措施,这无疑对地铁施工现场的安全管理提出了更高的要求。

1.2 地铁的优缺点

1.2.1 地铁的优点

1. 节省地面空间

由于一般大都市的市区用地受到限制,且价格昂贵,在市区将轨道交通建于地下,可以节省地面空间以用作其他用途。

2. 降低噪声

地铁建于地下,可以降低噪声。

3. 减少与地面交通间的相互干扰

由于地铁交通主要在地面以下,其路线为全封闭、不与其他地面交通系统(如道路)交叉,因此行车不受干扰,可节省大量通勤时间。

4. 节约能源

在全球变暖日趋严重的情况下,地铁被公认为最佳大众化交通运输工具。由于地铁行车速度稳定,大量节省通勤时间,因而公众乐于搭乘,开私家车上下班人数大量减少,从而节约能源。

5. 减少环境污染

一般的汽车使用汽油等作为能源,而地铁使用电能,没有尾气的排放,因而可减少环境污染。

6. 运量大

地铁的运输能力要比地面公共汽车大 7~10 倍,其运量大是任何城市交通工具所不能比拟的。

7. 速度快

地铁列车在地下隧道内风驰电掣地运行,依据《城市轨道交通分类》(T/CAMET 00001—2020),地铁设计最高速度区间为 80~120km/h。

8. 安全舒适

地铁的交通事故率大大低于地面道路交通,安全性好,乘车舒适度高。

9. 准时

地铁按时间发车,每个车站只停车 40s 左右,而且中途没有红绿灯,几乎不会出现塞车等状况,可保证地铁列车准点到达车站。

10. 抗雪灾、冰雹等灾害

在雪灾情况下,地铁交通不受影响;在冰雹灾害条件下,地铁交通乘客不会受到身体伤害。地下铁道可避免受到户外恶劣天气的破坏,从而降低维修费用。

1.2.2 地铁的缺点

1. 建造成本高

由于地铁大部分都修建在地下,且地下车站和区间都需要在土体中进行开挖修建,因此其建造成本比建于地面的高架线路高很多。

2. 前期准备时间长

由于建设地铁前需要规划和政府审批，甚至还需要试验，从开始酝酿到付诸行动破土动工，需要非常漫长的时间，短则几年，长则十几年，甚至更长的时间。

3. 对水灾、火灾和恐怖事件等的抵御能力差

由于地铁内的系统均低于地平线，地上的雨水容易灌入地铁内。因此，地铁在设计时不得不规划充分的防水排水设施，即使如此也可能发生地铁站淹水事件，如2001年台北捷运在"纳莉"台风侵袭时就曾经发生了淹水事件。

1.3 地铁发展概述

1.3.1 国外地铁发展概况

伦敦地铁是世界上最早的地下铁路，于1856年开始修建，采用明挖法施工，为单拱砖砌体结构，1863年1月10日正式投入运营，以蒸汽机车牵引列车。自1863年至今，伦敦地铁在技术上日益成熟，是当今世界先进地铁系统的重要代表。伦敦地铁为人口密集的城市发展公共交通提供了良好的榜样示范，世界上一些著名的大都市相继开始建设地下铁路，极大改善了公共交通客运环境和服务条件，地铁建设显示出强大的生命力和发展潜力。

截至19世纪，英国、美国、法国、匈牙利、奥地利五国率先建成了地铁。即使在二战期间，各国忙于应对战争，地铁建设处于低潮时期，仍有日本的东京、苏联的莫斯科等城市修建了地铁。

结合国外城市轨道交通的发展历程，地铁发展大致可划分为4个阶段：19世纪60年代至20世纪20年代初为初步发展阶段，欧美国家轨道交通发展迅速，地铁的诞生极大地缓解了公共交通的拥挤状况；20世纪20年代末至20世纪40年代末为萎靡停滞阶段，由于汽车工业的发展以及二战带来的影响，地铁发展滞后；20世纪50年代初至20世纪60年代末，地铁重新进入发展阶段，汽车工业得到迅速发展，但带来了城市道路堵塞、空气污染严重、影响生活环境等问题，清洁环保的地铁再次进入人们的视线；20世纪70年代至今，地铁进入快速发展阶段，世界各国经济质量和效益提升、城市化深入发展，交通在城市的发展过程中有着举足轻重的作用，大力发展包括地铁在内的城市轨道交通成为重中之重。

1.3.2 国内地铁发展概况

相较于西方，我国地铁建设起步较晚。我国地铁建设以大城市和省会城市为主，北京地铁一期工程于1969年基本建成，是我国第一条地铁。我国香港地区的地铁自1979年起为乘客提供市区列车服务。我国台湾地区的地铁（当地称为"捷运"）则始运营于1996年，是台北的文山内湖线（改名前称为"木栅内湖线"）。

结合我国城市轨道交通建设的过程，地铁发展主要经历了两个阶段。

20世纪50年代初至20世纪80年代末，我国城市轨道交通处于低速发展阶段。其间，有轨电车由于载客能力小、速度慢等特点逐渐退出历史舞台，我国地铁建设逐渐起步，这一阶段的地铁建设形式单一，以战备为主兼顾交通，尚未形成城市轨道交通网络。1969 年投入运营的北京地铁，开创了我国地铁建设的先河。

20 世纪 80 年代末至今，我国城市轨道交通处于高速发展阶段。由于城市化、工业化进程的加快，城市交通需求剧增，交通拥堵问题突出，加快建设大容量公共交通，形成灵活、系统的城市交通网络成为这一时期的迫切需求，地铁建设在百万人口的大城市中具有广阔的市场和前景。2024 年 1 月 12 日，新华网《我国城市轨道交通运营里程突破 1 万公里》一文中提到："截至 2023 年 12 月，31 个省（自治区、直辖市）和新疆生产建设兵团共有 55 个城市开通运营城市轨道交通线路 306 条，运营里程 10165.7km……2023 年 12 月，我国城市轨道交通新增运营里程 250.1km，新增运营线路 6 条，为武汉地铁 19 号线、重庆地铁 18 号线、天津地铁 11 号线、郑州地铁 12 号线、贵阳地铁 3 号线、南通地铁 2 号线；新增运营区段 11 个，为北京地铁 11 号线西段剩余段、北京地铁 16 号线剩余段、北京地铁 17 号线北段、广州地铁 5 号线东延段、广州地铁 7 号线二期、深圳地铁 8 号线二期、武汉地铁 5 号线调整工程、南京地铁 7 号线南段、合肥地铁 2 号线延长线、合肥地铁 3 号线延长线、哈尔滨地铁 3 号线二期西北半环（中华巴洛克街区站至北马路站）。"

2 地铁车站施工

2.1 地铁车站明挖法施工

明挖法（明挖顺筑法）是指首先从地表向下开挖基坑，然后在基坑内从下往上建造车站的主体结构，最后回填土，恢复路面的施工方法。明挖法地铁车站大部分采用矩形框架结构，部分采用拱形结构。

2.1.1 明挖法施工工艺

一般来说，明挖法具有以下显著优点：①工序简单、管理方便；②施工场地宽敞、施工机械选择方便；③施工进度快；④施工质量可以得到充分保证；⑤造价低。

然而，明挖法也有缺点：①影响施工场地附近的居民生活以及交通；②对环境的污染比较大；③基坑坑壁的稳定性难以把控，但这也是明挖法施工的关键。

明挖法是一种相对简单、施工工艺成熟的地铁车站施工方法。下面对该方法的主要施工工艺进行介绍，具体包括地下连续墙施工、基坑降水、土方开挖、支撑架设。

2.1.1.1 地下连续墙施工

明挖法地铁车站通常设计为深基坑，宽度也较大。为了减小环境土压对基坑内施工安全的影响，一般在开挖前需要施作围护结构，地下连续墙以施工工艺成熟的优势，成为常用的围护结构。

1. 施工工艺流程

地下连续墙施工工艺流程：场地平整→测量放样→导墙施工→槽段施工→清孔验收→吊放钢筋笼及工字钢→采用防扰流设备→下设导管→泥浆使用→浇筑混凝土等。

其中的控制要点包括导墙施工、槽段施工及泥浆使用，具体分析如下。

2. 导墙施工

导墙的作用是防止地表土体坍塌，同时为槽段施工提供支撑平台。导墙的施工质量关系到地下连续墙的施工，必须引起高度重视。导墙的质量标准见表2.1。

表 2.1 导墙的质量标准

序号	验收项目	标准
1	内墙面与地下连续墙纵轴平行度	±10mm
2	内外导墙间距	±10mm
3	导墙内墙面垂直度	3‰
4	导墙内墙面平整度	3mm

续表

序号	验收项目	标准
5	导墙顶面平整度	5mm
6	导墙顶面标高	±10mm

导墙形式一般采用"⌐ ⌐"形。地质条件较差时，也可以采用"] ["形，并适当加深导墙。当混凝土强度达到设计强度的70%时，可以拆模，并立即使用方木顶紧两侧导墙。

成槽机在地下连续墙拐角处时，应根据成槽机的断面形状多延伸出300mm。分段施工现浇导墙时，水平段的钢筋应提前预留连接筋，以方便与相邻段导墙的钢筋相连接。导墙养护期间，重型机械不得在附近停放或从事施工作业。

3. 槽段施工

土层常采用液压抓斗成槽机进行地下连续墙的成槽施工；强度较高的中微风化岩层则常用冲击钻冲击成槽。

（1）液压抓斗成槽机成槽施工工艺流程。

地下连续墙采用分幅施工的方式，以6m为一个标准段。每幅连续墙施工时需要先抓取两侧土体，再抓取中间土体，防止两边受力不均对槽壁垂直度造成影响。

成槽机掘进时应做到稳、准、轻放、慢提，并及时监测成槽机内导杆和钢丝绳的垂直度。成槽过程中应保持泥浆面在导墙顶面以下0.3m，同时高于地下水位0.5m。

采用液压抓斗成槽机成槽时，挖槽完成后需要采用超声波测壁仪进行检测，从而确保槽壁的垂直度。

（2）冲击钻冲击成槽施工工艺流程。

采用冲击钻进行冲击成槽施工时，首先要采用冲击钻冲击主孔，主孔间距一般为地下连续墙厚度的1.5倍，然后针对主孔之间的部分，采取冲击副孔的形式进行冲击。最后用方形锤修整槽壁。

冲击钻冲击成孔过程中每次进尺0.5~1.0m时，要测量一次钻孔的垂直度，超过标准时应随时纠偏。同时，钻机应保持勤松绳、勤掏渣的状态，并随时检查钻头推进和提升钢丝绳之间的联结。

4. 泥浆使用

泥浆材料包括水、膨润土、增黏剂、其他外加剂等。外加剂的用量需要根据实际情况合理选择。泥浆的拌制：将原材料称量后投料，混合搅拌后，检测泥浆的性能指标，静置24h后使用。

新鲜的泥浆要经过检验后才能使用。使用过一次的泥浆，需要经过振动筛和旋流器进行分离和净化。处理之后与新鲜泥浆相混合，必要时补充一部分掺入材料，各项性能指标经检验符合要求后，即可循环使用。

挖槽过程中泥浆密度保持在1.05~1.25g/cm³，清空后泥浆密度保持在1.05~1.15g/cm³。

2.1.1.2 基坑降水

基坑降水的目的是降低土体的含水率，提高土体的抗剪强度及稳定性，以防止土体在开挖过程中发生滑坡破坏。基坑降水包括集水明排和井点降水。

1. 集水明排

集水明排是指通过在基坑周边设截水沟和集水井来收集地表水，防止地表水流入基坑内的排水方法。常见的做法是在基坑内设置排水沟，排水沟每隔20～30m设置一个集水井，集水井低于排水沟，从而保证地表水被及时收集到集水井内。集水井内要配备水泵，保证随集随排。

2. 井点降水

井点降水是人工降低地下水位的一种方法，故又称井点降水法。在基坑开挖前，在基坑四周埋设一定数量的滤水管（井），利用抽水设备抽水使所挖的土始终保持干燥状态。

（1）井点降水类型的选择。

选择井点降水类型时，应综合考虑降水深度及土壤类型两个因素。各种井点降水类型的适用条件见表2.2。

表2.2 各种井点降水类型的适用条件

井点降水类型	适用条件	
	渗透系数（m/d）	水位降低深度（m）
单层轻型井点	0.1～50	3～6
多层轻型井点	0.1～50	3～6
喷射井点	0.1～50	3～6
管井井点	20～200	>10
砂（砾）渗井点	20～200	按下浮强度、导水层的水头、导水性与坑深确定

（2）井管布置。

井管位置与外边沿距离不得小于1.5m。井管之间的距离要经过计算得到。

（3）降水井施工。

降水井施工工艺流程：准备工作→钻机就位→定位安装→开孔、下护管→钻进、成孔后换泥浆→井管安装→填过滤粗砂、封堵上口→洗井。

其中，重点工艺如下。

① 钻机就位：降水井定位后，钻机进场，基座保持平稳。

② 开孔、下护管：启动钻机、钻头钻进，达到设计深度时停机，提出钻头，安装护管，护管底要插至井底，护管上不应高出地面50cm。

③ 钻进、成孔后换泥浆：重新启动钻机，开始成孔施工，孔内自然造浆。钻机停机后依然保持泥浆护壁。

④ 井管安装：校核孔的垂直度，测量孔深，符合要求后，钻机将井管平稳地吊入孔中，进行测斜调整后完成安装。

⑤ 填过滤粗砂、封堵上口：井管内插入钻杆，密封井管上口，从钻杆向井孔内送浆冲孔，把泥浆稀释到密度为1.05g/cm³后，填入过滤料。

⑥ 洗井：用空压机清除孔内泥浆，直至井内完全出清水为止。再用污水泵进行反

复抽洗。

2.1.1.3 土方开挖

1. 土方开挖程序

土方开挖程序：测量放线→分段、分层开挖→排水→钢支撑工作面整平→钢支撑、钢围檩等施工。

2. 土方开挖施工

土方开挖应分层、分段、分块进行。分层开挖是指土方开挖需要根据施工组织设计中的支撑设置情况进行分层，每层均开挖至支撑底面标高以下 0.5m。分段开挖是指在分层开挖之后再沿车站的纵向，以若干个支撑的范围为一段，逐段进行土方开挖工作。分块开挖是指每层每段内的土方应采用分块开挖的方式，可以先挖两侧部分再挖中间部分。同一层内开挖时，常用的做法有两种：一种是沿基坑的纵向，由一端向另一端开挖；另一种是从两端向中间开挖。

基坑土方开挖遵守"先撑后挖、限时支撑、严禁超挖"的原则。先撑后挖是指土方开挖过程中，支撑的架设应及时，支撑完成后才可以进行下一层土方的开挖。限时支撑是指施工中要把握好土方开挖的时间和土方开挖后支撑架设完成的时间，不应拖延。严禁超挖是指土方开挖过程中要严格控制单次的土方开挖量，土方开挖至接近基底 200mm 时，应采用人工开挖的方式。

2.1.1.4 支撑架设

支撑架设的施工工艺流程如图 2.1 所示。

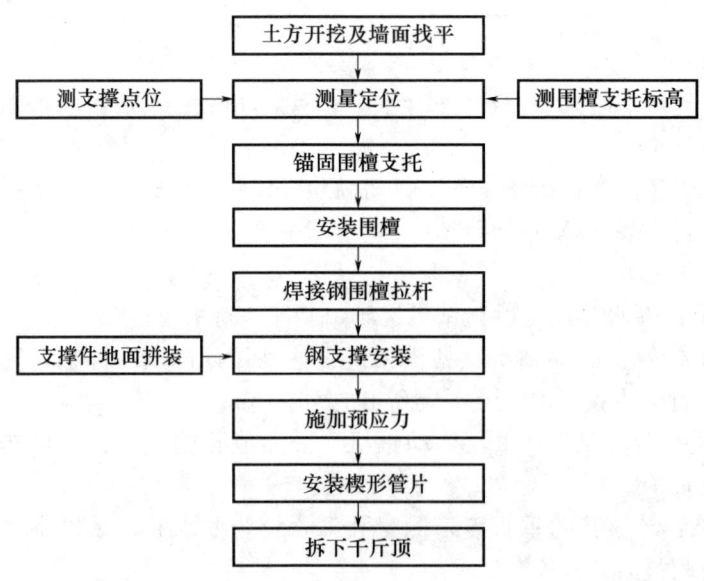

图 2.1 支撑架设的施工工艺流程

2.1.2　重庆轨道交通 24 号线一期 3 标工程项目案例

2.1.2.1　工程项目概况

重庆轨道交通 24 号线一期 3 标工程项目位于重庆市南岸区，项目线路总长 4.82km，共设两站三区间，即瓦子坝站、茶涪路站、瓦茶区间、茶商区间和地瓦区间，总造价 9.6 亿元。标段位置平面如图 2.2 所示。

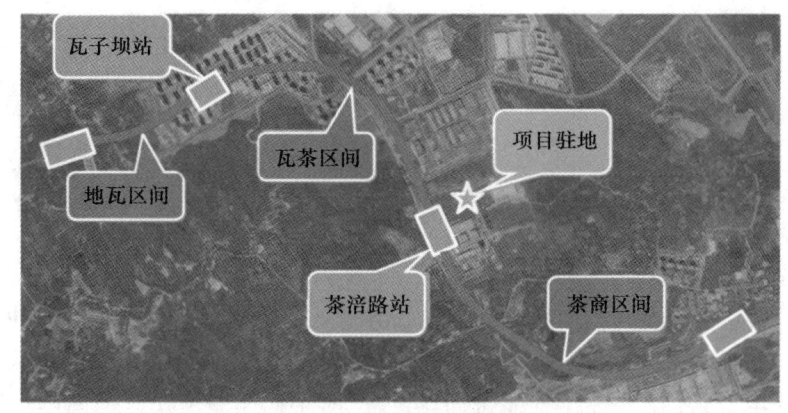

图 2.2　标段位置平面

重庆轨道交通 24 号线一期 3 标工程项目部驻地选址位于迎龙医药城西北侧，占地面积约为 4088m²，距离茶涪路站施工场地约 100m，距瓦子坝站行车距离约 3.5km。

瓦子坝站为地下三层（局部四层）岛式明挖车站。茶涪路站为地下三层岛式明挖车站。瓦茶区间、茶商区间和地瓦区间为 TBM［Tunnel Boring Machine，（全断面）隧道掘进机］区间。本部分主要介绍瓦子坝站和茶涪路站施工内容。

2.1.2.2　瓦子坝站和茶涪路站简介

1. 瓦子坝站

瓦子坝站为重庆轨道交通 24 号线一期 3 标工程第六座车站，位于经乐路与乐桃路交叉口处，主体沿乐桃路敷设，呈南北走向。

瓦子坝站（SK33+873.935～SK34+033.935）主体为地下三层（局部四层）双柱三跨结构，综合考虑该站周边环境特征、地质情况，采用明挖法施工。

主体建筑规模为 160m（结构净长）×20.66m（结构净宽）。主体建筑面积为 12357.96m²，有效站台长度为 122m，站台宽度为 12m。

2. 茶涪路站

茶涪路站为重庆轨道交通 24 号线一期 3 标工程第七座车站，位于茶园大道北侧地块下方，沿茶园大道东西向布置。

车站站型为地下三层岛式明挖车站，主体建筑规模为 245m（结构净长）×19.66m（结构净宽），主体建筑面积为 17800m²，有效站台长度为 122m，站台宽度为 12m。

茶涪路站（SK35+626.636～SK35+871.736）设置 5 个出入口，2 组风亭。车站顶板敷土 1～3.8m，底板埋深 21.9～23.3m。

2.1.2.3 瓦子坝站施工

1. 围护桩施工

围护桩施工操作要点如下。

(1) 桩位的测量放样。

采用全站仪坐标法来进行桩中心位置的放样,放样后四周设护桩并复测,误差控制在 50mm 以内。桩位用 ϕ10mm、长 35~40cm 的钢筋打入地面 30cm(四周填以水泥砂浆或混凝土来保护)作为桩的中心点,然后在桩位周围做标记,既便于寻找又可防止机械移位时破坏桩点。

(2) 钻机就位。

旋挖钻机底盘为伸缩式自动找平装置,并且操作室内有仪表准确显示电子读数,当钻头对准桩位中心十字线时,各项数据即可锁定,无需再做调整。钻机就位后钻头中心和桩中心应对正准确,误差控制在 2cm 内。

(3) 埋设护筒。

钻机就位后,在测量和施工技术人员的指导下,钻尖对准桩位中心,钻机旋挖至一定深度取出土后下放护筒。一般护筒埋深 1.5~2m,根据现场情况护筒应高出地面 30cm 左右。

护筒的要求:护筒选用整体式钢制护筒,壁厚不小于 10mm,护筒内径宜大于钻头直径 200mm,钢护筒的直径偏差为±10mm;为了增大护筒的刚度,防止周转使用中的变形,在护筒的上口、下口和中部的外侧各焊一道加劲肋。

护筒的埋设:在埋设护筒前,首先对场地进行平整,垫高并清除杂物。施工过程中,护筒的埋设采用旋挖钻机静压法来完成。首先正确就位钻机,保证机体垂直、钻杆垂直和桩位钢筋条安装正确;其次在钻杆顶部带好筒式钻头,在钻头的端部临时连接一个扩孔器,使成孔直径略大于设计孔直径,深度略小于护筒的埋深;再次用吊车吊起护筒并正确就位,用旋挖钻杆将其垂直压入土体中,从钻头连接扩孔杆至钻进挖深到安放好护筒仅需 15min;最后将桩位中心通过四个控制护桩引回,使护筒中心与桩位中心重合,并在护筒上用红油漆标识护桩方向线位置。若经确认护筒平面位置的偏差不大于 50mm,倾斜度的偏差不大于 1‰,则将其四周用黏土填实,准备下一道工序的施工。

(4) 旋挖成孔。

采用干孔钻进方式。钻进过程中,操作人员随时观察钻杆是否垂直,并通过深度计数器控制钻孔深度。当旋挖钻头顺时针旋挖钻进时,底板的切割板和筒体翻板的后边对齐,钻屑进入筒体,装满一斗后,钻头逆时针旋转,底板由定位块定位并封死底部的开口,之后提升钻头到地面卸土,开始钻进时采用低速钻进。主卷扬机钢丝绳承担的质量不低于钻杆和钻具质量之和的 20%,以保证孔位不发生偏差。钻进护筒以下 3m 可以采用高速钻进,钻进速度与压力有关,采用钻头与钻杆自重摩擦加压,150MPa 压力下,进尺速度为20cm/min;200MPa 压力下,进尺速度为 30cm/min;260MPa 压力下,进尺速度为 50cm/min。

在回填区桩基钻孔过程中还应注意:提放钻头尽量缓慢匀速,防止钻头刮碰孔壁,保护泥皮,避免塌孔;在密实型回填土中,应慢速钻进,用主卷扬机钢丝绳吊着钻杆,用齿具拨动块石;在提钻、转动钻头时,严禁快速起步操作方式,以防阻力瞬间增加而提断钢丝绳、扭断钻杆;当提升过程中阻力异常增高时,严禁硬提,预防钻具卡死;钻进过程中应密切关注桩孔周围地表,注意护筒周围是否发生松动或塌陷,护筒是否处于原位,用以判断孔内是否稳定;旋挖钻渣应距离孔口 6m 以外,严禁在孔口进行堆载,钻渣要及时运出施工场地,运弃至指定的弃渣场。

(5) 清孔。

清孔是为了确保孔底沉渣满足要求(小于或等于 50mm),以使混凝土与基岩结合完好,提高桩基承载力。当桩基钻孔到位后,用双底清渣钻斗提至距孔底 0.2~0.3m 处,使之空转,将残存在孔底的钻渣吸出;特别是对于回填区的新回填土桩基清孔前需先扫孔,以防缩径、塌孔。清孔完毕后报请监理工程师测量孔深及验收,验收合格后,方可进入下一道工序的施工。

(6) 钢筋笼施工。

在现场设置钢筋笼加工棚,加工棚面积及设置部位应满足施工所需长度、宽度及备料、操作平台、半成品存放的需要,并不得干扰其他工序施工或占用其场地。制安场地应平整,以保证钢筋笼的制作精度。按照设计及规范要求,钢筋笼主筋全部采用等强剥肋滚轧直螺纹套筒连接,连接等级为一级,加劲箍、定位钢筋及箍筋接长均采用焊接。

钢筋笼采用吊车吊装入孔,考虑到钢筋笼钢筋规格较大,而且钢筋接头采用直螺纹套筒连接,分节对接接长难度很大,钢筋笼在现场整体加工一个节段,一次吊装入孔,采用三点起吊方式吊装,防止钢筋笼起吊过程中发生扭转弯曲而变形。吊放时应对准孔位,吊直扶稳,缓慢下放,避免碰撞孔壁;在钢筋笼下放前应按照设计焊接限位钢筋,以保证混凝土保护层厚度。

为了确保吊装距离并尽量减少机械操作对施工场地的干扰,吊装前应选定好吊机摆放位置和旋转半径,预先将干扰范围内的围挡临时拆除,待吊装完毕后立即原位恢复,并严格按照机械操作规程办理,不得随意操作,禁止野蛮施工。

钢筋直螺纹套筒连接接头按规范要求互相错开,保证同一截面内接头数目不超过钢筋总数的 50%,相邻接头的间距不小于 35d(d 为钢筋直径),并不小于 1000mm。螺旋箍筋及加劲箍采用单面焊接,焊接长度不小于 10d。下放完毕,根据钢筋笼设计标高与孔口高差,确定吊筋长度,必要时混凝土浇筑时需采用吊钩和顶管,以防钢筋笼上浮、下沉。

吊放钢筋笼后、浇筑混凝土前使用沉渣厚度检测仪复测沉渣厚度和成孔直径。若沉渣太厚需进行二次清孔,清孔完成后由监理工程师对孔深及钢筋笼的制作与安装进行验收,验收合格后,再进入混凝土浇筑施工工序。

(7) 浇筑混凝土。

浇筑前检查混凝土施工配合比、施工许可证等资料是否完备,在监理工程师签发混凝土浇筑许可证后,方可进行混凝土浇筑。每次浇筑前均对首罐混凝土进行坍落度现场检测,偏差为设计值±20mm 时为合格,无异常情况下才准许放料,如出现异常,则应加大检测频率,并报监理工程师按相关规定处理。根据地质情况,可采用干孔作业或湿孔作业浇筑。

导管安装注意事项:混凝土采用导管浇筑,导管壁厚为 3mm,导管直径为 300mm,以抱箍连接;导管使用前使用气泵进行水密承压试验;试压前将导管一头封闭,从另一端将导管内注满水,用带有进气管的导管封闭端头将导管封闭,将气泵气管与导管进气管连接,加压至 0.6MPa(压力不小于孔内水深压力的 1.3 倍,也不应小于导管壁和焊缝可能承受浇筑混凝土时最大内压力的 1.3 倍,按 40m 水深压力进行试压,试压压力为0.6MPa）；持压2min，观察导管有无漏水现象；检查导管外观，导管内壁应圆滑、顺直、光洁和无局部凹凸；局部沾有灰浆处应清理干净，有局部凸凹的导管不予使用；导管试拼、编号根据护筒顶标高、孔底标高，考虑垫木高度，计算导管所需长度对导管进行试拼，符合长度要求后，对导管进行编号。试拼时最上端导管用单节长度较短的导管，最底节导管采用单节长度较长的导管；导管采用吊车配合人工安装，导管安放时，眼观、人工配合扶稳使位置居钢筋笼中心，然后稳步沉放，防止卡挂钢筋骨架和碰撞孔壁。安装时用吊车先将导管放至孔底，然后再将导管提起30~50cm；导管高度确定后，用枕木调整导管卡盘高度，用卡盘将导管卡住。

（8）桩体完整性检测。

按照规范及设计要求，对桩基进行无损完整性检测。桩基钢筋笼内侧均匀埋设3根$\phi 50mm \times 2mm$钢管。声测管应内径顺直光滑、连接密闭，随钢筋笼吊装后两端应采用密封措施，浇筑混凝土前管内注满清水，上端较桩头伸出0.3m以便于检测。

按照验收规范要求，由第三方监测单位对桩基进行检测，检测报告作为支持性文件说明桩体混凝土完整性情况。

2. 基坑开挖施工

（1）基坑开挖断面。

为确保安全，开挖严格遵循"时空效应"理论，按照"分段、分层、对称、平衡、限时"和"随挖随撑、限时支撑、严禁超挖、先中后边"的原则进行开挖。基坑开挖按照分段的要求纵向划分为七段，每段长度为18.36~28.90m，根据现场地形、周边环境、工程实际情况，该站基坑土方开挖由小里程向大里程方向分层分段顺序逐步进行。基坑开挖断面如图2.3所示。

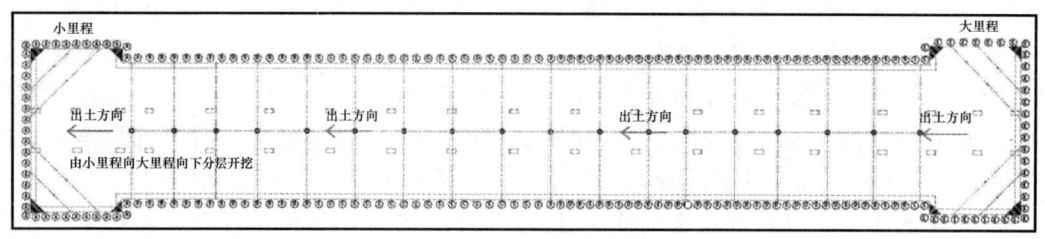

(a) 横断面

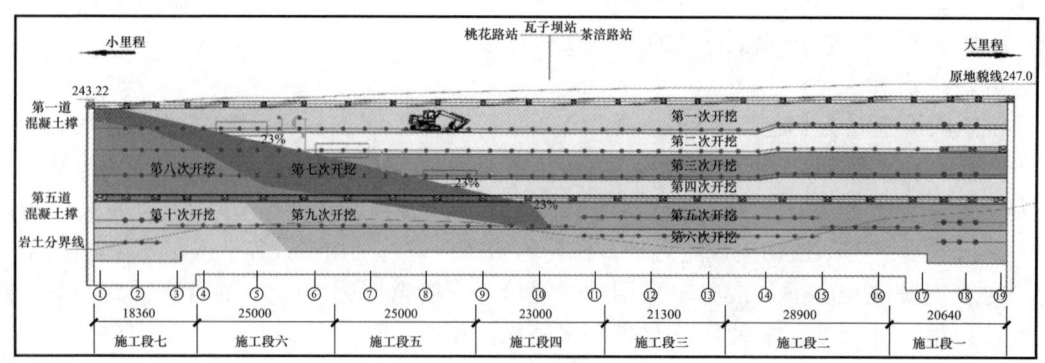

(b) 纵断面

ⒶⒷⒸⒹⒺ为分段序号。

图2.3 基坑开挖断面

(2) 基坑开挖方法。

该车站基坑开挖方式全部为机械开挖，开挖尺寸为长×宽（162m×22.66m），深度为 26.80～29.88m，基坑内土石方开挖量约 115000m³，土石方主要为外运弃土。

基坑开挖遵循由上而下、竖向分层、纵向分段、中部拉槽的原则，采用放坡式开挖、翻挖、垂直吊挖相结合的方式，随挖随撑。自小里程端头向大里程方向依次进行开挖，采用挖掘机配合自卸汽车运输，开挖自上而下，分层分段开挖，纵向分段长度为 18.36～28.90m，段间土坡、岩坡坡率分别不大于 1∶1.75，并设置 3m 平台；每一层开挖高度范围内，土层、岩层的每一级开挖高度分别不大于 1m、2m。当开挖范围内无支撑时，按预定开挖高度分层开挖，当开挖范围内有桩支撑时，本层开挖至桩撑下方 0.5m 作为开挖底面，以便于桩撑的施工。

第一道混凝土支撑小里程端斜撑 XC-1：3 号、4 号；直撑 DC-1：1 号、2 号暂缓施工，沿围护桩两侧各留 3.0m 宽平台，由两侧土坡自重抵挡基坑侧压力。DC-1：2 号位置基坑深度开挖至 5m 进行恢复，恢复至原设计位置向大里程方向移动 1m 的位置。第四道原位恢复。

基坑第一层土方：大棚基础承台范围内，大里程端向小里程端水平分段开挖（每段 20m），由原地面到冠梁、第一道混凝土支撑垫、大棚基础垫层底，开挖深度 1.6～3.2m。

基坑第二层土方：从小里程端头向大里程方向水平开挖，中间拉槽（每层纵向拉槽的长度不大于基坑宽度 22.66m），沿围护桩两侧各留 3.0m 宽平台，槽底至平台坡度为 1∶1。

在进行下面一层土方开挖前分两次挖除预留在平台部位的土方，保证与拉槽开挖同步。开挖到第二道钢支撑下方 0.5m 时，进行第二道钢围檩施工、安装钢支撑，桩间挂网喷混凝土；以此类推，拉槽开挖至第五道混凝土支撑以下约 200mm 时，优先施作第五道混凝土支撑及腰梁，待第一次浇筑的混凝土支撑达到设计强度时，可继续进行拉槽开挖，剩余混凝土支撑浇筑和开挖可相继进行，形成流水作业，直至第五道混凝土支撑施作完成后，继续向下开挖，在距基底标高 200～300mm 时，采用人工开挖至坑底设计标高。

(3) 基坑截排水。

根据瓦子坝站工程勘察报告，该工程仅第四系覆土层中存在少量松散层孔隙水，基岩中存在少量基岩裂隙水，大气降水及管网渗漏为地下水主要补给源，水位及水量受季节影响大。场地岩以砂质泥岩和砂岩为主，地下水主要为松散层孔隙水中的上层潜水，由大气降水和城市排水补给，水量受季节影响较大，水文地质条件中等复杂，根据当次勘察以及前期勘察资料，结合重庆地区经验，对基坑的涌水量进行预测。

经计算，车站基坑按勘察期水位计算涌水量为 1200m³/d，施工时应做好抽排水准备。根据重庆地区已施工完成的轨道交通 1 号线、2 号线、3 号线及 6 号线施工经验，施工卸荷可使基岩裂隙变宽变大，导致涌水量明显增大。同时，地下管网的渗漏也易导致涌水量急剧增大，雨季时涌水量可能达到以上涌水量的 2～3 倍，最大涌水量预计为 2400～3600m³/d。

基坑开挖前，在基坑坡顶做好截水措施，以防止地表水直接汇入基坑内；基坑范围采用全封闭大棚，开挖过程中无雨水直接进入坑内，主要为地下渗水、涌水、管道渗水。坑内采取集水明排的排水方式，根据渗水情况动态设置集水井，并做好集水及抽排工作。具体措施：基坑顶部冠梁两侧为硬化道路，在封闭大棚外设置截水沟，根据地面坡度，可将沟内积水引入附近雨水沟排放或统一抽排，确保坑顶积水不流入基坑，截水沟横断面示意如图2.4所示。

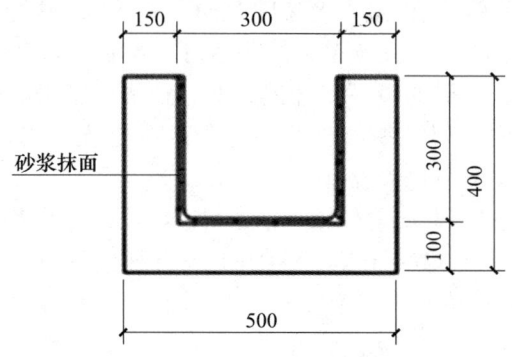

图2.4 截水沟横断面示意

分层分段开挖基坑时，均应在基坑底部周边先挖设临时排水沟和临时集水坑，临时排水沟与基坑边的距离不小于0.5m，并设置坡向集水坑方向不小于0.2‰的坡度，以利于积水流向临时集水坑。临时集水坑尺寸为2m×2m×2m，容量不小于8m³，数量根据开挖面积大小合理设置，满足强降雨时能及时抽排水的要求。从基坑内抽出的水必须引排至离基坑一定距离，避免重复回流至基坑内。每个临时集水坑设置1台自动水泵以满足排水要求，并派专人进行定期巡视维护。

在基坑开挖至一定深度后，可能会出现地下水，此时根据水量大小，判断地下水位高度。同时在基坑内外均钻打水位观测孔，数量可根据实际需求调整。渗水量过大时，可能导致附近地下水流失，进而导致周边地表发生不均匀沉降，甚至影响周边建构筑物的安全。此时可邀请参建各方到现场调查，制订有针对性的解决方案（如通过水位观测孔进行地下水回灌，保证地下水量）。

根据现场情况，配备5台QY65-42/2-11型潜水泵（流量65m³/h、扬程42m，功率11W），满足现场排水要求。

桩间坡面设置泄水孔，泄水孔预埋ϕ100mm聚氯乙烯（Polyvinyl Chloride，PVC）管，土质边坡中在PVC管背后设置一道300mm厚的黏土隔水层和一道尺寸为500mm×550mm×500mm的碎石反滤层，岩质边坡中仅设置一道尺寸为500mm×550mm×500mm的碎石反滤层，PVC管端头40mm长度范围内包裹一层土工布。

（4）开挖过程中与钢支撑位置冲突及开挖至第五道混凝土支撑时的开挖思路。

① 土石方开挖及主体施工阶段，与钢支撑位置冲突时的调整。

a. 背景情况。该工程划分为7个施工段，其中施工段1~施工段4，第五道混凝土支撑以上采取23‰放坡开挖，放坡拉槽开挖所形成的车道，其坡面以上4.5m净空范围内钢支撑、混凝土支撑需进行调整；主体施工时，结构顶板、柱子距离钢支撑、围檩的间距过小，无法满足钢筋预留长度要求，不利于防水施工。

b. 调整思路。开挖阶段其坡面与支撑的冲突：放坡拉槽开挖所形成的车道，其坡面以上 4.5m 净空范围内钢支撑均不安装，由两侧土坡自重抵挡基坑侧压力，暂时替代钢支撑的功能；第二次开挖时，保留其包边土，安装第二道钢围檩及钢支撑：DC-2（3～5♯钢支撑）暂时不安装，DC-2（6～7♯钢支撑）上调 1.8m。在第三次开挖时，保留其包边土，安装第三道钢围檩及钢支撑：DC-3（8～10♯钢支撑）暂时不安装，DC-3（11～12♯钢支撑）上调 1.3m。第四次开挖至第五道腰梁底时，保留其包边土，安装第四道钢围檩及钢支撑，受影响的 DC-4（13～15♯钢支撑）暂时不施工，受影响的 DC-4（16～17♯钢支撑）上调 1.5m。第四道钢支撑距第五道腰梁底 4197mm，需将受影响的 DC-4（18～30♯钢支撑）上调 0.5m，保证车辆通行尺寸。第五、第六次开挖方式采用机械开挖和垂直运输，第五次开挖过程中仍然采用拉马道的方式设置包边土，DC-6（21～33♯钢支撑）暂缓施工，第六次开挖过程中当能够保证挖掘机通行时，及时安装钢支撑。第六次开挖过程中，XC-7（1～12♯）、DC-7（1～13♯钢支撑）暂缓施工，在每道钢支撑范围内开挖见底后，及时安装相应的钢支撑；第七次开挖在第四次开挖完成后进行，开挖方式为机械翻挖，开挖过程中对之前受影响的钢支撑、混凝土支撑进行施工。

② 土石方开挖至第五道混凝土支撑时的开挖思路。

a. 开挖背景。该基坑工程长度短（162m），深度深（约 30m），回填土厚度最深高达 25m，基坑深度范围内设置 6 道支撑（大小里程端头井及⑪～⑮轴设置 7 道支撑），其中第五道支撑为混凝土支撑；基坑本身受几何尺寸、工期压力、周围环境限制，开挖难度大，工期紧；根据混凝土支撑自身特性（分阶段施工浇筑第五道混凝土支撑，存在施工养护技术间隔），增加开挖难度，降低开挖效率，特别是第五道混凝土支撑以下部分的开挖。

b. 解决思路。拉槽开挖至第五道混凝土支撑以下约 200mm 时，优先施作第五道混凝土支撑及腰梁，待第一次浇筑的混凝土支撑达到设计强度时，可继续进行拉槽开挖，剩余混凝土支撑浇筑和开挖可相继进行，形成流水作业，直至第五道混凝土支撑施作完成后，继续向下开挖；由大里程向小里程划分为 7 个施工段（施工段 1～施工段 7），施工段 1 达到设计强度后后面施工段还在技术间隔期，无法采用机械在坑内装土外运，尽量缩短工期，采取挖机配合吊斗进行垂直开挖的方式外运出土；施工段 1～施工段 4 第五道混凝土支撑以上部分采用放坡开挖，第五道支撑以下采用吊挖；施工段 5～施工段 6（部分）第五道支撑上部采用挖机接力挖土，下部采用吊挖；剩余施工段 6～施工段 7 采用全吊挖。

(5) 弃土外运。

在进行上部放坡开挖作业时，自卸汽车倒退到装渣处，装满渣后直接沿着马道向上驶出基坑。车辆行驶通道位于格构柱两侧，需选择与开挖部位同一侧的车行道，避免在格构柱中穿行而撞击格构柱。当上部开挖完成后，需采用翻挖和垂直吊挖的方式进行，此时需借助龙门吊出渣，该工程采用 2m³ 吊斗，吊斗尺寸为 2m×2m×1m。根据各层钢支撑及混凝土支撑间距，选择满足宽度要求的支撑间距作为吊运通道，同时根据现场开挖部位进行实际调整。

弃土外运由专人负责组织安排，场地内外统一调度，协调内外关系，组织安排出土车辆运输，场地外的运输路线与业主及有关部门协调安排，确保外运弃土按计划执行。

弃土由小里程端头（南端）运出，清洗干净后从工地拉出。车辆出门口时由专人检查，防止车辆冒装、后挡板松脱、顶盖未盖牢，检查车身携带泥土是否冲洗干净，避免带泥上路。设立专门保洁人员，每天早晨、晚上负责清洗场内外道路，做到文明施工，不污染环境。在弯道、陡坡、交叉路口，以及学校、医院等人流量大的场所、小区附近需减速慢行。不得使用未取得交通部门核发道路运输证、城管部门核发城市建筑垃圾准运证的运土车。加强对运土车装载的监管，禁止车辆超高超载。现场实行硬底化，并设置冲洗设施，严禁泥头车带泥上路。运输过程中应严格遵守交通、城管等部门的有关规定，做好车辆保洁。

认真遵守政府有关规定，统一规划，合理布置，创建文明施工环境。严格按照政府规定的时间施工（早上6：00—晚上10：00），如需要，必须办理夜间施工许可证并公告附近居民。

3. 钢支撑施工

（1）材料要求。

钢支撑施工参数见表2.3。

表2.3 钢支撑设计参数表

位置	根数（根）	型号（管径、壁厚）	材料	长度（m）
第一道支撑（混凝土）	—	—	C30混凝土	—
第二道支撑（钢支撑）	44	ϕ609mm、t=16mm	Q235B级钢	901.28
	6	ϕ800mm、t=20mm		66.80
第三道支撑（钢支撑）	44	ϕ609mm、t=16mm	Q235B级钢	901.28
第四道支撑（钢支撑）	44	ϕ609mm、t=16mm		901.28
	6	ϕ800mm、t=20mm		66.80
第五道支撑（混凝土）	—	—	C30混凝土	—
第六道支撑（钢支撑）	38	ϕ609mm、t=16mm	Q235B级钢	901.28
	12	ϕ800mm、t=20mm		130.80
第七道支撑（钢支撑）	19	ϕ609mm、t=16mm	Q235B级钢	352.28
	6	ϕ800mm、t=20mm		66.80

钢支撑分别采用ϕ800mm、t=20mm和ϕ609mm、t=16mm的钢管撑。钢围檩采用700mm×400mm×13mm×24mm双拼工H型钢。钢围檩支撑处、钢围檩与围护桩之间的空隙填充C30快硬细石混凝土，最小厚度不小于60mm。对于间隙小于60mm的缝隙，适当凿毛后再填充快硬细石混凝土。振捣密实后方可架设钢支撑，施加轴力。

(2) 进场验收。

所用钢支撑构配件在进场时必须有质量保证书，同时应按照下垫上盖原则分别堆放，挂好标识牌并注明待检，严禁混堆。对进场钢支撑，现场技术人员需进行基本的验收，验收项目包含材料尺寸、规格及外观质量，不符合要求的坚决不允许进场。

(3) 钢支撑安装要点。

① 根据土方开挖进度要求，提前备好支撑钢管和配件，每小段土方开挖完成后，根据不同段落地质情况，在规定时间内安装钢支撑，最长不得超过 24h，并施加预应力。钢支撑安装时应先试吊，轴线偏差要控制在 3cm 以内，并保证支撑接头的承载力符合设计要求。钢支撑连接时必须对称上螺栓，按顺序紧固，同时为防止钢支撑在施加轴力时产生过大的挠度，在施加轴力前先将挠度校正至水平。

② 钢支撑的挠度控制是支撑架设与使用过程中的关键环节，在施加预应力过程中一定要注意观测。如果超出允许范围，应及时卸荷，调整处理后方可继续施工。第一层每小段开挖完成后，同时安装两根支撑，第二层及以下部分，每段土方开挖时，每根支撑紧跟开挖面，随挖随撑。

③ 支撑位置的土方开挖后，及时整平围护桩表面进行桩间网喷，安装钢围檩托架。及时安设钢支撑，通过 2 台 QY200 液压千斤顶对钢支撑活动端部施加设计预应力，再用钢制楔子塞紧。完成后定时观测预应力损失，及时复加预应力。

④ 钢围檩一般每段 6m 长，个别段根据实际情况加工，钢围檩托架以及钢围檩均用膨胀螺栓与围护桩连接固定，围檩和托架与围护桩之间，以及围檩与托架之间必须连接牢固。

⑤ 支撑轴力监测。测点安装要求：对于钢支撑，轴力监测采用钢弦式频率轴力计，选用振弦式反力计（轴力计），安装时将轴力计安装架与钢支撑端头对中并牢固焊接，在安装轴力计位置的桩（墙）体钢板上焊接一块尺寸为 250mm×250mm×25mm 的加强垫板，以防止钢支撑受力后轴力计陷入钢板；待焊接件冷却后，将轴力计推入安装架并用螺栓固定好；安装过程中要注意使轴力计和钢支撑轴线在同一直线上，各接触面平整，确保钢支撑受力状态通过轴力计（反力计）正常传递到围护结构上。观测方法：轴力计安装完成后，在施加钢支撑预应力前进行轴力计的初始频率的测量，在施加钢支撑预应力时，应该测量其频率，计算出其受力，同时要根据千斤顶的读数对轴力计的结果进行校核；基坑开挖前应测试 2~3 次稳定值，取平均值作为计算应力变化的初始值；量测支撑轴力时，同一批支撑尽量在相同的时间或温度下量测，每次读数均应记录温度测量结果。

钢支撑系统工程质量检验标准见表 2.4。

表 2.4 钢支撑系统工程质量检验标准

项目	检查项目	允许偏差	检查方法
主控项目	钢支撑设置及预加顶力应满足设计要求及开挖防护的深度要求，支撑不得变形，支撑点连接牢固	—	水准仪检查 检查油泵读数及传感器读数 目测

续表

项目	检查项目		允许偏差	检查方法
一般项目	支撑安装前应先拼装,拼装后两端支点中心线偏心不应大于 20mm,安装后支撑总偏心量小于 50mm		—	水准仪检查
	支撑位置	标高	±20mm	水准仪检查
		间距	±30mm	钢尺量
	预加顶力		±50kN	检查油泵读数及传感器读数
	支撑安装时间		符合设计要求	用钟表计量

(4) 斜撑安装。

端头拐角处设计采用斜撑。因斜撑与钢围檩及钻孔桩呈斜交关系,有一定交角,因此不宜直接安装支撑并施加预应力,斜撑安装前架设钢围檩,固定三角支架,再安装腰梁及端头板,腰梁与墙体间填充混凝土后进行支撑安装作业。

(5) 预应力施加。

预应力施加前,必须对油泵及千斤顶进行标定,确保量测的预应力值准确,每根支撑施加的预应力要记录备查。预应力施加过程中,必须严格按照设计要求分步施加预应力,先施加 30% 的预应力,检查螺栓、螺帽、焊接情况等,无异常后,将施加的预应力增加到 60%,然后增加到设计要求的 110% 并稳压。

(6) 钢支撑拆除。

为防止车站结构开裂,在对应主体底(楼或顶)板混凝土达到设计强度的 70% 后才能拆除上一道支撑。钢支撑拆除时,用汽车吊将钢支撑吊紧,在活动端设 2 台 400t 千斤顶,施加轴力至钢楔块松动,取出钢楔块,逐级卸载至取完钢楔,再吊起钢支撑。避免因预加力瞬间释放而导致结构局部变形、开裂。钢支撑分节拆除后转运至指定位置集中存放。局部钢支撑拆除采用倒链方式,人工拆除。

施工时注意安全,在钢支撑拆除过程中,加强对围护结构的监控量测,出现异常,及时处理。

(7) 钢支撑保护及防脱落措施。

① 基坑开挖过程中要防止挖土机械碰撞钢支撑,以防钢支撑失稳,造成事故,也要禁止挖掘机碰撞降水井,以防降水不及时,造成开挖过程中基坑内有水。

② 挖土机械和车辆不得直接在钢支撑上行走操作;钢支撑顶面严禁堆放杂物。

③ 施工过程中加强监测,当侧压力造成钢管横撑轴力过大,导致横撑挠曲变形,并接近允许值时,必须及时采取增加支撑等措施,防止横撑挠曲变形过大,保证钢支撑受力稳定,确保基坑安全。

④ 基坑开挖时,为预防钢支撑坠落,将固定端点焊在端头支撑槽钢托架上方,并增加钢丝绳防脱设施。

⑤ 端头设置防坠绳。

(8) 合理协调开挖与钢支撑安装之间的关系。

① 根据钢支撑的步距确定每层开挖厚度,随挖随撑,并施加预应力,以形成稳定的支护结构。

② 基坑开挖要合理控制开挖速度和加设横撑的时间，充分利用时空效应。
③ 随时对支撑预应力进行监测，当预应力损失时，及时补加预应力至设计规定值。
④ 减少基坑顶边缘地面荷载，严禁超载，特别是机械在坑边作业时采取适当的措施，确保基坑边坡的稳定。
⑤ 合理安排每道工序，加强监测，施工期间，全程设专人监测，配备先进的检测仪器，对各项工序进行监测，实现信息化施工。
⑥ 主要监测内容：地面沉降、桩体水平及竖向位移、钢管支撑的轴力等。

4. 桩间喷射混凝土施工

基坑桩间采用150mm厚挂网喷射混凝土（该工程采用商品喷射混凝土），钢筋网片采用双层双向 $\phi10mm@200mm\times200mm$ 钢筋网。基坑分步开挖，分步支护，随挖随支。挂网安装在每步开挖后及时进行，分片安装，采用 $\phi20mm@1200mm$ 锚杆与面板连接固定。

（1）桩间土方开挖。

桩间土方开挖采用人工配合机械开挖，至少应预留300mm厚的土层由人工清理，防止机械开挖将过多的桩间土带下。开挖前在桩间设置控制钉，保证开挖满足设计厚度。严禁采用机械开挖桩间土。人工修正桩间土壁，使之能满足喷射厚度要求。应注意开挖、挂网、喷射混凝土等工序的有效衔接，严格控制，开挖后2~3h必须完成喷射支护。

（2）桩身处理。

人工对开挖出来的桩间进行清理，破除钻孔桩基坑侧的保护层从而满足喷射厚度要求，边开挖边清理，保证钻孔桩表面及桩间部位无黏结土，桩面完全暴露出来，保证喷射混凝土与钻孔桩黏结牢固。对于凸出的桩，应将凸出部分凿至与喷射后混凝土面相平。对于凸出较多的桩，凿出主筋后仍不能满足网喷面要求的，应上报做特殊的技术处理。对于凹进去的桩，应尽可能保留桩外土，采用人工铲平到网喷前的位置，减少混凝土喷射量。

（3）锚杆施工。

在桩间土清理完成后，开始进行锚杆作业。锚杆施打在两根围护桩中间位置，竖向间距1.2m，锚杆使用HRB400ϕ20mm钢筋，锚杆斜向下与水平方向呈5°夹角施打，长度为4m，锚杆孔直径50mm，钻孔完成放入钢筋后，用M30水泥砂浆填充，待强度达到设计要求后进行张拉。根据设计图纸和规范要求，锚杆张拉试验按照基本试验3根，验收试验取锚杆总数的5%进行。锚杆布置示意如图2.5所示。

（4）钢筋网片安装。

采用挂网喷射混凝土护壁，钢筋网采用ϕ10mm钢筋，网格尺寸200mm×200mm，双层网片。所有钢筋在大批量加工之前，均先进行试加工，检查钢筋形状、尺寸是否与配料单一致。并在加工过程中经常检查核对。焊接网交叉点开焊数量不得大于整个焊接网交叉点总数的1%，并且任意1根钢筋上开焊数量不得大于该根钢筋交叉点总数的1/2；焊接网最外边钢筋上的交叉点不得开焊。中间网片原则上只在桩间土位置设置，如遇到桩身侵入结构现象，须将桩侵入部分凿除。

（5）泄水孔布置。

面板上按梅花形布置泄水孔，采用ϕ100mmPVC管，接触土壤侧管端包土工布，孔距 2.5m×2.5m，孔径为 100mm，外倾 5%，有裂隙处和明显出水处宜优先布置。具体如图 2.6 所示。

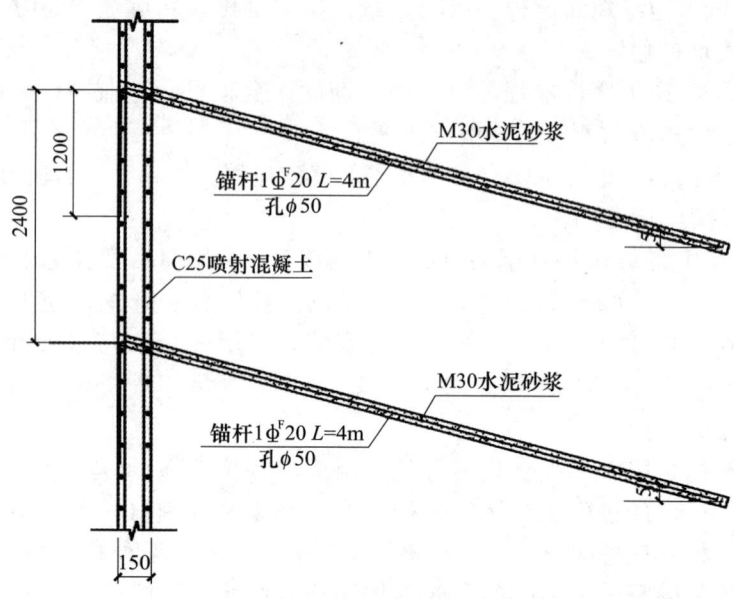

L 为长度。

图 2.5 锚杆布置示意（单位：mm）

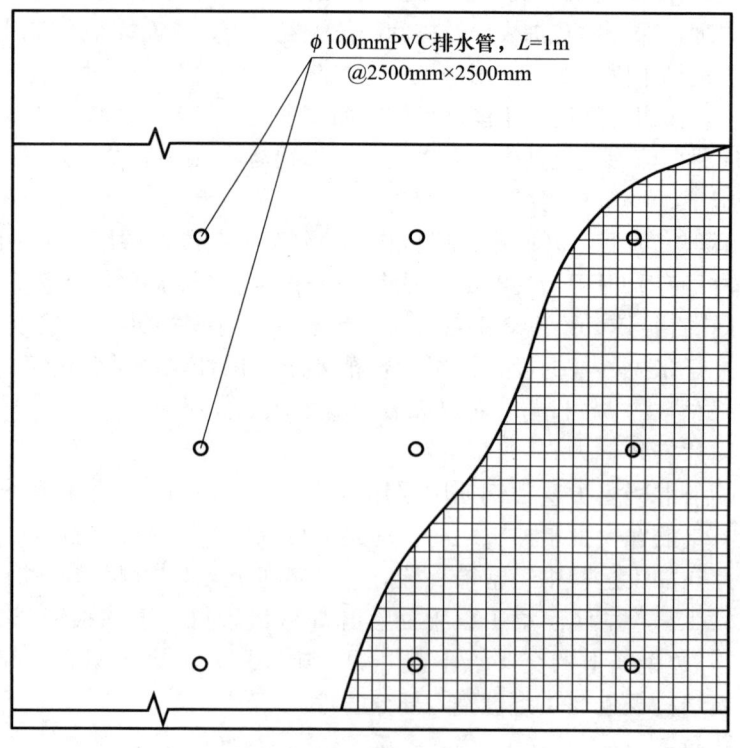

L 为长度。

图 2.6 泄水孔布置示意

(6) 喷射混凝土及养护。

桩间设计网喷厚度为150mm，采用成品C25混凝土，采取分层湿喷工艺成形，不宜一次喷成形。桩间土面不得长期暴露在外，做到随土方开挖及时挂网及时喷。

喷射混凝土前应做好喷射面的厚度标志，以保证喷射面平整且不超喷或欠喷。喷射作业前应认真清除受喷面浮土、回弹物及掉落的松散料，用高压风吹净，调整好喷射机的风压、水压。

喷射作业应分层、分段、分片按由上至下的顺序依次进行，喷射时应由下而上螺旋式移动，每段高度不超过2m，分段长度不宜大于8m，螺旋圆直径200～300mm，一圈压半圈，按螺旋轨迹均匀分层喷射。严格控制喷嘴与喷射面的距离，喷嘴与喷射面角度保持在60°～90°，距离为0.6～1m，喷射压力控制在0.12～0.15MPa，一次喷射厚度不宜小于40mm，每喷完一遍均需有一定的间歇，一般为前一层混凝土终凝后进行下一遍喷射，悬挂在网筋上的混凝土结团应及时清除，保证喷射混凝土的密实度。

喷射混凝土应将钢筋全部覆盖，喷射手应严格控制水灰比在0.40～0.45，此时喷层无干斑和滑移流淌现象。喷射混凝土应在作业完成2h后洒水养护，养护时间不应少于7d。当气温低于5℃时，不得洒水养护。喷射混凝土应密实、平整、无裂缝、无脱落、无漏喷、无露筋、无空鼓、无渗漏水等现象；平整度允许偏差为10mm。喷射混凝土中掺速凝剂、黏稠剂，以减小回弹量、减少粉尘，控制外加剂掺量，确保喷射混凝土强度符合设计要求。

5. 主体结构施工

瓦子坝站主体规模160m×20.66m（内净），站台中心处顶板覆土5.70m，底板埋深28.95m，站中心轨面标高为218.69m，场地整平地面标高为242.60～247.10m。共设置4个出入口、2组风亭，1号、2号出入口及1号、2号风亭组位于乐桃路两侧，3号、4号出入口位于经乐路两侧。主体结构施工要点如下。

(1) 钢筋施工。

主体结构构件钢筋的连接接头除满足《混凝土结构工程施工质量验收规范》(GB 50204—2015)、《钢筋焊接及验收规程》(JGJ 18—2012)、《钢筋机械连接技术规程》(JGJ 107—2016)以外，尚应注意各梁、板的受力方向，正确判定各截面的受拉面，以选定钢筋施工连接的最佳位置。

① 钢筋搭接。

纵向受力搭接长度范围内应配置箍筋，其直径不应小于搭接钢筋较大直径的1/4，当钢筋受拉时，箍筋间距不大于搭接钢筋较小直径的5倍且不大于100mm。

② 钢筋焊接。

板梁等构件的钢筋连接可采用电弧焊中的搭接焊。焊接接头必须按施工条件进行试焊，合格后方可正式施作。焊接工艺和质量采用国家现行标准，钢筋焊接过程中需要满足《钢筋焊接及验收规程》(JGJ 18—2012)的有关规定。钢筋电弧焊接头尺寸偏差及缺陷允许值见表2.5。

表 2.5　钢筋电弧焊接头尺寸偏差及缺陷允许值

名称	单位	接头形式		
		帮条焊	搭接焊/钢筋与钢板搭接焊	坡口焊、窄间隙焊、熔槽帮条焊
帮条沿接头中心线的纵向偏移	mm	0.3d	—	—
接头处弯折角	(°)	2	2	2
接头处钢筋轴线的偏移	mm	0.1d	0.1d	0.1d
		1	1	1
焊缝宽度	mm	+0.1d	+0.1d	—
焊缝长度	mm	−0.3d	−0.3d	—
咬边深度	mm	0.5	0.5	0.5
在长 2d 焊缝表面上的气孔及夹渣	数量 个	2	2	—
	面积 mm²	6	6	—
在全部焊缝表面上的气孔及夹渣	数量 个	—	—	2
	面积 mm²	—	—	6

注：d 为钢筋直径（mm）。

③ 机械连接。

钢筋的机械连接应优先采用等强度的直螺纹套筒，并严格按国家相应的规范要求施工。首先用直螺纹套丝机将钢筋的连接端头加工成直螺纹，然后通过直螺纹连接套，用力矩扳手按规定的力矩值把钢筋和连接套拧紧在一起。连接套筒的质量要求及检验方法见表 2.6。

表 2.6　连接套筒的质量要求及检验方法

序号	检验项目	质量要求	检验方法
1	外观检查	螺纹牙型饱满，套筒表面无裂纹或其他肉眼可见的缺陷	目测
2	外形尺寸	长度和外径尺寸符合设计要求	游标卡尺或专用量规
3	螺纹小径	通端量规应能通过螺纹小径，而止端量规则不应通过螺纹小径	光面塞规
4	螺纹中径及大径	顺利旋入套筒两端并达到旋合长度	通端螺纹塞规
		塞规不能通过套筒内螺纹，但允许从套筒两端部分旋合，旋入量不应超过 3P（P 为螺距）	止端螺纹塞规

钢筋的连接端头应用切割机切割成与钢筋轴线相垂直的截面。同一接头连接区段内纵向受拉钢筋的接头面积不大于 50%，接头位置应避开受力较大部位。

④ 钢筋绑扎。

底板、底梁钢筋绑扎：该工程直径为 16mm 及以上的热轧钢筋不得采用焊接，应采用滚轧直螺纹连接、剥肋滚轧直螺纹连接、套筒挤压连接等机械连接，其余可采用绑扎搭接或焊接；当钢筋连接接头采用双面焊时，焊缝长度不小于 5d（d 为钢筋直径），当采用单面焊时，焊缝长度不小于 10d；接头位置应设在受力较小处，接头应相互错开；当采用机械连接或焊接时，在任一接头中心至长度为钢筋直径的 35 倍且不小于 1000mm 的区段范围内，不得有 2 个接头。

中板和顶板、中梁和顶梁钢筋绑扎：中板和顶板、中梁和顶梁钢筋在模板安装并检查合格后进行绑扎，方法同底板、底梁钢筋；板底钢筋，短跨方向的钢筋布置在下，长跨方向的钢筋布置在上；板面钢筋，短跨方向的钢筋布置在上，长跨方向的钢筋布置在下。

中柱钢筋绑扎：中柱钢筋有两次连接，第一次为站台层与底板处的连接，第二次为站厅层与站台层处的连接，连接形式采用机械连接；施工时，必须保证钢筋机械连接质量和钢筋绑扎尺寸。

侧墙钢筋绑扎：侧墙钢筋有两次连接，第一次为下二层侧墙钢筋和底板墙插筋相接，第二次为下一层侧墙钢筋和下二层侧墙钢筋相接；侧墙双层钢筋之间用 $\phi 12mm$ 拉钩间距 1000mm×1000mm 错开布置作为支撑以固定间距，防止钢筋向内变形，并且在支设模板时作为固定截面尺寸用；侧墙钢筋外塑料垫块做保护层，保护层厚度根据设计要求而定。

现浇框架结构钢筋绑扎允许偏差和检验方法见表 2.7。

表 2.7 现浇框架结构钢筋绑扎允许偏差和检验方法

序号	检验项目	质量要求	检验方法
1	外观检查	丝头表面不得有影响接头性能的损坏及锈蚀	目测
2	外形尺寸	丝头有效螺纹数量不得少于规范及设计规定，牙顶宽度大于 0.3P（P 为螺距）的不完整螺纹累计长度不得超过两个螺纹周长；标准型接头的丝头有效螺纹长度应不小于 1/2 连接套筒长度，且允许误差为＋2P；其他连接形式应符合产品设计要求	游标卡尺或专用量规
3	螺纹大径	通端量规应能通过螺纹大径，而止端量规则不应通过螺纹大径	光面轴用量规
4	螺纹中径及小径	顺利旋入螺纹	通端螺纹环规
		允许环规与端部螺纹部分旋合，旋入量不超过 3P	止端螺纹环规

绑扎质量控制：钢筋的交叉点用铁丝跳空绑扎牢固且点数不得少于 50%。钢筋绑扎接头搭接长度及误差应符合规范和设计要求，且铁丝扎头进入墙内，以免侵入保护层。

⑤ 接驳头处钢筋的连接。

该工程不少部位须预留钢筋接驳头，接驳头均采用直螺纹钢筋接头，接头内塞聚苯板，接头外端紧靠墙板外侧及端头，要求定位准确、牢固，避免混凝土浇灌时偏位。需要接驳的时候，将表层混凝土凿去，露出直螺纹钢筋接头，剔除接头内聚苯板，即可进行钢筋连接。

⑥ 防迷流钢筋的连接。

按照设计的防迷流和接地要求，对相应钢筋进行焊接连接以实现电气连接。主要措施为：部分内层纵向钢筋实现完整的电气连接，纵向钢筋若有搭接，采用搭接焊；横向内层钢筋间隔按设计要求间距焊接成一闭合钢筋圈，并与内层所有纵向钢筋连接；在变形缝两侧，引出结构钢筋连接端子；沿线路方向按设计要求的间距引出测量端子。

(2) 模板施工。

① 技术准备。

a. 放线。

用全站仪引测出边墙或柱轴线，并以该轴线为起点，引出其他各条轴线，然后根据施工图用墨线弹出模板的内边线和中心线，用于模板的安装和校正。

b. 标高测量。

根据模板实际施工要求用水准仪把水平标高直接引测到模板安装位置。在无法直接引测时，采取间接引测的方法，用水准仪将水平标高先引测到过渡引测点，作为上层结构构件模板的基准点，来测量和复核其标高。

c. 找平。

模板承垫底部预先找平，以保证模板位置正确，防止模板根部漏浆。找平方法是沿模板内边线用 1∶3 水泥砂浆抹找平层。另外，在侧墙、柱部位，继续往上安装模板前，要设置模板承垫条带，并用仪器校正，使其平直。

② 材料准备。

钢模用扣件与钢筋龙骨相连，要求模板在浇筑混凝土一侧平直、无翘曲。每次使用前模板面涂刷脱模剂，拆模后清除表面附渣，保持清洁和堆码整齐。螺杆根据要求分类加工好。

③ 模板支设。

a. 底板模板用 15mm 厚木胶合板和 50mm×100mm 木方支设，采用木方进行顶撑加固。在底板钢筋上放出底纵梁的边线，测设出板顶的标高，并做好标记。在底板钢筋上焊接 ϕ25mm 钢筋支架，使支架钢筋的上表面标高与底板混凝土的上表面标高相同，确保吊模底部标高的准确和浇筑混凝土时模板的稳定。木方顶撑是以用 ϕ25mm 钢筋焊接而成的钢筋桩为受力点的，要求钢筋桩焊接牢固。

b. 底梁模板的竖向木方间距为 60cm，水平木方间距为 50cm，用木方进行顶撑。ϕ14mm 螺杆水平、竖向间距均为 50cm，第一道水平螺杆离底板面 30cm。底梁模板支设完成后要仔细检查模板的垂直度和截面尺寸以及其支架的稳定性，合格后才能进入下一道工序的施工。

c. 底板上侧墙倒角模板的支设。根据施工步序，底板上侧墙倒角与底板同时施工。在底板钢筋上放出墙的边线，测设出板面的标高，并做好标记，在底板钢筋上焊接 C25 钢筋支架，使支架钢筋的上表面标高与底板面标高相同。确保吊模底部标高的准确和浇灌混凝土时模板的稳定。同时，木方顶撑以用 C25 钢筋焊接而成的钢筋桩为受力点，要求钢筋桩焊接牢固。底板上侧墙倒角模板的支设示意如图 2.7 所示。

d. 侧墙模板支设。侧墙采用组合大钢模，在浇筑底板混凝土时，侧墙部分浇灌高度要比底板顶面高 300mm。在浇灌混凝土前水平埋入一排 ϕ22mm@500mm 钢筋，作为侧墙大模板的底部支撑。在施工过程中必须确保此部分侧墙轴线位置和垂直度符合设计要求，以保证上下侧墙的对接垂直、平顺。单面侧墙模板采用单面侧向支撑加固；侧向支撑采用角钢三脚架斜撑，通过预埋 ϕ25mm 拉锚螺栓和支座垫块固定；纵向间距同模板竖龙骨间距，距离侧墙表面 200mm。

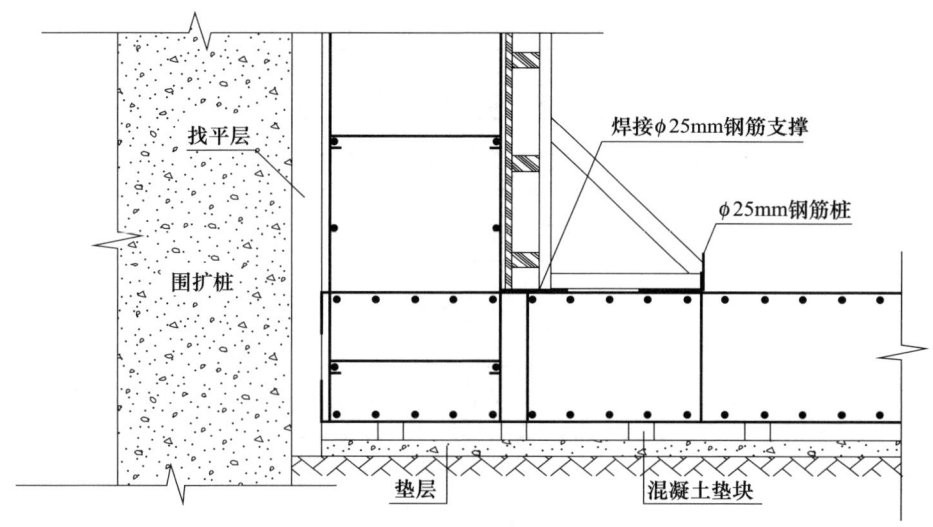

图 2.7 底板上侧墙倒角模板的支设示意

e. 柱模板的支设。柱为方形现浇柱。方形混凝土柱子的模板采用厚 18mm 木胶板，支撑采用井字架和定位斜撑。柱施工时，对柱脚边不平整处，应用人工凿除松动混凝土，柱模固定时，应对准下面控制线，上部拉线，进行水平垂直校正。对通排柱模板，应先装两端柱模板，校正固定后，拉通线，校正中间各柱模板。柱模板的支设示意如图 2.8 所示。

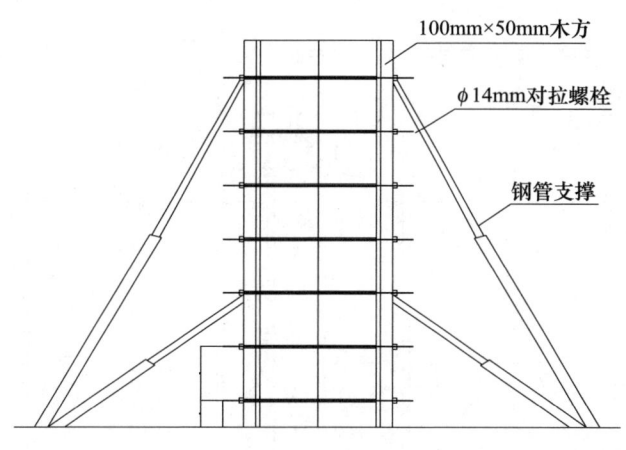

图 2.8 柱模板的支设示意

f. 梁、板模板的支设。梁模板安装顺序如图 2.9 所示，梁模板支设示意如图 2.10 所示，板模板安装顺序如图 2.11 所示。梁、板模板支设时注意事项：梁口与柱头模板的连接特别重要，采用专用木条镶拼，形成拼装准确、加固牢靠的专用柱头模板，确保柱头模板与柱模板拼接严密。

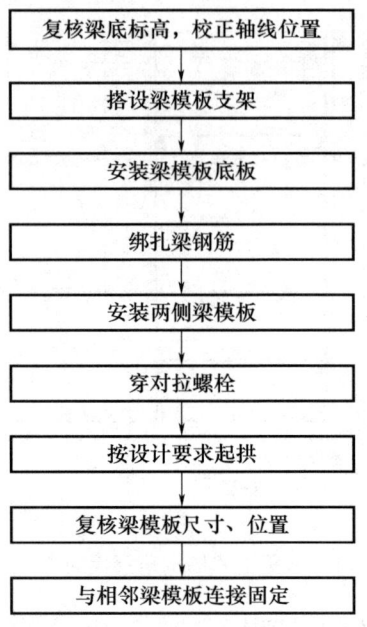

图 2.9 梁模板安装顺序

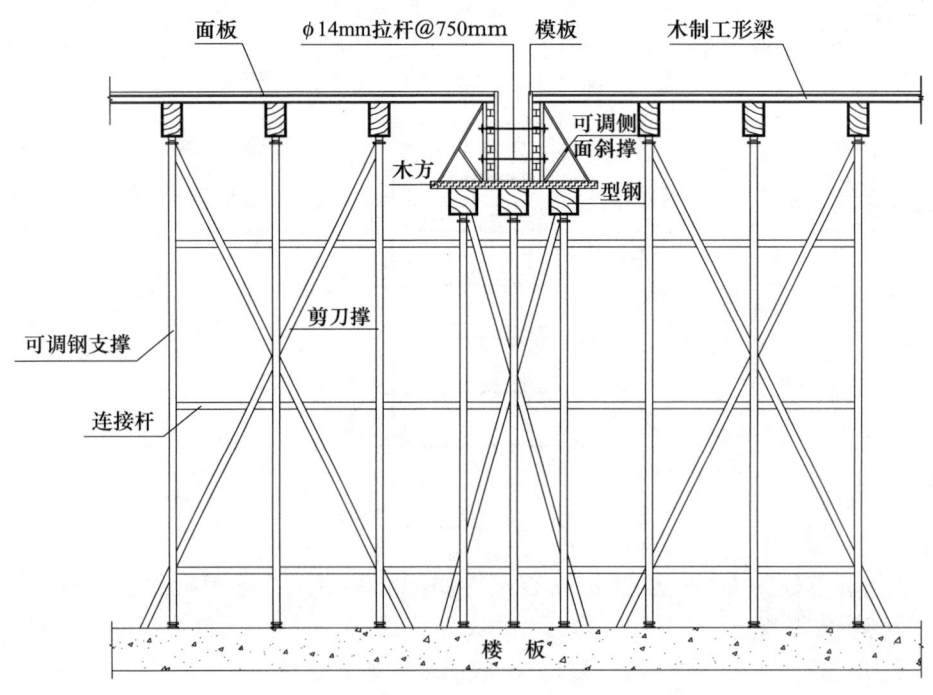

图 2.10 梁模板支设示意

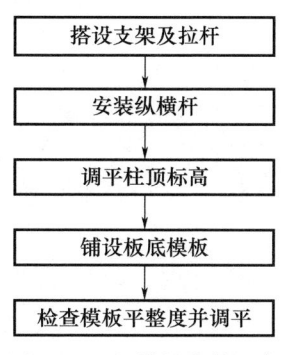

图 2.11 板模板安装顺序

g. 楼梯模板的支设。楼梯模板底模下设置 50mm×100mm 木方（间距为 300mm），木方下按楼梯的斜度设置钢管。竖向支撑间距不大于 1200mm。踏步侧模采用 50mm 厚木方，木方高度与楼梯踏步高度相同。木方下部切角，以保证混凝土抹面时能抹到边角。踏步侧模通过角钢与楼梯上部设置的 100mm×50mm 木方固定（木方下部均按楼梯级数及踏步形状设置 50mm 厚三角形木楔，与木方连接在一起，以保证各级踏步的宽度一致）。浇筑混凝土时，楼梯侧模的侧向压力由楼梯上部设置的木方承受，木方按间距不超过 1m 设置。楼梯上部木方固定在已浇筑完的混凝土楼面上，用木块顶在端部，上部各处用斜木方固定在已浇筑好的混凝土墙体上，再在两根斜支撑木方下部用一根木方拉起来，以增加其稳定性；将楼梯上部木方的上下部分各用一条木方连接起来，形成一个整体。楼梯模板支设示意如图 2.12 所示。

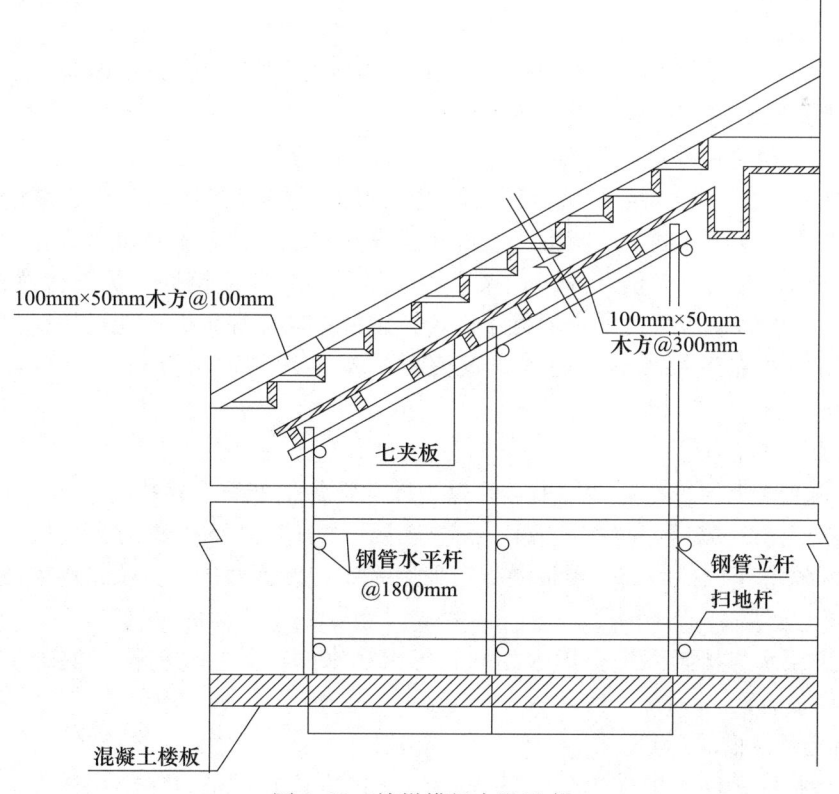

图 2.12 楼梯模板支设示意

(3) 混凝土施工。

车站主体结构及附属结构均采用商品混凝土，由商品混凝土供应商直接运送到工地浇筑点，采用汽车泵或拖泵浇筑，用插入式振捣器捣固。

① 商品混凝土的验收。

a. 到浇筑地点的每辆混凝土运输车必须有配料单、混凝土使用部位及性能的相关资料。

b. 商品混凝土到达施工现场后由监理工程师、试验工程师、质检工程师进行联合检查，确认合格后方能进入浇筑工作面。

c. 对到现场的每一车商品混凝土都要进行数量、坍落度、和易性、出机时间、运输时间及混凝土温度等的检查，若不能满足要求，不能用于结构中。

d. 夏季温度较高或运距较远时应加冰搅拌，控制混凝土温度，浇筑混凝土时，入模温度不得大于30℃；冬季施工时对混凝土罐车采取保温措施，保证到现场的商品混凝土的质量满足要求。

② 混凝土的浇筑。

a. 混凝土浇筑前的准备工作。

混凝土浇筑前，应对模板、支架、钢筋和预埋件进行检查，符合要求后方能浇筑。同时，应清除模板内的垃圾、泥土和钢筋上的油污等杂物。

b. 混凝土的浇筑高度。

混凝土自高处倾落的自由倾浇高度，即从料斗、溜槽、串筒等卸料口倾落入模板的高度，不应超过 2m。

c. 混凝土浇筑的间歇时间。

混凝土浇筑应连续进行，如确因特殊原因导致两层混凝土间的间歇浇筑时间超过规定时间，则其间歇层应按施工缝处理。

d. 混凝土浇筑层厚度与振捣。

采用插入式振捣时，混凝土浇筑层厚度应不大于振捣器作用部分长度的 1.25 倍。每一振点的振捣延续时间，应将混凝土捣实至表面出现浮浆和不再沉落为止；且移动间距不大于作用半径的 1.5 倍。插入式振捣器应尽量避免碰撞钢筋，更不得放在钢筋上，振捣器机头开始转动后方可插入混凝土内，振完后应徐徐提出，不能过快或停转后再拔出来。振捣作业靠近模板时，插入式振捣器机头必须与模板保持一定距离，一般为 5~10cm。

③ 混凝土的养护。

a. 编制混凝土养护作业指导书，并报监理工程师批准后严格执行。

b. 混凝土浇筑完后，应在 12h 内覆盖浇水。尤其是地下工程防水外墙，要保证不少于 14d 的喷淋养护；底板、顶板混凝土采用无纺布覆盖养护；其余结构混凝土养护时间不少于 7d。

c. 养护用水与拌制混凝土用水相同。每天浇水的次数，以能保持混凝土表面经常处于湿润状态为宜。

④ 混凝土模板的拆除。

a. 模板拆除顺序一般应为后支的先拆、先支的后拆；先拆除非承重部分，后拆除承重部分。重大、复杂的模板拆除应有拆模方案。

b. 承重模板及其支架的拆除，按照设计和规范要求执行。

c. 不重要的侧模板应在混凝土强度能保证其表面及棱角不因拆模板而受损时，方可拆除。

(4) 预埋件和预留孔洞施工。

① 预埋件的安置。

a. 竖向构件预埋件的安置。

焊接固定：焊接时先将预埋件外露面紧贴钢模板，锚脚与钢筋骨架焊接。当钢筋骨架刚度较小时，可将锚脚加长，以顶紧对面的钢模。

绑扎固定：用铁丝将预埋件锚脚与钢筋骨架绑扎在一起。为了防止预埋件移位，锚脚应尽量长一些。

b. 水平构件预埋件的安置。

梁顶面预埋件：采用圆钉加木条固定。

板顶面预埋件：将预埋件锚脚做成八字形，与板钢筋焊接。用改变锚脚角度的方式调整预埋件的标高。

② 预留孔洞的设置。

梁、墙侧面预留孔：采用钢筋焊成的井字架卡住孔模，将井字架与钢筋焊牢。

板底面预留孔：可在底模上钻孔，用铁丝固定在定位木块上，孔模与定位木块之间用木楔塞紧。当板面上留设较大孔洞时，留孔处留出模板空位，用斜撑将孔模支在孔边上。

(5) 结构接头处理。

① 车站主体与明挖附属结构接头的处理方法。

车站与风道同处于一个基坑内，施工较为简便。在施作车站主体结构时，施工缝与沉降缝在结构施工中非常重要。在车站与风道、出入口接口沉降缝位置处应预留防水层接头及预埋止水带。

② 车站主体出入口接头的处理方法。

车站侧墙在浇筑端头墙混凝土时，应做好对接口的预留。

(6) 接地网施工。

该工程铜排纵横交错，互相连接，形成接地网路。水平接地铜排敷设于结构底板下（按设计要求尺寸施工）。竖直接地铜排按设计深度、数量，采用钻机打孔预埋。为防止结构钢筋发生电化学腐蚀，每条接地引出线均需用绝缘带进行绝缘处理。

接地网施工工艺流程如图 2.13 所示。

6. 防水施工

该标段车站结构防水以自防水为主，主体结构外侧设附加全包防水层。车站主体及人行道防水等级为一级，风道及风井防水等级为二级。

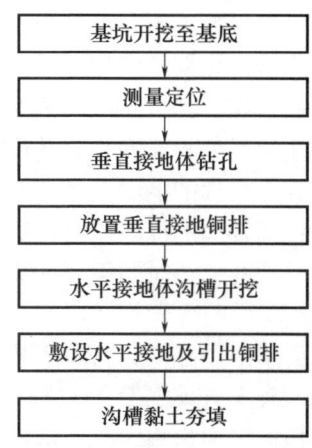

图 2.13 接地网施工工艺流程

顶板防水采用2.5mm厚的优质柔性防水涂料，并设置隔离油毡，采用100mm厚细石混凝土做保护层；侧墙采用单层能倒置粘贴于主体结构的预铺式自粘防水材料并做好临时防护；底板采用自粘聚合物改性沥青聚酯胎防水卷材，并做好临时防护。

车站防水施工在结构混凝土施工前进行。车站防水施工可分为五部分，即卷材防水施工、结构外侧防水施工、结构混凝土自防水施工、结构施工缝防水施工和特殊部位的防水处理，具体内容如下。

（1）卷材防水施工。

卷材防水施工工艺流程如图2.14所示。

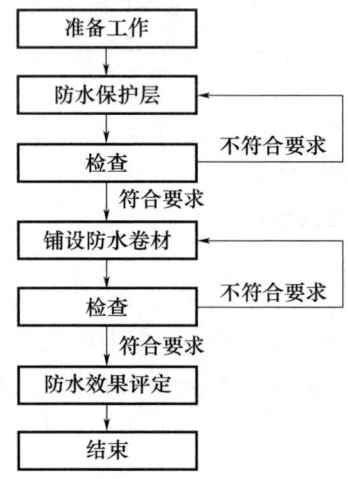

图2.14 卷材防水施工工艺流程

（2）结构外侧防水施工。

车站主体结构的底板及侧墙外防水均采用柔性卷材防水层，顶板防水采用1.5mm厚单组分聚氨酯涂层、牛皮纸隔离层。车站部分主体混凝土侧墙施工结束后进行卷材防水施工，基层为混凝土侧墙。

（3）结构混凝土自防水施工。

结构混凝土为抗渗等级不低于P8的防水混凝土。采用双掺法（掺高效聚羧酸减水剂和优质粉煤灰或磨细矿渣）优化配合比设计，要求混凝土初凝时间为6～8h，坍落度控制在（120±20）mm，入泵前坍落度总损失值不大于60mm，保证可泵性良好、泌水少、流淌斜度相对较小，并严格控制水泥用量和水胶比。

选择合理的浇灌工艺，在规定的区段内保证连续浇灌。

选择合理的浇灌路线，按斜面分层推进，确定每层的厚度及在初凝之前能被新浇混凝土覆盖的单位时间需要入模的混凝土量，确定混凝土供应量及必要的设备投入，防止"冷缝"。

夏季采用降低原材料入机温度，混凝土输送管上加湿草袋覆盖，喷水降温等措施，降低混凝土入模温度。

把握二次振捣时机，消除沉缩裂缝；做好初凝之后、终凝之前的表面压抹工作，以消除表面裂纹；消除在降温阶段出现的应力集中的隐患。

墙体浇灌在结束部位注意抽排浮浆，避免在结构中存在易开裂、低强度、高收缩等薄弱部位。

（4）结构施工缝防水施工。

① 顶板、底板施工缝防水施工。

在施工缝中预留 5mm 厚钢板止水带，安装在结构板中部。浇筑混凝土时，施工缝处混凝土应加强振捣，保证混凝土密实。待施工缝混凝土初凝之后，把溢出来的水泥浆、暴露于混凝土外的骨料冲洗掉。浇筑下一段混凝土前，应将施工缝表面凿毛，进行混凝土浇筑时，振动器不得直接接触橡胶止水带。先浇筑 30~50mm 厚 1:1 水泥砂浆或水泥浆（或混凝土界面处理剂），再进行剩余结构浇筑。

② 侧墙施工缝防水施工。

侧墙的施工缝也采用外贴式止水带止水，其与防水板应黏结固定。

③ 变形缝防水施工。

在车站与出入口通道、风道等处设置的变形缝，其外表面采用柔性防水层，结构内部采用带注浆花管的中置式橡胶止水带防水；变形缝内表面沿止水带外侧预留接水槽。

变形缝施工的关键在于确保止水带在施工中不发生位移和变形，变形缝处的混凝土要振捣密实。

止水带宽度和材质的物理性能应符合设计要求，且无裂纹和气泡，接头斜面热接，不叠接，接缝平整牢固，无裂口和脱胶现象。

变形缝处的端头模板上钉衬垫板，衬垫板与中埋式止水带中心线和变形缝中心线重合，止水带用端头模板夹牢固定，衬垫板垂直设置，并支撑牢固，不跑模。

底板变形缝处外防水层：先将单面自粘式防水卷材铺在混凝土垫层面上，之后顺结构分段方向横向铺设外贴式止水带，无钉铺设，且搭接长度不小于 15cm，最后浇筑细石混凝土保护层。

④ 侧墙变形缝防水施工。

单侧墙中部放置带注浆花管的中置式橡胶止水带并预留注浆孔，变形缝间采用聚乙烯板封堵，靠近围护结构一侧先用外贴式止水带与防水层黏结，外部预铺防水卷材或 2.5mm 厚优质单组分聚氨酯防水涂料。在施工缝处再铺设 200mm 宽牛皮纸隔离层，最后加设一层 4mm 厚双面自粘改性沥青防水卷材。有人防要求的在内侧施工缝两侧先预埋钢板再进行防水处理。

（5）特殊部位的防水处理。

对穿过防水混凝土结构的预埋管件采取切实有效的处理措施，结构变形或管道伸缩量较小时，穿墙管可采用主管直接埋入混凝土内的固定式防水法。主管埋入前加止水环，环与主管满焊或黏结密实；结构变形、管道伸缩量较大或有更换要求时，采用套管式防水法，套管加止水环。穿墙管防水结构示意如图 2.15 所示。

埋入结构混凝土内的穿墙管在浇筑混凝土前埋设，在套管中部设置止水环，于模板安装前固定在所设位置。浇筑混凝土时，套管四周加强振捣，保证混凝土的质量。

套管安装固定好后，在管线和套管的缝隙内填塞沥青麻丝，并填筑石棉水泥灰，再对该缝隙注浆，保证该缝隙密实。填塞背衬材料后，嵌填高弹性聚氨酯密封胶对管线和套管间进行密封处理。

管线穿过柔性防水层处，柔性防水层做增强处理。穿墙管较多时采用穿墙盒，盒的

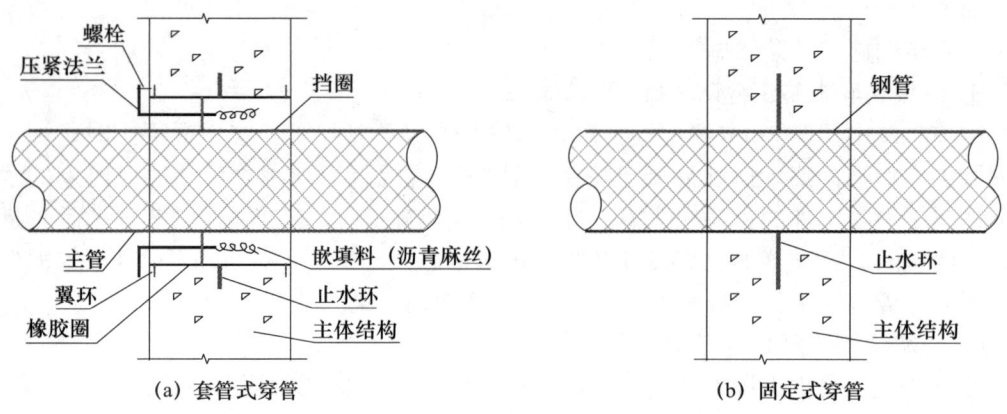

图 2.15 穿墙管防水结构示意

封口钢板与墙上预埋件焊牢,并从钢板的浇筑孔注入密封材料。

7. 电梯井施工

由于该工程电梯层数少,所以不一次性制作整体模板或使用大型钢筒模,而采用胶合板支设,随同层的墙、柱混凝土同时浇筑。

电梯井施工口在顶板施工时预留,预留口的混凝土关模时,采用系统脚手架(在下层底板搭设)和 2cm 厚胶合板,中部采用十字剪刀撑进行模板体系支护。电梯井混凝土浇筑前,做好设计预埋件施工。

8. 楼梯施工

楼梯的施工在各个出入口顶板施工前进行,顶板施工时预留符合规范要求的钢筋,待楼梯施工时一并浇筑。

(1)楼梯施工工艺流程。

楼梯施工工艺流程如图 2.16 所示。

图 2.16 楼梯施工工艺流程

(2) 楼梯施工要点。

楼梯分两次施工，先进行楼梯支撑立柱的施工，再进行楼梯梁及踏步的施工。楼梯底板模板支撑采用系统脚手架。楼梯底模采用大块木模板，踏步采用与台阶同高的木板立模，并固定牢固。底层钢筋绑扎时，采取从下往上绑扎方式，顶层钢筋绑扎时，采取从上往下绑扎的方式。楼梯混凝土浇筑前做好预埋件施工。

楼梯浇筑时，采用泵送混凝土，人工配合分次分段卸料；混凝土从下往上浇筑，严格控制混凝土的浇筑速度，用插入式振捣器捣固均匀。楼梯浇筑完，待达到设计强度的30%后洒水养护，养护至设计强度的80%后拆模，拆模后养护时间不少于14d。

9. 预留孔洞及预埋件施工

预留孔洞及预埋件的位置直接关系到车站结构的使用功能和结构工程的整体质量。预留孔洞、预埋件位置精度的控制贯穿于施工的全过程。

预留孔洞、预埋件根据施工放样精确固定在模板上，确保安放预留孔洞及预埋件的模型不发生位移及变形。在混凝土浇筑过程中，禁止振捣器直接碰撞预留孔洞模型和各类预埋件。拆模后立即对预留孔洞及预埋件位置进行复测，确保其位置准确，否则立即进行必要的修复。对已成形的孔洞进行覆盖或围蔽，防止人、物坠落。

10. 基坑回填

基坑回填应在主体结构顶板混凝土达到设计强度且防水施工完成后才能进行，基坑回填采用人工配合机械分层对称夯实。

(1) 填料选择。

① 碎石类土、砂土及爆破石渣（粒径不大于每层铺填厚度的2/3，当采用振动碾压时，不超过3/4）可用作表层下的填料，不得用于顶板以上0.5m范围内。

② 含水率符合压实要求的黏性土可用作各层填料。

③ 碎块、草皮、垃圾、含有杂质的有机质土、淤泥和淤泥质土不能用于回填。

(2) 填土技术要求。

顶板防水保护层强度达到设计要求后，开始回填基坑。结构顶板以上不少于0.5m厚度内必须采用透水性差的黏性土回填，不得采用透水性好的砂土、杂填土等。其余部分回填料除淤泥、粉砂、杂土、有机质含量大于8%的腐殖土、过湿土和直径大于20cm石块外，均可回填。

各类回填土使用前，应分别取样测定其最大干容重和最佳含水率，并做压实度试验，确定填料含水量控制范围、铺土厚度和压实度等参数。回填应在最佳含水率时进行。若采用不同类型土回填时，应按土类有规则地分层铺填。

基坑土方的回填应做到均匀、对称，以避免结构不均匀受力，每层填筑厚度不大于0.3m。

基坑回填应分层摊平夯实；回填标高不一致时，应从低处逐层填压；基坑分段回填接槎处，已填土坡应挖台阶，其宽度不小于1m，高度不大于0.3m。

回填时机械或机具不得碰撞防水保护层，结构顶板1.5m范围内以及管线周围应采用人工使用小型机具夯填，夯与夯之间重叠不小于1/3夯底宽度。采用机械压碾地段，宜薄填、慢行、先轻后重、反复压碾，压碾时的搭接宽度不小于20cm。

对有压实度要求的填方，回填碾压过程中，应取样检查回填压实度。基坑室内填土

每层按 $100\sim500\text{m}^2$ 取样一组，基槽和管线回填每 $20\sim50\text{m}^2$ 取样一组。

顶板回填土施工完毕后，清理场地，按城市道路要求及地铁公司有关通用技术条款和监理要求进行恢复。

11. 路面恢复

（1）道路基层施工。

道路基层施工采用自卸汽车运输，推土机粗平，平地机精平，振动压路机碾压。

（2）沥青混凝土面层施工。

① 标高测设。

在主路两侧距路边缘 $30\sim50\text{cm}$ 处每 20m 放测墩或测钎，用水准仪计算原有道路纵坡及横坡，根据施工情况测设高程。

② 沥青混合料供应。

沥青混合料由自卸汽车运送到现场，运料车应干净，无油污，并用篷布覆盖，数量应以施工过程中摊铺机前有 $3\sim5$ 辆运料车等候为宜。

③ 摊铺。

沥青混合料采用沥青摊铺机摊铺，具体施工要求如下。

a. 严格控制摊铺温度，不得低于设计值。

b. 沥青摊铺厚度应为沥青混凝土面层的设计厚度乘以松铺系数 $1.15\sim1.20$。

c. 凡接触沥青的机械、工具的表面，均应涂一薄层油水混合液或进行加热。

d. 机械就位后铺放垫木，严格按设计和施工要求铺放垫木，严禁使用砖石块等代替；调整进料角，把摊铺机的厚度手轮转至最轻状态，右转一周角手轮，使熨平板前部进料角离开垫木 3mm。

e. 摊铺机运行一次摊铺长度为 $50\sim120\text{m}$，尽量全幅铺筑以减少纵缝。储料斗及搅刀分布宽度内应备有充足的沥青及连续供应的混合料，尽量减少摊铺机运行中的停机待料；摊铺中供料车卸料与摊铺机接触时，避免强烈碰撞，并应同速前进缓缓卸料；摊铺中熨平板不要放置在垫木或已摊铺好的层面上；摊铺过程中，不要变更运行速度或停机，防止厚度发生变化，影响层面平整度，出现波浪甚至断裂；混合料如溢出储料斗外，落在行轮前面要迅速清除，禁止放回斗内；摊铺时不要急速扭转方向，以免影响平整度。

f. 摊铺运行中的调整。摊铺厚度误差过大时，司机应及时修正熨平板前进料角，正常后注意保持整平油缸标尺准确；摊铺两侧不正常时，工地施工人员注意检测，随时通知司机立即修正各项参数。

（3）接缝处理。

施工缝及与既有路面连接处是路面薄弱环节，最易遭到破坏，必须充分压实，保证紧密、平顺，无接缝痕迹。

① 纵缝。

由于路面较宽而设的施工缝，一般应直槎热接。

直槎热接包括划线刨（切割）直槎、喷油、预热新槎和接槎等。

划线刨（切割）直槎：划线要直，边缘裂纹、松动厚度不足及局部不平整处均须刨除，注意不要扰动碎石联结层，边缘附近应清除干净。

喷油：在新刨齐的直槎垂直面上喷一薄层黏层油（沥青）避免喷刷在旧面层上，以利结合。

预热新槎：将沥青混合料敷于缝边，厚10～15cm，宽15～20cm，待接槎处旧沥青混凝土熔化后（5～10min）将所堆敷混合料清除或散撒于碎石联结层上。

接槎：按虚厚摊铺混合料，使表面平整衔接紧密；用小型压路机沿接槎压实，以热熔铁熨平顺，扫除接槎处多余的离散料，适当高出已压面层，趁热用重碾后轮沿接槎边缘碾压密实，随时修整，直至无明显痕迹。

② 横缝。

摊铺带宜长不宜短，以尽量减少横缝，相邻两幅及上下层的横向接缝均应错位1m以上，与既有路面搭接处应清扫干净并洒油，横向施工缝采用横垫木，要做到端部整齐，继续摊铺时可省去切除不整齐部分的工序。

(4) 碾压。

① 严格控制碾压的开始温度和终了温度。

② 严格控制压路机的碾压速度。

③ 压路机应从外侧向中心碾压，相邻碾压带宽应重叠1/3～1/2轮宽，最后碾压路中心部分。

④ 压路机碾压过程中有沥青混合料粘轮现象时，可向碾压轮洒少量水或洗衣粉水，严禁洒柴油，轮胎压路机可不洒水，或在连续碾压一段时间轮胎已发热后停止向轮胎洒水。

⑤ 压路机不得在未碾压成形并冷却的路段上转向、调头或停车等候，振动压路机在已成形的路面上行驶时应关闭振动。

⑥ 在当天碾压的尚未冷却的沥青混合料层面上，不得停放任何机械设备或车辆，不得散落矿料、油料等杂物。

(5) 车辆放行。

沥青混凝土面层碾压成形、冷却，经压路机试压无轮迹后，即可开放交通。

2.1.2.4 茶涪路站施工

1. 施工工序

(1) 场地平整完成后，从茶涪路站小里程端进行围护桩施工。

(2) 围护桩施工完成，桩检合格，进行土石方开挖施作冠梁，待混凝土强度达到设计强度后，进行第二步土方开挖，施作第一道钢围檩及钢管内支撑体系、锚索施工，依次循环，分层分段直至挖至设计基底高程。土石方开挖一步，施作一步桩间锚喷支护。

(3) 开挖至基底后，施作底板垫层，做底板防水，浇筑基础底板等。

(4) 待基础底板混凝土强度达到设计强度的90%后，拆除最底层钢支撑，搭设满堂脚手架，进行负三层框架柱、侧墙、顶板施工。

(5) 待负三层结构混凝土强度达到设计强度的90%后，拆除钢支撑，施作负二层结构，依次循环，直至主体结构封顶。

2. 预应力锚索施工

茶涪路站结构与瓦子坝站相似，车站施工方法及施工工艺与瓦子坝站施工方法及施工工艺相似，下文只对预应力锚索施工进行阐述。

预应力锚索是通过外端固定于开挖面，另一端锚固在滑动面以内的稳定岩体中穿过边坡滑动面的预应力钢绞线。其主要通过锚索将软弱松动、不稳定的岩土体悬吊在深层稳定的岩土体上，以防止其离层滑脱。预应力锚索一方面可直接在滑面上产生抗滑阻力，另一方面通过增大滑面上的正应力来增大抗滑摩擦阻力，使结构面处于压紧状态，以提高周边岩体的整体性，从而从根本上改善岩体的力学性能，有效地控制岩体的位移，促使其稳定，达到防止边坡位移、坍塌的目的。

(1) 施工准备。

施工准备包括场地布置、机械设备安装调试、人员上场和材料购置及储备等。

场地布置包括钻孔作业场地规划、水池规划、混凝土拌合场地平整，风水电管线布置以及生产、生活用房规划等。

施工人员人数可根据上场机械设备数量和施工条件确定。每班由班长、钻孔组、注浆浇混凝土组、空压机司机、锚索安装和张拉组等组成。

(2) 测量放线。

根据设计的要求，准确定出各锚点位置，定位精度，允许偏差为纵横向±100mm。

(3) 钻孔。

钻孔是锚索施工中控制工期的关键工序。为确保钻孔效率和保证钻孔质量，采用锚杆钻机钻孔。钻机钻进时，按锚索设计长度将钻孔所需钻杆摆放整齐，钻杆用完，孔深也恰好到位。

钻孔包含钻机就位、施钻成孔和清孔三个作业步骤。当围护结构基坑开挖到达锚索钻孔位置时，首先要用钢管和木板搭设施钻作业平台。钻机就位要求钻头定位准确，最终成孔位置偏差不大于20mm，孔斜误差不超过2%。

在松散地段进行成孔施工时，为防止塌孔，宜采用偏心钻跟进护壁套管方式钻进。钻进过程中，应观察出灰、出渣和漏风情况，做好滑动面、错落面等软弱面所处位置的记录，判断孔段是否进入稳定岩（土）层，以保证孔段进入稳定岩（土）深度不小于设计要求的锚固段长度。考虑沉渣厚度，孔底应超钻30～50cm。成孔后，用高压风清洗孔壁，以保障砂浆与孔壁的黏结力。钻孔必须采用干钻，严禁水钻。

钻孔结束，逐根拔出钻杆和钻具，将冲击器清洗好备用。用一根聚乙烯管复核孔深，并以高压风吹孔，待孔内粉尘吹干净，且孔深不小于锚索设计长度时，拔出聚乙烯管，塞好孔口。

在钻孔过程中可能存在不良地质灾害，主要包括渗水和塌孔等，具体处理措施如下。

① 渗水的处理。

在钻孔过程中或钻孔结束后吹孔时，从孔中吹出的都是一些小石粒和灰色或黄色团粒而无粉尘，说明孔内有渗水，岩粉多贴附于孔壁。若孔深已够，则注入清水，以高压风吹净，直至吹出清水；若孔深不够，哪怕冲击器正在工作，仍有进尺，也必须立即停钻，拔出钻具，洗孔后再继续钻进，如此循环，直至结束。有时孔内渗水量大，有积水，吹出的是泥浆和碎石，这种情况下岩粉不会糊住孔壁，只要冲击器工作，就可继续钻。如果渗水量太大，以至于淹没了冲击器，冲击器会自动停止工作，应拔出钻具进行压力注浆。

② 塌孔的处理。

当钻孔穿越强风化岩层或岩体破碎带时，往往发生塌孔。塌孔的主要标志是从孔中吹出黄色岩粉，夹杂一些原状的（非钻头碎的、非新鲜的、无光泽的）石块。不管钻进深度如何，都要立即停止钻进，拔出钻具，进行固壁注浆，注浆压力采用0.4MPa，浆液为水泥砂浆和水玻璃的混合液，24h后重新钻孔。雨季，常常顺岩体破碎带向孔内渗流泥浆，固壁注浆前，必须用水和风把泥浆洗出（塌入钻孔的石块不必清除），否则将导致固壁注浆效果差。

(4) 锚索安装。

在钻孔的同时在现场施工棚内进行锚索编制，内锚固段采用波纹形状，张拉段采用直线形状。钢绞线下料长度为锚索设计长度、锚头高度、千斤顶长度、工具锚和工作锚的厚度以及张拉操作余量的总和。正常情况下，钢绞线截断余量取50mm。将截好的钢绞线平顺地放在作业台架上，量出内锚固段和锚索设计长度，分别做出标记；在内锚固段的范围内穿对中隔离支架，间距600～1000mm，两对中隔离支架之间绑扎紧固环一道；张拉段每米也扎一道紧固环，并用塑料管穿套，内涂黄油；最后在锚索端头套上导向帽。

锚索采用高强度、低松弛的钢绞线，极限抗拉强度不得小于1860MPa。锚索制作和安装可分为下料、除锈防腐、焊接导向锥、绑扎和入孔五个作业步骤。

钢绞线下料长度也为孔深加上预留长度，预留长度一般为1.0～1.5m，与张拉锚具型号、绑扎节状个数、垫板和垫板位置有关。

在绑扎前，钢绞线应先进行除锈、防腐处理，制作和安装全过程必须避免油脂、泥土等杂物污染锚固段钢绞线。钢绞线呈同心圆环节布，中心为灌浆管；锚索锚固段间距1～2m设置隔离架和紧箍环，使锚索呈节状，以增大锚索的抗拔力。另外，还需设置定位片，使锚索能在孔中居中；自由段钢绞线外套塑料管，套管前端口应切实做好隔浆措施，防止灌浆材料侵入自由段。

导向锥起锚索入孔导向作用，其焊接在锚固段端部。完成造孔工序后，应立即用人工将预制好的锚索从孔口下入孔底。

锚索安装前应对孔道、锚索进行以下核查。

① 孔号与锚索的编号。

② 索体的钢绞线顺直性，如有扭曲须调整。

③ 岩体锚索应检查其止浆环质量及进出浆管的位置，确保通畅性。

④ 对测试仪器的引伸线做导通检查。安装时要注意锚索应一次放到位，避免在安装过程中反复拖动索体。

⑤ 孔道验收24h后，锚索安装前，应检查其通畅情况；锚索安装完毕后，应对外露钢绞线进行临时防护；检查定位止浆环和限浆环的位置，若有损坏，按技术要求更换；检查排气管的位置和畅通情况；锚索送入孔内，当定位止浆环到达孔口时，停止推送，安装注浆管和单向阀门；锚索到位后，再检查一遍排气管是否畅通，若不畅通，拔出锚索，排除故障后重新送索。

(5) 锚固法注浆。

灌浆分制浆和注浆两个作业过程。锚孔内的浆液为水泥净浆，标号满足设计要求，配合比通过试验配制，可掺入适量早强剂，以缩短张拉等待时间，但严禁掺用具有中强腐蚀性的外加剂。净浆必须用 P·O 42.5 水泥，使用搅拌机搅拌均匀，浆液在初凝之前用完，并不得混入杂物。

注浆有多种方法，一般采用埋管式注浆，即由孔底向上有压一次性灌浆，压力不小于 0.6～0.8MPa，砂浆至锚固段灌满为止，注浆管不拔出。此方法操作简便且灌浆质量好。在进行注浆操作的同时，应制作相应净浆试件，并埋入滑坡体中养护，以备开展张拉工序做强度参考。

注浆过程中，土体松散、岩体破碎情况下较易发生漏浆情况，严重时砂浆无法注满，此时可采用人工从孔口填塞砾石、岩粉，使之与浆液混合，填塞裂缝漏浆。由于水泥浆有收缩性，注浆后的第二天应做补浆处理，使锚固段净浆饱满。

锚固法注浆采用排气注浆法施工。注浆管插至孔底，净浆由孔底注入，空气由锚索孔排出；锚索孔注浆采用注浆机，注浆压力保持在 0.3～0.6MPa。

(6) 安装钢檩。

钢檩的作用是把锚具的集中荷载传递到桩板和调整围护结构受力方向。

为了使钢檩上表面与锚索轴线垂直（斜交），预先将一根外径与钻头直径相同的薄壁钢管和垫板正交（斜交）焊牢，浇筑冠梁桩板前将钢管埋入即可，或者在加工钢檩时一并加工。

紧固端设置包括钢檩制作和锚具安装两道工序。

(7) 锚索的张拉。

① 张拉锚索前需对张拉设备进行标定。每只千斤顶应配用的压力表数量不少于两块，压力表的精度不低于 1.5 级，其常用读数不宜超过表盘刻度的 75%。标定时，将千斤顶、油管、压力表和高压油泵连好，在压力机上用千斤顶主动出力的方法反复试验三次，取平均值，绘出千斤顶出力 (kN) 和压力表指示的压强 (MPa) 曲线，作为锚索张拉时的依据。因国产压力表初始起动压强不完全相同，所以，标定曲线上必须注明标定时的压力表号，使用中不得调换。压力表损坏或拆装千斤顶后，要重新标定。标定的设备额定张拉力应大于锚索设计超张拉力 1～2 级，即 500～1000kN；应清除张拉施工区内与张拉作业无关的材料、设备及其他障碍物；检查或搭设张拉作业所需的工作平台、脚手架，并固定牢靠，设置安全防护设施、挂警示牌；张拉机具就位后，先进行空载试运转，检查其运行状态及可靠性；测力计与工作锚板同步安装，且均应与锚索孔道对中；张拉机具操作人员应定人定位持证挂牌上岗，非作业人员不得进入张拉作业区，千斤顶出力方向严禁站人。

② 张拉控制应采用以张拉力控制为主，以伸长值校核的双控操作方法，当锚索张拉实测伸长值与理论计算伸长值偏差超出 10% 或小于 -5% 时，应停机检查，待查明原因并采取相应措施后，方可恢复张拉。试验确定伸长率为 6.5%。

③ 分级加载和整索张拉程序为：$0 \rightarrow 0.20\sigma_{con} \rightarrow 0.25\sigma_{con} \rightarrow 0.50\sigma_{con} \rightarrow 0.75\sigma_{con} \rightarrow 1.10\sigma_{con} \rightarrow$ 锁定（σ_{con} 为张拉控制应力）。

④ 在张拉过程中应按设计要求逐级加载，锚索最大张拉应力应控制在 $1.05\sigma_{con} \sim 1.10\sigma_{con}$ 范围内。

⑤ 张拉加载及卸载应缓慢平稳，加载速率每分钟不宜超过 $0.10\sigma_{con}$，卸载速率每分

钟不宜超过 $0.20\sigma_{con}$。

⑥ 锚索张拉锁定后夹片错牙不应大于 2mm，否则应退锚重新张拉。

⑦ 锚索张拉每级加载后应同步量测其伸长值，锁定后应量测预应力钢绞线的滑移量。

⑧ 锚索采用整体分级张拉的程序，每级稳定时间 2～5min。

⑨ 在垫层强度及围护结构强度达到设计强度的 80% 以后，开始用轻型千斤顶对钢绞线逐一进行张拉，张拉力控制在 20～30kPa，使钢绞线逐根顺直，不可遗漏，然后进行整束整体初次张拉。整体张拉按多次多级进行。末级最终超张拉 5%～10%，各次张拉吨位则按级等分，严格分级、持荷，使后一次张拉能有效补偿前一次张拉因地层压缩徐变而产生的预应力损失，末次张拉的预应力损失则由超张拉补偿，土层预应力损失比例在 25% 以内，各级张拉均需持荷稳定 2～5min，使预应力在土体压缩变形稳定后能较好地均匀传递并得到调整。安放千斤顶时，使锚具底座顶面与钻孔轴线垂直，以确保锚索张拉时千斤顶出力与锚索在同一轴线上。

⑩ 张拉过程中，应严格按照设计给定的各级张拉力进行张拉，并应认真测量和记录锚索的伸长量，伸长量作为油压表读数的校核参考值。

（8）锁定与封头。

末次张拉完成后，立即用夹片将锚索锁定于锚具上。末次张拉完成并锁定后，切除锚索外露段，用 C30 素混凝土包裹出露的金属部分，封住锚头。

（9）外部保护。

从锚具量起留 50mm 长的钢绞线，其余的部分截去，其切割严禁使用电弧或乙炔焰。在其外部包覆厚度不小于 50mm 的水泥砂浆保护层。

（10）施工注意点。

① 围护开挖完成后，应在封孔灌浆前进行验收试验，随机抽取锚索总数的 5%（不少于 3 根）进行检测，要求张拉力不小于规定值，检测合格率达 100% 后，方可切割锚具外超长部分的钢绞线。锚索张拉中应做好锚索伸长量及受力记录，核实伸长量与受力是否相符，做好观测直到交验为止。预应力锚索须做锚固力破坏性试验时，不得在锚固区内进行，应选择具有代表性的，且与锚固工程条件相类似的部位进行试验。

② 预应力工程施工期监测的内容、数量、部位和监测方法应符合设计要求。施工期原位监测工作必须与预应力锚索张拉同步进行，及时整理资料，迅速反馈信息，进行动态设计，调整施工工艺。对需要转入运行期监测的项目，应注意保护并及时移交，如在规定的监测期内仪器发生故障、失效，应尽快修复，继续监测。

③ 钢绞线必须采用切割机下料，严禁使用电弧或乙炔焰切割。雷雨时不应进行室外作业。设计长度相同的锚索，其钢绞线下料长度应相同，其长度误差不应大于 ±10mm。

④ 锚索编制中钢绞线应一端对齐、排列平顺，不得扭结，还应绑扎牢固，绑扎间距宜为 2m。端头锚索的导向帽应按要求制作，与索体连接应牢固可靠。

⑤ 锚索制成后，经检验合格应签发合格证，并进行编号，挂标示牌，注明生产日期、使用部位、孔号。

⑥ 合格锚索应按编号整齐、平顺地存放在距地面 200mm 以上的支架或垫木上，不

得叠压存放，支架间距宜为1～1.5m，并进行临时防护。锚索存放场地应干燥、通风，不得接触硫化物、氯化物、亚硫酸盐、亚硝酸盐等有害物质，并应避免杂散电流。

2.2 地铁车站浅埋暗挖法施工

2.2.1 浅埋暗挖法的发展与适用条件

2.2.1.1 浅埋暗挖法发展简介

浅埋暗挖法是在新奥法基础上，结合中国国情创立的地下工程施工技术，其特点是基于新奥法原理体系，采集监测信息反馈给设计与施工，同时通过采用超前支护、地层改良和注浆加固等辅助技术来完成地下工程的设计与施工。

新奥法是奥地利拉布西维兹（L. V. Rabcewiz）教授等一大批学者和工程技术人员在长期工程经验的基础上创立于20世纪50年代，并于1962年正式命名的一种隧道工程施工方法。它的核心是利用围岩支护隧道使围岩本身形成支承环。国外在20世纪70年代初开始将新奥法应用于浅埋地层，至20世纪70年代末、80年代初，一套完整的技术体系已经基本形成并应用于城市地铁等工程领域。日本、德国、法国、美国、韩国、意大利等国家都有新奥法成功应用的工程实例。

我国浅埋暗挖法应用始于20世纪80年代，在1984年大秦线军都山铁路隧道黄土段试验成功的基础上，于1986年5月至1987年5月，在北京地铁复兴门折返线工程中应用并获得成功。该法由于取得了非常大的经济效益和社会效益，于1987年8月25日由当时的北京市科委、铁道部科技司共同组织了国家级成果鉴定，经充分讨论后被命名为"浅埋暗挖法"。随后，以北京地铁工程为背景总结形成的《隧道与地铁浅埋暗挖工法》被批准为国家级工法。

浅埋暗挖技术的核心是依据新奥法的基本原理，在施工中采用多种辅助措施加固围岩，充分调动围岩的自承能力，开挖后及时支护、封闭成环，使其与围岩共同作用形成联合支护体系，是一种抑制围岩过大变形的综合施工技术。浅埋暗挖法继承和发展了岩石隧道新奥法的基本原理，突出了地层改良、时空效应和快速施工等理念。其方法的实质内涵可由18字原则阐明，即"管超前、严注浆、短开挖、强支护、快封闭、勤量测"。浅埋暗挖法不扰民，不干扰交通，不需要价格非常贵的设备，灵活而又方便，人力成本较低，对地面建筑、道路和地下管网影响不大，拆迁占地少，对城市生活干扰小，适用于不同的地层、不同的跨度以及多种断面形式。与明挖法、盾构法相比，它避免了明挖法对地表的干扰，又较盾构法具有对地层较强的适应性和高度灵活性，因此浅埋暗挖法广泛应用于世界各国的城市地下工程建设。目前，浅埋暗挖法应用具有代表性且所占比重较大的国家有中国、英国、法国、德国、韩国、巴西等。

随着大量的工程实践和理论研究，浅埋暗挖技术不断完善，应用范围进一步扩大。目前，浅埋暗挖法已经由原来只适用于第四纪地层、无水、无地面建筑物等简单条件拓展到非第四纪地层、超浅埋、大跨度、上软下硬、高水位等复杂的地层和环境条件，可用于埋深只有0.8m的地下洞室，暗挖施工的地铁车站跨度可达26m，可用于修建穿越密集建筑物的隧道，并形成了带有各地域、各城市特色的施工工法，如南京地铁软流塑地层暗挖施工工法、广州地铁含水砂层暗挖施工工法等。尤其是信息科学技术在浅埋暗挖法中的应用，实现了工程全过程监控，有效地减少了由于地层损失而产生的地面沉降等问题。如今，浅埋暗挖施工技术不仅在很大程度上减小了对周边环境的影响，而且还能及时对支护参数进行调整和优化，提高了施工质量和施工速度，已成为城市地铁等工程中普遍采用的施工方法。

2.2.1.2 浅埋暗挖法的适用条件

虽然浅埋暗挖法对地层的适应性较广，但也并非适用于任何地层。在选用浅埋暗挖法时，对工程地质和水文地质条件、环境和经济方面进行充分论证和评估是十分必要的。选用浅埋暗挖法应考虑的基本适用条件如下。

（1）浅埋暗挖法不允许带水作业。如果含水地层达不到疏干要求，带水作业是非常危险的，开挖面的稳定性会时刻受到威胁，甚至发生塌方。将地下水，尤其是上层滞水处理好是非常关键的环节，因为它会直接影响浅埋暗挖法的成败。大范围的淤泥质软土、粉细砂地层，降水有困难或经济上选择此工法不划算的地层，不宜采用此工法。

（2）采用浅埋暗挖法要求开挖面具有一定的自立性和稳定性。日本土木学会曾提出开挖工作面土体稳定的定量判别标准：土壤中的细颗粒（粒径小于0.075mm）质量分数小于或等于10%，且均匀系数 $U_c \leqslant 5$ 的土壤，不具备自立性。我国对土壤的自立性做出定性要求：工作面土体的自稳时间应足以进行必要的初期支护作业。对开挖面前方地层的预加固和预处理是采用浅埋暗挖法的必要前提，目的在于加强开挖面的稳定性，增加施工的安全性。

2.2.2 浅埋暗挖地铁车站常用施工方法

2.2.2.1 中洞法

1. 施工步骤

中洞法是在地层中间开挖一个洞穴，然后在洞穴内部进行施工的方法。该施工方法的基本原理是把大跨地质较差的隧道分成三个部分，各部分以条块分割，保证开挖期间的安全，先形成中洞初期临时结构，在临时结构内施作永久衬砌结构，形成中部稳定支撑，承受围岩主要荷载，然后对称开挖边洞部分的各分块，最后形成整体结构。体系转换过程中，结合监测情况加设钢支撑。

中洞法主要施工步骤如下。

（1）中跨部分（包括立柱）采用交叉中隔壁（CRD）法施工。先将中洞自上而下分块成环，随挖随撑，及时做好喷锚和钢架初期支护。

（2）由下而上施作中跨部分二次模筑钢筋混凝土结构，中隔墙也逐层拆除。中洞各工序完成后，就会形成一个刚度很大的完整结构定住上部土体，从而有效地减小地表沉降量。

（3）中洞完成后，两边洞采用台阶法，对称自上而下开挖。

（4）同样，初期支护完成后，再自下而上施作两边洞的二次模筑钢筋混凝土衬砌。

2. 施工安全控制要点

（1）提前开始降水作业，保证水位降至开挖面以下。当降水作业受到客观条件限制而不能实施时，则应采取地层注浆堵水措施。

（2）中侧洞开挖采用 CRD 法，各工作面拉开距离控制在 15m 左右，开挖步距应严格控制，每步距以一榀钢架间距为宜。开挖面一旦形成，应使支护结构尽快封闭，以减少拱脚处的基础压缩变形并有效地控制地层的松弛变形。

（3）中洞底纵梁是工程控制要点之一，主要涉及地基基础的承载力和底纵梁位移问题。中洞法在结构中洞底板封闭以前为最不利受力状态，底梁基底压力值达到最大。为进一步增强地基承载能力，减少由底纵梁基础引起的结构不均匀沉降，需要对底纵梁基底进行注浆加固处理。为了防止结构水平位移，底纵梁纵向每隔一定距离设横向联系梁，既可以减少破除底层中隔墙引起的中洞初期支护结构沉降，又可以使底梁纵向形成格构框架体系，以保证下部钢管柱及顶纵梁受力稳定。

（4）顶纵梁施工质量控制。为保证顶纵梁的施工质量，将顶芯梁和顶拱混凝土分开浇筑，应先施作顶芯梁，再施作拱顶衬砌。铺设拱部防水板时，预留好防水板接头并加以保护，对连拱部位做好 V 形节点防水。顶纵梁的混凝土达到强度要求后，在立柱及顶梁上安装可调式拉杆和横向工字钢支撑，间距 1m，其安装详情如图 2.17 所示。钢支撑分担由中部拱跨传递的内侧挤压力，钢拉杆承受拱脚外移产生的拉力。

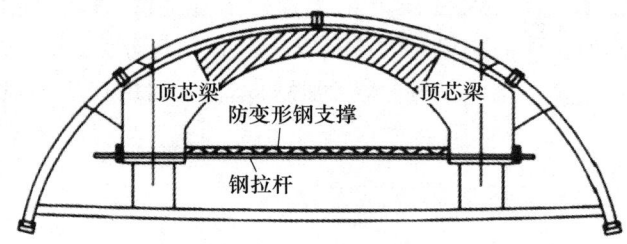

图 2.17 顶纵梁施工钢支撑及钢拉杆安装示意

（5）钢管柱制作、运输及精确定位要严格按照技术规范要求执行。在进行对应钢管柱位置处底纵梁的混凝土浇筑前，需要安装钢管柱底盘、管内锚固钢筋、定位杆和管外锚固钢筋。

（6）中洞底纵梁联系梁施工前要破除临时中隔墙，侧洞底板施工过程中要破除侧洞中隔墙。中洞底纵梁和侧洞底板施工阶段，中隔墙依然是主要承力结构，破除过程中采用主动换撑措施，纵向每隔一定距离设置横梁。

（7）侧洞二次衬砌施工中，需要破除各层的临时仰拱，必须确保临时结构破除后侧墙的安全稳定。破除临时仰拱时采取左右两侧不对称拆除方式。

（8）局部临时支撑。二次衬砌施工过程实质上是初期支护结构受力转化为二次衬砌结构受力的过程，必要时可在局部增设临时支撑，以减少转换过程的影响。

2.2.2.2 侧洞法

1. 施工步骤

与中洞法相反，侧洞法是先对称地用 CRD 法开挖两个侧洞，待完成侧洞二次衬砌模筑钢筋混凝土结构后,再用台阶法开挖中洞。其开挖、初期支护、二次衬砌结合进行,能够充分利用二次衬砌的支护作用有效控制变形。

侧洞法施工步骤如下。

(1) 施作超前支护,注浆加固地层,前后开挖两侧 1 号洞室,并预留核心土。施作初期支护,两侧洞室纵向间距为 30m。

(2) 继续前后开挖两侧 2 号洞室,施作初期支护,1 号与 2 号洞室纵向间距为 5m 左右。

(3) 施作超前支护,前后开挖两侧 3 号洞室,施作初期支护,2 号与 3 号洞室纵向间距为 15m。

(4) 继续前后开挖两侧 4 号洞室,施作初期支护,左侧 3 号与 4 号洞室纵向间距为 5m,右侧 3 号与 4 号洞室纵向间距为 15m。

(5) 继续前后开挖两侧 5 号洞室,施作初期支护,4 号与 5 号洞室纵向间距为 15m。

(6) 继续前后开挖两侧 6 号洞室,施作初期支护,5 号与 6 号洞室纵向间距为 15m。

(7) 在临时仰拱上凿洞,施作底梁、中柱与顶梁(含防水),并预留施工缝;对梁进行临时支撑固定。

(8) 根据监测情况纵向分段拆除中隔墙、临时支撑,逐步完成侧洞底板防水与二次衬砌,两侧导洞内作业纵向间距为 30m。

(9) 根据监测情况纵向分段拆除中隔壁、临时仰拱及临时支撑,逐步完成侧洞防水与二次衬砌,两侧导洞内作业纵向间距为 30m。

(10) 中洞上台阶开挖,纵向紧跟施作拱顶初期支护,中隔壁穿孔及时架设顶梁水平钢支撑。

(11) 中洞纵向紧随中台阶开挖,视监测情况拉结中隔壁,凿除顶部中隔壁并施作顶板防水与二次衬砌。

(12) 短台阶紧随开挖下台阶土体,穿洞架设临时钢支撑,开挖至基底,封闭初期支护(同时顶板达到强度后可拆除顶部临时支撑)。

(13) 紧跟前步初期支护,分段拆除临时中隔壁和施作底板防水与二次衬砌结构;拆除临时钢支撑,完成暗挖车站主体结构及站台板。

2. 施工安全控制要点

(1) 侧洞法施工时,要严格控制各个导洞的开挖顺序和开挖步距,在施工中做好各个导洞施工的衔接组织工作。

(2) 两侧导洞二次衬砌施工,破除其临时初期支护时,必须确保初期支护体系的安全与稳定。

(3) 中洞开始施工时,将引起侧洞的二次衬砌结构承受偏压,因此施工时必须解决好侧洞受力的平衡和转换。为使侧洞结构偏压内力能够逐步平衡、安全转换,中洞施工可采取以下措施。

① 中洞严格按照 0.5m 的步距进行上台阶开挖,纵向紧跟施作拱顶初期支护,同时中隔壁穿孔及时架设水平钢支撑(顶纵梁施工时在侧壁预埋钢板)。

② 中洞拱部二次衬砌施工时,需要破除侧洞的临时初期支护,一次破除长度不宜过大,一般以 6m 左右为宜。

③ 施工全过程对侧洞梁柱结构实施应力应变及位移监测，可根据监测数据动态控制施工步序，指导施工。

④ 在中洞与侧洞的结构交叉施工和拆除转换过程中，必须确保中洞支护体系的平衡与稳定。

⑤ 群洞施工时，为避免沉降叠加效应，各洞工作面应至少前后错开15m；同一导洞内台阶长度保证在1倍洞跨内且核心土长度不小于2m；对于稳定性较差的地层，必要时工作面应全断面注浆以控制地表沉降等。

2.2.2.3 柱洞法

1. 施工步骤

柱洞法施工引起的地面沉降量较小，安全性高，但中洞开挖时受力转换复杂。柱洞法具有中洞法的特点，即先挖柱洞完成中柱再开挖中洞，一般采用中洞法可能有较大的地面沉降的情况。该法常常被用于修建三拱两柱或双拱单柱双层岛式车站。

以单拱双柱浅埋暗挖车站为例，柱洞法施工步骤如下。

（1）超前支护，开挖中部两侧1号洞室施作初期支护，两侧同步开挖，注浆加固地层。1号洞室开挖时根据开挖高度及跨度分部开挖，常选用中隔壁（Center Diaphragm，CD）法开挖，各分部开挖的洞室施工错距为15m左右。

（2）局部地基深孔注浆加固，施作底纵梁及防水，架设钢管柱，施作顶纵梁及防水，临时支撑固定。

（3）开挖中洞3号洞室，纵向施作拱顶初期支护，中隔壁穿孔及时架设顶梁水平钢支撑。

（4）开挖中洞5号洞室，视监测情况调整钢支撑，分段凿除顶部中隔壁并施作中拱顶板防水与二次衬砌。各洞室施工错距为15m左右。

（5）开挖中洞7号洞室，穿洞架设临时钢支撑，开挖至基底及时封闭底部初期支护。

（6）完成中洞底板及防水层，中洞内衬形成稳定承重结构后，开挖侧洞9号洞室。9号洞室开挖时可根据开挖高度及跨度分部进行，常选用的分部开挖方式为CD法，各洞室施工错距为15m左右。

（7）根据监测情况纵向分段拆除中隔壁、临时支撑，完成侧洞底板防水与二次衬砌；并纵向分段拆除剩余所有临时仰拱、中隔壁，逐步封闭成环并完成防水层以及内衬结构。

2. 施工安全控制要点

理论分析表明，柱洞法施工既可以充分发挥该工法的安全优势，又能有效控制地面沉降。为保证工程安全，需要注意以下施工控制要点。

（1）上下部加固。大断面施工，严格控制大管棚施工精度。同时，为了减小地面沉降，在开挖时隔一定距离需要将初期支护格栅与管棚刚性连接，称为上部加固；若地层承载力不够，地梁处初期支护在开挖时亦需要换填加固，称为下部加固。

（2）拱脚加强。柱洞上、中、下三层开挖时，累积沉降较大。根据经验，上一层开挖时将其两侧拱脚加大可有效控制沉降。具体方法是打设双倍数量锁脚锚杆，并对锚杆进行张拉、注浆，最终形成大拱脚。

（3）中间土体加固。柱洞初期支护开挖过程中，中间土体已经不多需要加固处理，具体方法为注浆及设置对拉锚杆。注浆能够提高土体的工程性质参数。另外，可在临时竖向中隔壁的中间部位设置对拉锚杆，以提高中间土体的整体稳定性。

（4）二次衬砌阶段要注意天梁（指位于建筑物顶部的横向梁）间临时支撑的加强。中洞开挖时，拱未形成前，天梁所受左右侧土压力很大，因此两天梁之间需要设水平钢支撑。为便于洞内操作，可采用工字钢支撑。

（5）上层洞室内施作天梁，施工难度比较大。因此，从工艺上来说，上层洞室大对施工有利，但上层洞室偏大对地面沉降控制不利。设计施工时，需要将两种情况对地层沉降的影响进行比较，如果影响相差不大，则应该采用上层洞室偏大的方案。

（6）二次衬砌天梁施工质量控制。天梁结构复杂，钢筋密度大，操作空间小，施工困难。因此，要确保天梁顶部浇筑密实，减小初期支护与二次衬砌混凝土之间的空隙，应多设置预留浇筑孔位进行隔孔浇筑，并在天梁两侧及底部三面振捣，同时加强对混凝土施工缝的处理，这样才能保证天梁的施工质量。

（7）二次衬砌地梁横向连接重点控制。在中洞开挖前，两侧柱洞相互无较大联系，整体性不强。因此，地梁施工前应先做横导洞，分段将两侧地梁连成整体，以提高结构整体的稳定性。

（8）关于侧洞的分层施工，对于这种单拱大跨结构，为保证安全和控制地层沉降变形，一般侧洞分三层开挖，但施工过程中因操作空间比较小，不便于机械开挖。从提高施工工效考虑，应探讨侧洞分两层开挖的可行性。主要分析两层地层沉降变形值以及初期支护受力，如果初期支护安全系数足够，可以考虑减少侧洞开挖分层数。

2.3 地铁高架车站施工

2.3.1 地铁高架车站的类型

地铁高架车站受地面气候影响较大，立面造型设计要求与当地的气候条件相适应。

地铁高架车站属于地面建筑，它既不是单一的房屋结构，也不是单一的桥梁结构，而是桥梁与房建结合的结构体系。总体来说，地铁高架车站可按其车站建筑结构与车站桥梁结构的结合形式和连接方式分为桥-建分离式和桥-建结合式两大类型。

2.3.1.1 桥-建分离式

行车部分的轨道梁从车站穿过，车站建筑结构与车站桥梁结构完全脱离，各自形成独立的结构受力体系。该体系传力途径明确，结构耐久性好，但车站体量较大，且由于桥墩截面大，建筑平面布局易受影响。

2.3.1.2 桥-建结合式

行车部分的轨道梁支承在车站框架横梁上，车站建筑结构与车站桥梁结构结合在一起共同受力，支承轨道梁的横梁、支承横梁的墩柱及墩柱基础承受列车动荷载。该体系结构整体性和稳定性较好，但结构传力途径不太明确，车站设计时需要考虑列车动荷载的影响。

相关调查统计表明，国内城市轨道交通高架车站结构以桥-建结合式为主。

2.3.2 地铁高架车站施工要点

2.3.2.1 桩基施工要点

地铁高架车站基础一般采用桩基础，在成桩方式上，选用钻孔桩较多。当受场地条件限制时，也可以采用人工挖孔桩，其适用的地质和水文条件是无地下水或有少量地下水的土层和风化软质岩层，因采用较少，以下仅以钻孔桩为例说明桩基施工要点。

1. 成孔方式的选择

钻孔桩常用的三种成孔方式是旋挖钻成孔、回旋钻成孔、冲击钻成孔。

旋挖钻成孔适用于各种黏土质地层和砂类土、碎（卵）石土或中等硬度以下基岩的施工。施工前应根据不同的地质采用不同的钻头。回旋钻成孔按照泥浆的循环方式分为正循环钻机和反循环钻机。正循环回旋钻成孔适用于黏土、粉土、砂性土等各类土层的桩基施工；反循环回旋钻成孔适用于黏土、砂土、卵石土和风化岩层。冲击钻成孔则适用于卵石、坚硬漂石、岩层及各种复杂地质的桩基施工。

在成孔方式的选择上，应根据地质条件、工期、环境要求及经济效益综合考虑，选择最合理的方式。

2. 施工工序

钻孔桩施工工序为：施工准备→搭设作业平台→钻机就位→钻进→成孔检测→清孔→安放钢筋笼→安放导管→浇筑水下混凝土→拔出导管、护筒→桩基检测。

下面仅对重点工序进行阐述。

3. 施工准备

（1）埋设护筒。护筒采用6～8mm的钢板卷制，护筒内径一般比桩径大20～30cm。准确定位后由人工开挖至确定的标高，埋入护筒，使护筒中心与桩位中心重合，最后在四周换填并夯实。当孔口土质较差时，在护筒下部浇30cm厚的C20混凝土，上部用黏土夯填密实。护筒顶高出地面30cm。护筒埋设示意如图2.18所示。

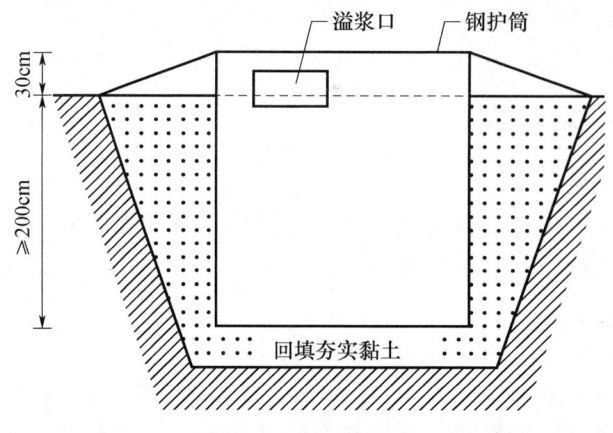

图2.18 护筒埋设示意

（2）泥浆制备。泥浆由水、黏土（膨润土）和添加剂组成，造浆用的黏土应符合技术要求：胶体率不低于95%，含砂率不大于4%，造浆率不低于2.5m³/kg。泥浆性能指标应符合技术要求：泥浆相对密度1.05～1.20，泥浆黏度16～22s，含砂率4%～8%，胶体率不小于96%，失水率不大于50mL/h。

4. 钻机就位

钻机就位施工要求：一是精确测量定位，钢护筒安装标准、稳固；二是钻机安装的基本要求是水平、稳固、三点（天车、转盘、护筒中心）一垂线，保证垂直度和桩位偏差，允许偏差和检验方法见表2.8。

表2.8 钻孔桩钻孔允许偏差和检验方法

序号	项目		允许偏差	检验方法
1	护筒	顶面位置	50 mm	测量检查
		倾斜度	1%	
2	孔位中心	群桩	100mm	
3	孔位中心	单排桩	50mm	
4	倾斜度		1%	

5. 钻进

钻进过程需要进行控制，包括：①保持连续施工，防止出现因各种原因而造成的施工中断；②钻进过程中泥浆循环量应根据地层和钻进速度加以调整，保证成孔质量；③终孔时，需要对桩孔的孔深、孔径、倾斜度进行检测，符合要求后才能终孔。

6. 清孔

进行两次清孔，以保证清孔质量。第一次清孔在钻进至设计深度后进行，第二次清孔在下完钢筋笼和导管以后利用导管进行，目的是清除下笼及下导管期间产生的沉渣。需要特别注意的是，不得用加深钻孔深度的方式替代清孔。

7. 安放钢筋笼

钢筋笼制作及安装要求：①钢筋笼直径应符合设计要求；②制作好的钢筋笼应平卧堆放在平整干净的场地，堆高不得超过两层；③钢筋笼在下笼过程中应从速，一般桩孔应在钻孔结束后2～4h完成。各项允许偏差和检验方法应符合的要求见表2.9。

表2.9 钻孔桩钢筋骨架允许偏差和检验方法

序号	项目	允许偏差	检验方法
1	钢筋骨架在承台底以下长度	±100mm	尺量检查
2	钢筋骨架外径	±20mm	
3	主钢筋间距	±0.5d	尺量检查不少于5处
4	加强筋间距	±20mm	
5	箍筋间距或螺旋筋间距	±20mm	
6	钢筋骨架垂直度	1%	吊线尺量检查

注：d为钢筋直径，单位为mm。

8. 浇筑水下混凝土

水下混凝土浇筑施工应控制以下几点。

(1) 水下混凝土浇筑前应检查桩底的沉淀层厚度与泥浆指标，不符合要求时应再次清孔。

(2) 水下混凝土浇筑过程中应及时测量混凝土面的高度，准确计算导管的埋深，做到勤提勤拆，始终控制导管埋入混凝土面以下 2~6m。

(3) 当混凝土浇筑到孔口不再返出泥浆时，应及时提升导管。

2.3.2.2 承台施工要点

1. 基坑开挖

承台基坑根据开挖深度、地质条件及周边环境条件，可选择放坡开挖或型钢支护开挖。当采用型钢支护时，可以采用槽钢、工字钢。当开挖深度较大、土质较差时，也可以采用打设钢板桩进行防护，拉森钢板桩是现场最常用的钢板桩桩型。钢板桩打设后，随基坑开挖及时架设内部型钢围檩、型钢支撑形成完整后受力体系，保证基坑开挖安全。

2. 桩头凿除

桩头挖出后，人工用风镐凿除上部浮浆及劣质混凝土并清理干净。

3. 钢筋绑扎

(1) 钢筋原材料质量控制重点为钢筋原材料合格；钢筋表面无油污、锈蚀和裂纹。

(2) 钢筋下料和加工必须严格按照设计图纸和钢筋施工规范的要求进行，钢筋的规格、间距和摆放的位置应与设计图纸相符。

(3) 承台钢筋的纵横交叉点除四周全部用扎丝绑扎外，其余可采用梅花形交错绑扎。

(4) 承台处钢筋绑扎时需预留结构柱的钢筋。

4. 模板安装

模板安装控制要点如下。

(1) 模板采用无拉杆式大块钢模板，四周用钢管和顶托支撑加固，其支撑间距控制在 1.2~1.5m。

(2) 模板安装稳固，表面平整，拼缝严密，板安装轴线偏差为 ±15mm，表面平整度为 5mm，顶面高程偏差为 ±20mm，相邻两块板表面高差为 2mm。

5. 混凝土浇筑

(1) 采用商品混凝土，用臂架式混凝土泵车泵送入模，采用人工插入式捣固棒振捣。

(2) 承台混凝土分层浇筑，分层厚度不得大于 30cm。振捣上层混凝土时捣固棒应插入下层混凝土 3~5cm，确保新旧混凝土结合得更加密实。浇筑应连续进行，避免出现冷缝。

(3) 混凝土应均匀振捣，不得漏振、过振。同时，振捣的时间也不宜过长，以免混凝土产生离析现象。

(4) 在混凝土浇筑完 4h 左右应及时提浆抹面。

混凝土在达到强度要求后方可拆模，拆模时严禁用力猛撬，模板拆下后应检查结构面有无空洞和蜂窝麻面，若有应及时用高标号水泥浆进行修补，并且及时洒水养护 14d

以上。

2.3.2.3 墩柱施工要点

地铁高架车站墩柱形式不一，Y形墩、门式墩采用得较多。随着工艺水平的提高，墩柱模板一般采用整体定型钢模板。为确保混凝土外观质量，降低模板拼装难度，同时为了确保模板拼缝的平整度，墩柱模板的连接采用定位销加螺栓连接的方式，上述连接方式能保证在现场拼装时减小因螺栓间隙而导致的拼装误差。

采用人工配合吊车安拆模板，墩柱四角设钢丝绳固定于地锚，在模板周围人工搭设钢管脚手架，脚手架外立面满包安全网进行防护。

1. 施工工艺流程

墩柱施工工艺流程如图2.19所示。

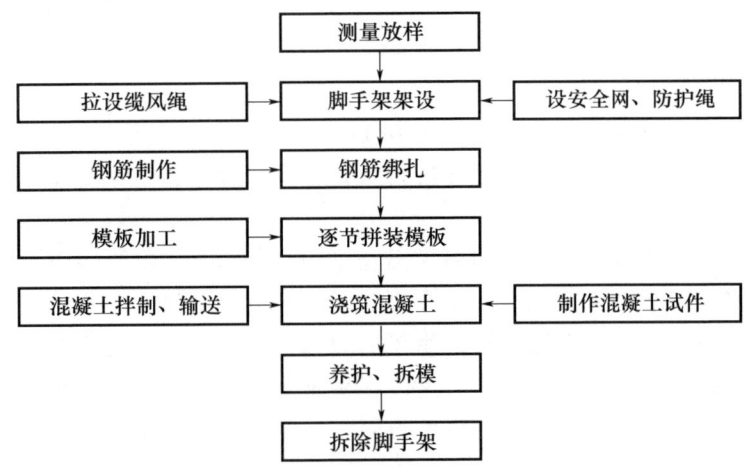

图2.19 墩柱施工工艺流程

下文仅对重点工序进行阐述。

2. 测量放样

在承台混凝土达到设计强度的70%以上后，开始将柱底部范围内混凝土表层浮浆彻底凿毛并清理干净，用全站仪定位出墩柱中点，弹出柱四边的墨线。

3. 钢筋绑扎

钢筋笼采用现场加工、现场绑扎的方式，严格按照设计和规范要求实施。绑扎前先调整好承台中的预埋墩柱主筋间距，使其保护层厚度、间距符合要求，主筋间距及竖直度为检查重点。

4. 逐节拼装模板

墩柱模板采用定制大块钢模板，模板横竖向拼缝粘贴密封条以防止漏浆。支撑方式采用钢管支撑，拉索固定，底部用预埋在承台上的地锚固定。

5. 浇筑混凝土

墩柱采用商品混凝土，混凝土由输送泵泵送入模，用插入式振捣器振捣，混凝土要保证分层连续浇筑，每层厚度30cm；混凝土浇筑前要对振捣工进行技术交底，做到不过振、不漏振，以达到内实外光。

6. 养护、拆模

墩柱混凝土浇筑时，试验室要制作同条件养护试块，在强度达到 2.5MPa 时才可拆模。柱体采用塑料薄膜养护，时间不少于 10d。

2.3.2.4 盖梁施工要点

盖梁为预应力钢筋混凝土结构，在地基条件较好、交通不受限制的情况下，盖梁采用满堂支架法现浇施工比较经济合理。但当地基条件较差或盖梁下部有交通要求时，则可采用型钢加贝雷架组合门式支架。无论采用哪种形式，支架系统必须经过预压。

施工时采用商品混凝土，人工配合吊车拼装现浇支架和钢模板，钢筋在钢筋加工场集中下料加工，现场绑扎成形，混凝土由输送泵泵送入模，人工振捣。

各工序施工控制要点如下。

1. 清基

将柱顶凿毛，清理干净，并进行柱顶标高检查。

2. 钢筋绑扎

钢筋现场加工、绑扎，绑扎前先调整好预埋主筋间距，并在盖梁底模上放线进行钢筋骨架定位。钢筋的安装绑扎应满足图纸及规范要求，均匀设置混凝土垫块，以满足保护层厚度要求。

严格按要求预埋波纹管，预应力管道沿长度方向每 50cm 设置一道井字形定位钢筋和防崩钢筋焊接在主筋上，以确保管道在浇筑混凝土时不上浮、不变位。

当预应力钢绞线与普通钢筋位置发生矛盾时，可适当调整普通钢筋位置。

如因预应力钢束张拉需要，槽口处梁体纵横钢筋及箍筋可做截断处理。同时，浇筑封锚混凝土前，截断的钢筋应采用焊接的方式予以恢复，并保证锚固面与钢束相垂直。

3. 模板与支撑

盖梁采用定型钢模板，模板的拼缝处用密封胶条填塞压实，用 1.5mm 厚胶带纸封闭，防止漏浆出现蜂窝，两侧模板顶口安装拉杆固定。施工时为保证支架的稳定和安全，支架和模板必须有足够的强度和刚度。支架搭设完毕后进行预压，并采取有效措施减小支架变形或支架沉降不均匀对结构的影响。

4. 浇筑混凝土

盖梁浇筑采用商品混凝土，泵送入模，用插入式振捣器振捣。浇筑混凝土前，先浇筑 5cm 厚的砂浆，以利于施工缝的结合；纵向浇筑顺序为从盖梁两端同时开始浇筑，从低侧向高侧浇筑。浇筑过程中随时观测支承结构下沉的情况。制作一组同条件养护试块，作为底模和支架拆除的依据。

5. 拆模、养护

混凝土强度达到 2.5MPa 时，方可拆除侧端模；混凝土强度达到设计强度时，方可拆除支承结构和底模，洒水养护。

6. 盖梁预应力张拉

盖梁需要进行预应力张拉，预应力张拉必须在混凝土强度达到 100% 以后进行。在横断面上，每批钢束张拉应按左右、上下原则对称进行，钢束均采用两端张拉，预应力采用伸长量与张拉力双控，以张拉吨位为主，当张拉应力达到控制应力时要持荷 2min

再锚固。

7. 孔道压浆、封锚

张拉完成后确定预应力筋无断丝、滑丝现象，然后切除多余钢绞线封堵锚头，封锚水泥浆强度达到 10MPa 时即可压浆。压浆应在张拉完毕 48h 内完成，同一管道压浆作业要一次完成，不得中断，且梁体及环境温度不得低于 5℃。

2.3.2.5 框架结构施工要点

1. 搭设脚手架

室外采用双排钢管脚手架，室内采用满堂脚手架用以支撑和加固梁板、柱的模板。脚手架基础应夯实、平整。设扫地杆，脚手架的纵距、横距、步距均按规范要求进行设置。扣件、螺栓的质量要符合规范要求。钢管脚手架的剪刀撑、斜撑的搭接长度不得小于 1.0m，且用不少于 2 只扣件进行紧固。室外脚手架超过两层后设密目式安全防护立网和横向安全隔离层，立网应高出施工层 1m 以上。

2. 模板架设与安装

地铁高架车站一般为全现浇框架结构，模板使用量较大，其施工质量直接影响混凝土的外观质量，因此模板施工是整个框架结构施工的关键工序。下面以面板采用竹胶板的情况为例予以说明。

（1）模板系统要求。模板主要采用钢管支撑，辅助采用木支撑。立柱、梁板均采用大块竹胶板做面板、采用方木做框架、采用钢管做柱箍和梁板的竖挡及围檩。钢管柱箍转角处用铸铁十字扣件连接。框架梁板模板支撑加固示意如图 2.20 所示。墙模板安装前必须在其根部加设直径不小于 14mm 的限位钢筋以确保模板位置的正确，墙模采用螺栓对拉固定。

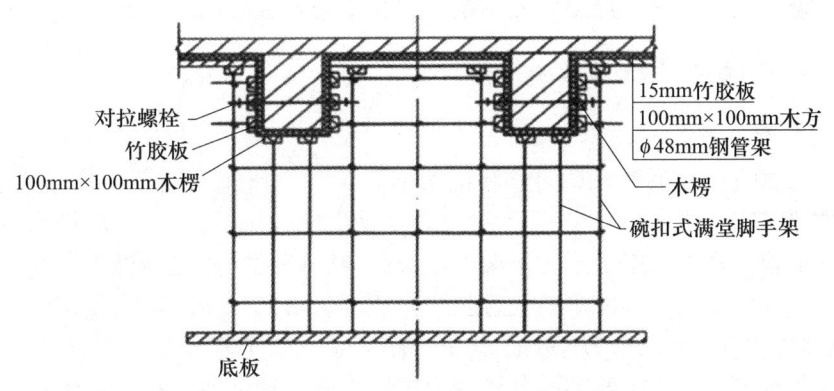

图 2.20 框架梁板模板支撑加固示意

（2）支模质量控制要点。模板及支架必须具有足够的强度、刚度和稳定性。支模前应先根据设计图纸弹出模板边线及模板的控制线，上下两相对应控制点连线的垂直度应通过测量仪器检查，墙面模板检查和验收应通过这些相对应控制点的连线进行。模板的接缝和错位不大于 2.5mm。柱模内垃圾采用水冲方式，用吸尘器清理，柱模下脚外侧采用水泥砂浆护壁。梁的跨度大于 4m 时应起拱，起拱高度要符合规范要求。

（3）模板拆除。模板拆除时间应满足有关规范的要求。非承重模板拆除时，其结强度应不低于 2.5MPa；承重模板拆除时，其结构强度应达到设计强度的 70%。拆模顺序为后支先拆、先支后拆；先拆非承重模板、后拆承重模板。拆除跨度较大的梁底模时，应先从跨中开始，分别拆向两端。拆模时不要用力过猛过急，拆下来的模板应及时运走并清理干净，板面刷油按规格分类堆码整齐。

3. 混凝土施工

地铁高架车站结构混凝土施工工艺流程如图 2.21 所示。

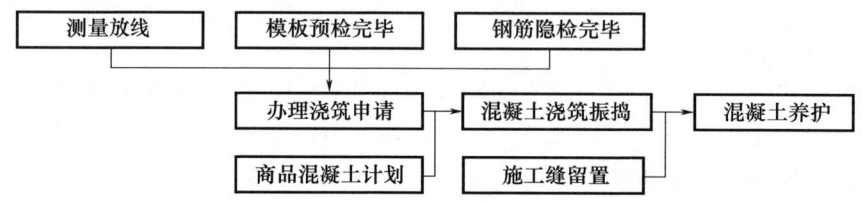

图 2.21　地铁高架车站结构混凝土施工工艺流程

2.4　地铁车站安装装修工程施工

2.4.1　地铁车站机电设备安装工程施工

地铁车站大多数为地下建筑，通过出入口和风亭与室外沟通，且运营时人流量大，对车站空气质量和环境温湿度的要求高。因此，为地铁车站提供安全、舒适环境的机电设备安装工程就显得尤为重要。

地铁车站机电设备安装工程内容包括低压配电与照明系统、给排水及消防系统、通风空调与采暖系统、环境与设备监控系统、门禁系统和火灾自动报警及气体灭火系统。

2.4.1.1　低压配电与照明系统安装

1. 电气配管

按施工图放线，确定管路走向，确定支吊架位置。按照管路路径设计支架、吊架、铁件及管弯等，电管弯曲半径应大于 $4d$（d 为管外径），以最小电管管径确定间距，安装支吊架。用管卡将管道固定于支吊架上，长距离管路用管道连接件连接，成排电管间距应均匀。电气设备与器具的出口及过长线路或导管弯曲较多时应设置接线盒。电气暗配管时，根据箱盒位置用记号笔标记出需开槽的路径和宽度，据此开槽，开槽要平整，切勿太深或太浅。根据开槽的路径及长度加工镀锌管，用膨胀螺栓将镀锌管通过马鞍卡固定牢固。在管入箱盒处安装接地跨接线。镀锌钢管采用管箍连接，在管箍连接处两侧设接地卡，再用黄绿双色线将其跨接，保证接地可靠。在伸缩缝或沉降处采取伸缩补偿措施。智能疏散和应急照明的配管应涂刷防火涂料。

2. 桥架安装

根据图纸确定路径，找好水平线和垂直线，在线路底边线或侧边线弹线，并标记出支架位置，每 2m 一个，均匀分布。根据支架承受的荷重，选择相应的膨胀螺栓及钻头；埋好螺栓后，可用螺母配上相应的垫圈将支架或吊架直接固定在金属膨胀螺栓上。

桥架水平安装时，支架间距不大于2m，且在30m内必须加装防晃支架；垂直安装时，其固定点间距不大于2m，在进出接线箱、柜或转角、转弯、变形缝两端及丁字接头的三端500mm以内应设固定支撑点。桥架接管处、桥架连接处均需安装接地跨接线。

3. 配电柜安装

参照配电柜的宽厚尺寸，制作10号槽钢基础，按设计位置安装，在型钢基础的下面四角适当的位置钻孔，在地面相应位置用膨胀螺栓固定型钢基础，调整水平度；将配电柜与型钢基础对正，然后用螺栓固定，成排配电柜两两之间侧面用螺栓连接；按系统图或接线图要求将电缆、电线与相应的电气端子连接；将电源的接地线、各回路的接地线、金属导管的接地线接在配电柜的接地端子上。配电室房门应加设挡鼠板，高度不低于0.3m。

4. 电缆敷设及电缆头制作安装

根据施工现场的施工进度和电缆的生产到货周期提前实测实量较大截面电缆长度，计算好预留量，据此编写电缆需用计划，让厂家提前排产，从而保证电缆能够及时进场。在敷设较长的电力电缆时，要组织安排好劳动力，合理使用机械，确保放缆安全。每根电缆应标明起点与终点，并保护好电缆头，避免受潮或进水。待配电柜安装完成后，制作电缆头，进行箱柜配线，每根电缆都需挂牌，标明起点与终点、电缆规格、长度等基本信息。

5. 灯具安装

根据施工图纸确定灯具安装位置，标记好定位线，根据现场实际情况加工灯架，使用镀锌膨胀螺栓将灯架安装牢固，灯架紧固件连接时应设置防松动装置。将灯具固定于灯架之上，确保固定灯具带电部件的绝缘材料以及提供防触电保护的绝缘材料耐燃烧和防明火。灯具接线时，导线相位必须与灯具相位保持一致，导线预留长度应符合规范要求，灯具线绝缘性能良好，不得外露，严禁有漏电现象，导线与灯具端子连接可靠。

6. 设备接地

根据需接地设备的位置与接地排的位置确定接地扁钢的路由，固定接地排固定件，安装接地排。接地扁钢应事先调直、煨弯，将扁钢的一端与支撑件固定牢靠，接地线距离墙面间隙10～15mm，过墙时穿保护套管，扁钢沿地面敷设至设备处采用接地线与设备专用接地螺栓可靠连接，采用焊接搭接时应在焊接处涂刷防锈漆。

7. 管线穿墙板的防火封堵

施工前要将封堵部位清理干净，在洞口处预埋好护边角钢。施工时根据电缆敷设的数量和层数用角钢制作固定框，同时将固定框焊在护边角钢上。电缆穿墙处，放一层电缆即堵一层速固防火泥，然后用速固防火泥把洞堵严，小洞再用电缆防火泥封堵。墙洞两侧应用隔板将速固防火泥保护起来。在防火板拼接的地方涂抹柔性有机防火堵料，厚度为25mm，电缆、槽盒与防火板间的缝隙用柔性有机防火堵料密封。

2.4.1.2 给排水及消防系统安装

1. 技术准备

认真熟悉图纸，综合考虑，尽量将管线交叉的问题在施工前予以解决，不要影响施工进度。根据施工方案及甲方下发的技术交底文件确定施工方法，配合图纸会审等相关内容做好准备工作。

2. 支架安装

支架安装主要分为站内支架安装和区间支架安装。

站内支架安装：根据图纸中管道位置用墨斗或红外仪做两条平行线，使用水平仪与卷尺配合，将每个支架的精确尺寸测量出来；根据测量尺寸下料并编写序号；根据管径以及是否保温在横担上开孔，按照序号焊接角钢；清理焊渣，并刷防锈漆两遍、银粉漆一遍；按序号依次安装支架。

区间支架安装：区间消火栓口距离道床的安装高度为 1.1m，在隧道内用墨斗或红外仪放线；根据放线位置实际测量制作支架处隧道的弧度下料；根据测量数据及下图尺寸进行支架加工；二次热镀锌；支架安装。

所有固定支架与管道之间要加一层与支架同宽 5mm 厚的绝缘橡胶进行隔离，区间管道固定支架与结构墙体之间还要加一层与支架同宽 5mm 厚的绝缘橡胶进行隔离。

3. 干管安装

安装时一般从土建最先施工完成的公共区开始施工，按管径大于 DN50mm 时采用卡箍连接、管径小于 DN50mm 时采用丝扣连接的要求提前预制。把预制完的管道运到安装部位，清扫管膛，确认管内无堵塞无污物、沟槽深度合适、沟槽没有压破的地方后，进行管道安装。采用丝扣连接的管道，将丝扣抹上铅油缠好麻，用管钳依次上紧，外露 2～3 扣。安装后找直找正，复核确认甩口的位置、方向及变径无误后，所有管口要加好临时丝堵。

套管与管道间隙必须用矿棉、防火泥等塞实。干管管路上各类阀门的安装朝向应便于操作和维修，阀门螺栓统一向内留头，螺栓平垫及弹簧垫不得缺失；波纹补偿器安装完成后将固定构件松开 2～3 丝。

4. 管道立管安装

承压内衬塑立管安装步骤：安装最上面一个支架并吊线，根据管径在墙上划出支架位置；复核确认预留甩口的高度、方向正确后，进行管道安装；安装后用线坠吊直找正；将孔洞及套管清理干净，无浮尘、干燥。根据需要在管道壁和套管间填塞矿棉。

立管与横干管连接处应设置专用支架；管道套管高出成品地面 20mm，在经常有水的地方套管高出成品地面 50mm，套管与管道间隙必须均匀；立管阀门安装朝向应便于操作和维修。

5. 废水泵安装

清理建筑垃圾及积水之后进行自动耦合装置安装。自动耦合装置中的两根导轨应垂直安装并保持互相平行。自动耦合装置中的螺栓、螺母等所有连接件安装时应紧固。潜污泵在集水坑内潜入水中的深度应符合设备技术规定及设计要求。废水泵自动耦合装置必须水平，导轨间距应均匀。

6. 管网系统试验、冲洗

（1）管道水压试验。

给水管道系统在试验压力（0.8MPa）下观测 10min，压力降不应大于 0.02MPa，然后降到工作压力进行检查，不渗不漏时为合格；消火栓给水管道的试验压力为 1.4MPa，保持 2h 无明显渗漏为合格；压力排水管道按排水泵扬程的 2 倍进行水压试验，保持 30min 无渗漏为合格。水压试验的试验压力表应位于系统或试验部分的最低部位。

(2) 管道冲洗。

给水管道在系统运行前须用水冲洗和消毒，要求以不小于 1.5m/s 的流速进行冲洗，并符合《建筑给水排水及采暖工程施工质量验收规范》(GB 50242—2002) 的规定。室内消火栓给水系统在与室外给水管连接前，必须将室外给水管冲洗干净，其冲洗强度应达到消防时的最大设计流量。室内消火栓系统在交付使用前，必须冲洗干净，其冲洗强度应达到消防时的最大设计流量。

(3) 通球试验。

排水主立管及水平干管管道均应做通球试验，通球球径不小于排水管道管径的 2/3，通球率必须达到 100%。雨水管和排水管冲洗以管道通畅为合格。

(4) 灌水试验。

隐蔽或埋地的排水管道在隐蔽前必须做灌水试验，其灌水高度应不低于地面高度。满水 15min 水面下降后，再灌满观察 5min，水面不下降、管道及接口无渗漏为合格。污废水立管注水高度为站台层高，30min 后水面不下降为合格。

(5) 管道通水试验。

开启阀门及水咀进行放水，根据每层的水压情况观察出水是否畅通清澈。

7. 管道刷漆及保温

(1) 管道刷漆。

依照图纸设计要求，给水及中水管道安装完成试压合格后，镀锌层或涂层被破坏的丝扣露出部分刷防锈漆一道、面漆两道，其余位置刷面漆一道；给水、中水管道刷色环及识别符号，色环宽 100mm，间距 6m，管道起点、终点、交叉点、转弯处、阀门和穿墙两侧均应刷色环。

(2) 管道电伴热保温。

依照设计图纸要求，吊顶内或穿越走道、管理用房内的给排水管道应采取防结露措施，防潮层材料选用复合硅酸镁管壳，外包聚乙烯-铝塑 (Polyethylene Aluminum-Plastic, PAP) 复合卷材，厚度为 30mm。风道及出入口的生产、生活给水管道和消防管道采用电伴热保温，电伴热保温为恒功率带屏蔽网抗干扰发热电缆，保温材料采用 50mm 厚复合硅酸镁管壳，保护层为 PAP 复合卷材，所有保温材料均为难燃级。

8. 卫生器具安装

(1) 大便器安装。根据图示尺寸，确定安装位置；用水泥砂浆砌筑蹲式大便器砖座，其余部位可用砂浆抹平；安装延时自闭式冲洗阀。蹲便器安装应用水平尺找平，冲洗管应铅垂安装，不得歪斜。蹲便器安装完毕且自检合格后，要做通球试验。蹲便器与排水口连接处要用油灰压实；稳固地脚螺栓时，地面防水层不得破坏，防止地面漏水。

(2) 小便器安装。按设计要求距离和高度，先在墙面上画好十字中心线；固定小便斗，并保证横平竖直，既美观又便于连接管子；校核小便斗进出水管中心线是否重合。

(3) 洗脸盆安装。洗脸盆的排水栓安装时，应将排水栓侧的溢水孔对准器具的溢水孔；无溢水孔的排水口，应打孔后再进行安装。洗脸盆的下水口安装时，应上垫油灰、下垫胶皮，使之与器具接触紧密，避免产生渗漏现象。

地铁车站给排水及消防系统安装注意要点为：地下室或地下构筑物外墙有管道穿过的，应采取防水措施，对有严格防水要求的建筑物，必须采用柔性防水套管；管道穿过结构伸缩缝、抗震缝及沉降缝敷设时，应根据情况采取保护措施；安装卫生器具的共同要求是"平、稳、牢、准、不漏、使用方便、性能良好"；与排水横管连接的各卫生器具的受水口和立管均应采取妥善可靠的固定措施；管道与楼板的接合部位应采取牢固可靠的防渗、防漏措施。

2.4.1.3 通风空调与采暖系统安装

通风空调与采暖系统安装主要包括复合风管系统安装、空调水管安装和设备安装等内容。

1. 复合风管系统安装

根据图纸及综合管线排布，确定安装位置，核对预留孔洞，安装支架；风管板材拼接并用角钢固定好后，应及时清除风管内外壁挤出的余胶；粘接后的风管应根据环境温度，用规定的时间确保专用胶固化，在此时间内不允许搬移；风管吊装后及时调整支吊架，防止不均匀受力；主风管安装完成后按设计尺寸用手提切割机在主风管壁上开口，与支风管左右板连接处的开口尺寸为支风管外壁尺寸；风管采用专用胶粘接，将两段连接的风管靠紧，上下左右平直，定位正确，在定位时不能多次移动，防止连接面的胶被挤掉，造成缺胶；风管系统安装完成后及时安装防晃支架。

2. 空调水管安装

按管道的坐标、标高、走向进行管道支（吊）架的预制加工、安装；管材经检验合格后进行管道的切割，用钢管切割机将钢管按所需长度切割，切口应平整，切口端面与钢管轴线应垂直；将需要加工沟槽的钢管架设在滚槽机和滚槽机尾架上，用水平仪测量钢管水平度，保证钢管水平，将钢管端面与滚槽机胎模定位面贴紧，使钢槽轴线与滚槽机胎模定位面垂直，滚压钢管时用游标卡尺检查沟槽深度和宽度；准备好符合要求的沟槽管段、配件和附件，将管内杂物清除干净后进行管道安装；安装时两根管道的轴线应对正，在接口位置橡胶密封圈外侧安装上下卡箍，并将卡箍凸边卡进沟槽内；管道安装完毕需进行压力试验，压力试验按设计要求和施工验收规范确定，试压前应全面检查各连接件、固定支架等是否安装到位。

3. 设备安装

设备运输到现场后，应先根据装箱清单开箱检查合格证、检测报告和安装指导说明文件等，逐个校验产品的型号、规格、材质、标识及控制方式是否符合设计文件的规定，并应做好记录和各方签字确认；设备安装前应先对设备基础的尺寸及可靠性进行验收；设备吊装时，必须找准设备重心，从要求位置起吊；设备安装后必须妥善保管，注意防水、防压、防尘、防污。

2.4.1.4 环境与设备监控系统安装

环境与设备监控系统是地铁车站智能化系统的一个重要的组成部分，它是基于现代计算机技术、自动控制技术、通信技术及网络技术，通过网络系统将分布在各监控现场的系统控制器连接起来，共同完成集中操作、管理和分散控制的综合自动化系统。环境与设备监控系统可以对各车站内的相关机电设备采用现代计算机技术进行全面有效的监控和管理,使建筑物内保持舒适、安全的办公环境和良好的设备运行环境,同时实现高效节能的目标,并对特定事件做出适当反应。环境与设备监控系统的监控对象包括通风空调系统、给排水系统、低压配电系统等系统的相关设备。通过环境与设备监控系统对车站相关机电设备的自动化监控和有效的管理,可以使车站内的环境温湿度达到最舒适的程度,同时以最低的能源及电力消耗来维持系统和设备的正常工作,以求取得运作成本最低化和经济效益最大化,并极大地方便设备的操作和维修,从而达到节约能源和人力资源的目的,为用户创造更高的经济效益。

地铁车站环境与设备监控系统安装施工工艺流程如图 2.22 所示。

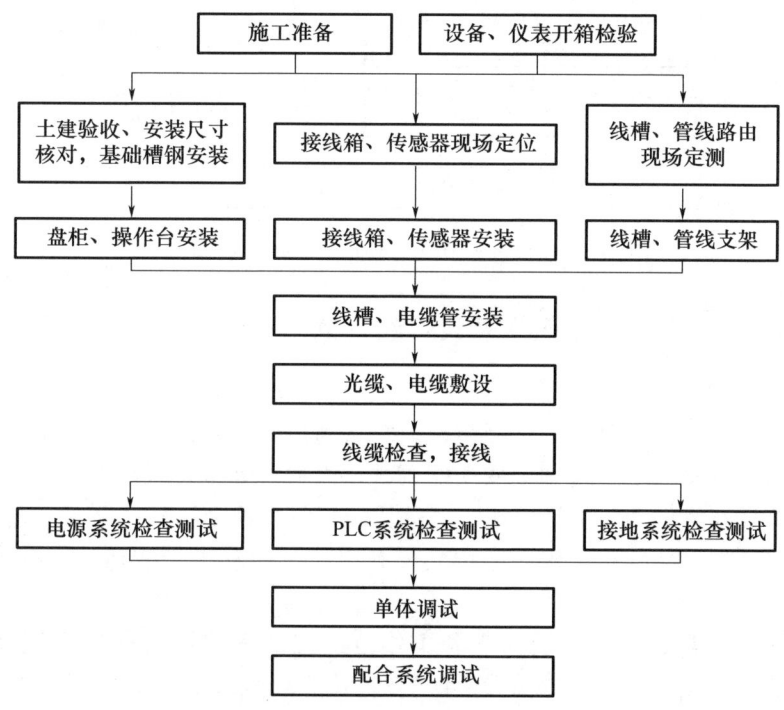

PLC 为可编程控制器(Programmable Logic Controller)。

图 2.22 地铁车站环境与设备监控系统安装施工工艺流程

2.4.1.5 门禁系统安装

地铁车站门禁系统分为中央管理级、车站管理级,以及现场控制级。门禁系统是实现自动化管理员工进出的系统。门禁系统可自动识别员工身份;自动根据设定开启门锁;自动记录交易;自动采集数据,自动统计、产生报表;根据设定实现人员权限、区域管理和时间控制;并可进行员工考勤管理等。地铁车站门禁系统一般由门禁通信管理器、网络控制器、现场控制器、读卡器、磁力锁、紧急破玻璃按钮、开门按钮及通信设备组成,通过门禁通信管理器与主控系统交换数据,实现与主控系统的集成,通过主控系统的网络与门禁中央设备联系。

地铁车站门禁系统安装施工工艺流程如图 2.23 所示。

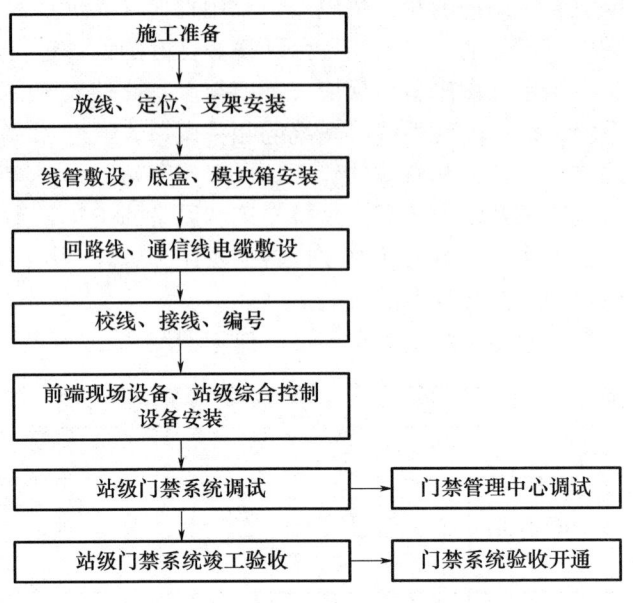

图 2.23　地铁车站门禁系统安装施工工艺流程

2.4.1.6　火灾自动报警及气体灭火系统安装

1. 基本介绍

地铁车站火灾自动报警系统工程包括火灾自动报警系统设备、管线的安装，以及地铁车站级的功能调试和中央控制级的功能调试。火灾自动报警系统的设备包括火灾报警控制盘、工业计算机、消防电话主机、智能光电感烟探测器、输入模块、输出模块、消防壁挂电话、消防电话插孔、消防手提式插孔电话、手动报警按钮、感温电缆控制器、感温电缆等。

地铁车站火灾自动报警系统监视各工作范围内的消防设备（包括气体灭火系统、防火阀、防火卷帘等有关设备）的运行状态，接收现场火灾报警信号，并显示报警部位，优先接收中央级控制中心发出的消防指令。发生火灾时，火灾报警控制盘应根据预先设定的程序向机电设备监控系统发出火灾模式指令，监视防火阀的动作状态，控制防火卷帘的下降和消火栓泵的启动，并由地铁车站控制室值班人员将车站广播系统转成事故广播状态，通过事故广播系统和闭路电视系统组织疏散乘客。同时，由电力自动化系统（EMCS）按照相应的火灾模式启动风机、风阀等消防联动设备进行救灾工作。

地铁车站气体灭火系统由管网和控制系统组成。其中，管网系统主要由钢瓶及其组件、紧急启停按钮、电磁阀、减压装置、压力开关、高压软管管道及喷头组成；控制系统主要由控制盘、24V 辅助电源箱、烟感探测器、温感探测器、手拉启动器、紧急止喷按钮、警铃、疏散指示灯、气体释放指示灯、蜂鸣器及闪灯和手动/自动转换开关等部分组成。气体灭火系统的控制，要求同时实现自动控制、手动控制、应急操作三种控制。地铁车站气体灭火控制系统能够实现火灾探测和报警功能，并在发生火灾时手动或自动使相关设备转入火灾运行模式，实现消防联动。

2. 施工工艺流程

火灾自动报警系统主要施工工艺流程如图 2.24 所示。

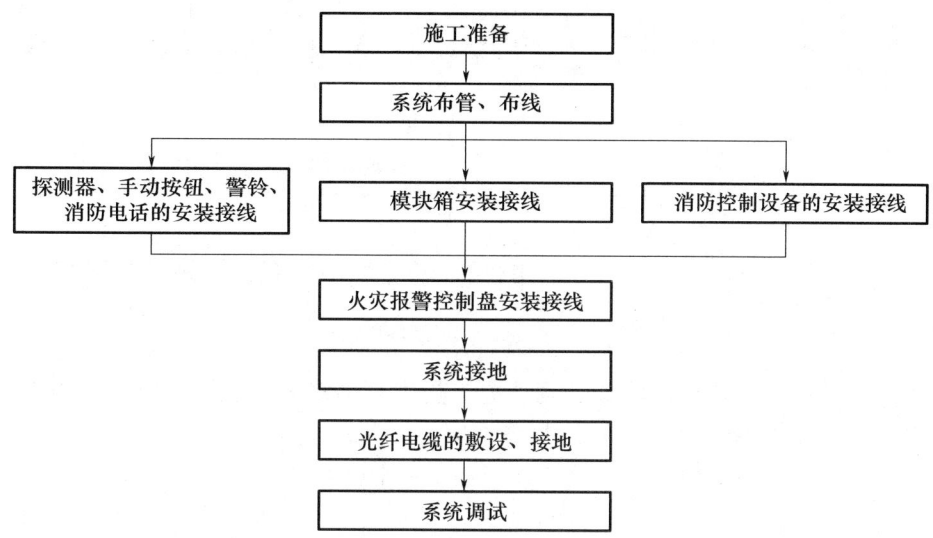

图 2.24 火灾自动报警系统主要施工工艺流程

2.4.2 地铁车站装修工程施工

2.4.2.1 设备区装修

地铁车站设备区装修主要由设备房墙体砌筑、抹灰以及设备房间墙面、顶面、地面装饰装修两大部分组成。地铁建设为城市建设中的重点工程，要求砌筑采用 MU10 烧结多孔砖和不小于 DM7.5 的混合砂浆，圈梁构造柱混凝土的浇筑采用 C30 细石混凝土。要求装修使用材料具备防火、防潮、防蚀、耐久、无毒、无异味、易清洁等特性。限于篇幅，下面主要介绍二次结构施工注意事项、墙面装修施工注意事项、顶面装修施工注意事项和地面装修施工注意事项。

1. 二次结构施工注意事项

（1）大型设备运输通道预留及墙体砌筑孔洞预留。

在开始设备区墙体砌筑之前，首先应根据安装专业制定的设备运输通道进行预留，要求用彩色油漆或其他表示方法在地面与正常砌筑墙体上进行区分，以防工人误操作。大面墙体砌筑时，应精确留洞，要求留置位置精确、尺寸无误、无漏留，以满足安装施工的要求，防止不必要的返工。预留设备运输通道如图 2.25 所示。

（2）钢筋工程。

钢筋工程中进行植筋作业时，在植筋位置用电锤（按照钢筋直径 $d+4\text{mm}$）垂直于钻孔面钻孔，钻孔深度为 $15d$。钻孔完毕，检查孔深、孔径确认合格后，用气泵钢丝刷清孔后用棉签蘸取丙酮清刷孔壁，之后方可进行植筋作业。构造柱钢筋绑扎时要求搭接位置的钢筋搭接率不得大于 50%，即采用对角受力筋在同一搭接面上（俗称对向两长两短）的搭接形式，且错开搭接的接头中到中距离不得小于 1.3 倍的搭接距离，搭接长

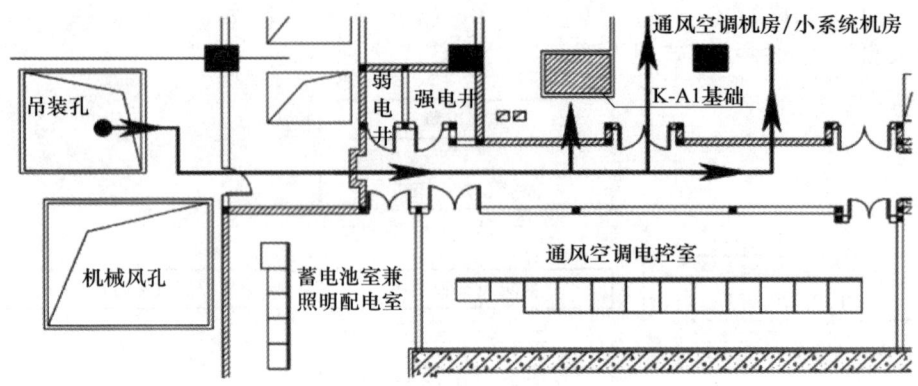

图 2.25 预留设备运输通道示意

度不得小于 1.4×35d（抗震要求）。箍筋应与受力钢筋保持垂直；箍筋弯钩叠合处，应沿受力钢筋方向对角错开放置，箍筋弯锚长度应满足 10d 与 75mm 取大值的基本要求。其中，构造柱钢筋要求在柱顶、柱脚设箍筋加密区，加密范围在构造柱上下两端 600mm 范围，箍筋间距为 100mm。圈梁受力钢筋应在伸进构造柱一端做 90°弯锚，弯锚平直段长度不得小于 35d。

(3) 构造柱马牙槎及顶头砖的砌筑。

砌筑到构造柱边上时按马牙槎砌筑，马牙槎先退后进，每次高度为 300mm，槎宽为 60mm，并在马牙槎两侧沿高度方向每 500～600mm（构造柱上半部分模板与节点的距离为 600mm，下半部分为 500mm）留置一穿墙螺栓孔以利于模板的支设。墙体砌至接近梁、板底时，应留有 80～200mm 空隙，待砖墙砌体沉降 7d 以后，再将其补砌挤紧。根据所留空间需要把砖切成平行四边形，斜砌砖角度应在 45°～60°，逐块斜砌挤紧，灰缝应控制在 8～12mm，两端、中间用预制好的三角体混凝土块塞砌。

(4) 带水房间底部构造。

带水房间（茶水间、卫生间）在砌筑前，应采用强度不小于 C20 的细石防水混凝土做高度不小于 200mm、宽度同墙宽的挡水坎。

(5) 砌筑墙体与混凝土结构墙面交界处的处理。

砌筑墙体与混凝土结构墙面交界处应在砌筑前用界面剂在混凝土结构面上甩浆形成毛面，砌筑时与混凝土结构面留置正常灰缝宽度（8～12mm），用水泥砂浆塞实。大面抹灰前，在砌体与混凝土结构接触处用聚合物水泥砂浆抹直角边为 10～15mm 的斜角边，大面抹灰后随即用抹子在接缝处拉 3～5mm 深缝隙，在批刮腻子前用弹性腻子进行填塞，且表面用白乳胶粘贴两层宽度为 200mm 的无纺布后方可进行腻子批刮作业。接缝示意如图 2.26 所示。

2. 墙面装修施工注意事项

(1) 离壁墙施工。

离壁墙施工时，首先应确认墙面暗埋管线设备已经安装完成。施工前按现场安装设备管线位置尺寸结合图纸进行龙骨分布深化，以避免设备安装时与墙面龙骨冲突或以离壁墙龙骨作为受力点进行安装。龙骨深化要求龙骨间距和安装方式必须满足图纸要求，根据轴线网进行龙骨定位放线，在确定好龙骨位置后依次安装角码、竖向龙骨及横向龙骨。

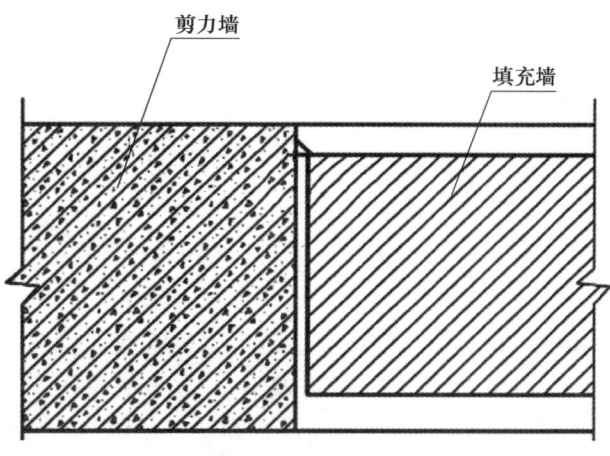

图 2.26 接缝示意

在纤维水泥板安装前，应在板材背面刷两道硝基漆防霉。待硝基漆完全干透后用自攻螺钉将板材固定到龙骨上，板边钉距不应大于 200mm，板中间钉距不应大于 300mm，自攻螺钉距板边 10~15mm 为宜，距切断边 15~20mm 为宜。沿板边螺钉间距 200mm 为宜，板中螺钉间距 300mm 为宜，自攻螺钉紧固板材时，板材必须与龙骨贴平贴紧。安装板材时，应从板的中部向长边及短边固定，钉头稍埋入板内，自攻螺钉陷入板表面 0.5~1mm 为宜。将嵌缝膏填入板间缝隙，压抹严实，厚度以不高出板面为宜，然后可进行墙面漆装饰。若离壁墙表面装修为瓷砖墙面，则离壁墙应采用瓷力水泥纤维板。离壁墙清水混凝土挂板横剖面图如图 2.27 所示。

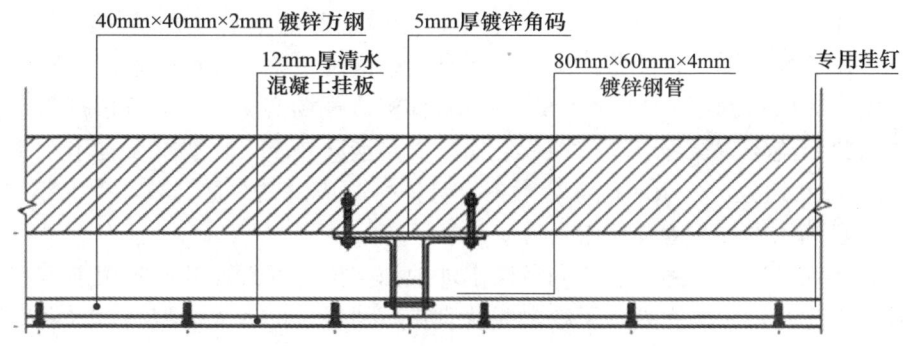

图 2.27 离壁墙清水混凝土挂板横剖面图

（2）瓷砖墙面。

在铺贴瓷砖前，应在计算机辅助设计（Computer Aided Design，CAD）软件或建筑信息模型（Building Information Modeling，BIM）软件上对墙面、顶面、地面进行综合排版以确保对缝，排版过程中充分考虑墙面、地面上的安装物品（开关面板、小便斗等），使其居于板块中或沿一边骑缝以确保美观，并且要求排版范围内不得出现小于1/2瓷砖宽度的板块。

墙面瓷砖镶贴前应首先完成地面砖铺贴，为确保墙地对，墙面砖应压地砖 3~5mm，且墙面砖应从地面最低点开始进行镶贴，在镶贴前应实测地面最高点和最低点的高差，以确定最低点处墙面砖需要裁切的尺寸。镶贴墙面时不得转圈镶贴一面压一面，应先将对向两面墙镶贴完成，之后方可开始两侧墙面施工。瓷砖墙面的阳角拼缝不宜使用45°拼角方式进行施工（因其易损且易伤人），应采用阳角装饰条或拼海棠角方式。

3. 顶面装修施工注意事项

（1）铝合金方块冲孔板安装。

铝合金方块冲孔板在安装前也应先在BIM软件或CAD软件上根据现场实测实量尺寸数据进行预排版，要求顶面灯具及消防监测设备居于吊顶板面中，多联机及出风口等安装位置合理，与吊顶板衔接紧密，错落有致，不出现散乱现象。同时，还应确认顶面设备安装是否完成，在确认顶面设备安装完成后方可进行施工。当吊顶上安装的设备需要日常检查维护时，应在设备附近位置增设检修口，以方便检修。

安装过程中主龙骨应沿灯具排布的方向进行布置，且丝杆杆间距不大于1.2m，悬挑部分长度不大于300mm，而且应在检修口四周加设封边横撑龙骨并增设吊杆。

（2）吊顶转换层及反向支撑。

当吊顶完成面与结构顶板之间的距离大于3m时，需设置转换层以保证吊顶的稳固及可靠。当吊顶中所用丝杆长度超过1.5m时，需要设置反向支撑以保证顶面整体刚度，反向支撑应按梅花形分布以保证顶面整体受力的均匀。在地铁施工中因顶面安装设备管线较多，当遇到大风或有密集管线设备时也需设置转换层。

4. 地面装修施工注意事项

（1）抗静电架空地板施工。

抗静电架空地板安装时，在确认地面内设备管线安装完成后，对作业地面进行找平层作业，要求找平层整体施工误差在±5mm之内且表面平整、光洁，不起尘不返砂，含水率不大于8%。安装前应认真清理干净，确保地面清洁后，开始涂刷防静电绝缘漆。漆面要求完整无漏刷，漆浆饱满，刷漆高度应同地板架起高度一致。同时应对地面进行实测实量，然后利用BIM软件或CAD软件根据现场实测尺寸进行预排版，在排版确定后方可进行施工。抗静电架空地板地面为满足消防要求，还要求设置不小于房间总面积20%的冲孔地板，排版时应综合考虑，具体排版应讲究对称分布，确保整体美观。

（2）聚合物水泥砂浆地面施工。

聚合物水泥砂浆地面施工工艺同普通水泥地面一样，在地面开始施工前应将基层上的黏结物、灰尘、油污彻底处理干净，并认真进行清洗，然后大面积洒素水泥浆确保基层的黏结力。聚合物水泥砂浆在使用过程中应严格按照厂家说明书的配合比进行拌合，以免影响砂浆强度。由于聚合物水泥砂浆整体黏结力强，在使用时应一次收面成形，严禁反复抹压，以免带动砂浆面进入空气造成空鼓。

（3）瓷砖地面施工。

瓷砖地面施工同瓷砖墙面施工一样，要求在铺贴瓷砖前在BIM软件或CAD软件上对地面进行预排版，要求排版范围内不得出现小于1/2瓷砖宽度的板块。如为卫生间或茶水间等全瓷墙地面，应对房间进行墙面、顶面、地面的整体排版，保证整体对缝；开关面板、卫生洁具以及地漏、清扫口等应错落有致，居于板块正中或沿一边骑缝，地漏处找坡应提前开始，坡度需符合图纸要求，图纸无要求时坡度宜为1%。地与瓷砖的拼缝处应采用四边切、对角线切割、十字形铺贴等方式。

2.4.2.2 公共区装修

站厅层、站台层等公共区的装修主要涉及吊顶、墙面、柱面、地面（含站台层两侧沿屏蔽门方向 2m 宽的绝缘层）、楼梯踏步、分隔栏、墙地面导视牌（含疏散指示牌）、照明灯具等部分。公共区装修要求采用防火、防潮、防腐、放射性指标满足国家环保要求，经济耐久、美观、便于清洗的材料。地面及楼梯采用防滑、耐磨、耐腐蚀的装饰材料。按功能的需要，在设备、管理及公共部位采用吸音、防潮的装饰材料。公共区装修施工工艺流程如图 2.28 所示。

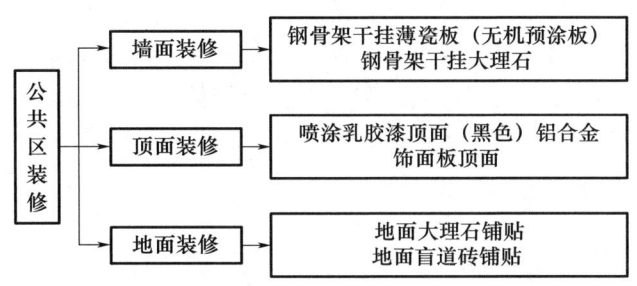

图 2.28 公共区装修施工工艺流程

1. 墙面装修施工注意事项

（1）消火栓及其他配电箱的隐形门的安装。

隐形门施工是公共区墙面施工中的重要环节，要求开启角度不小于 135°，隐形门的开启方向应该同消防手报盒和消火栓的栓口相反，保证"开门见栓"，隐形门开启应顺畅、无附加阻力，锁固状态稳定，"横平竖直"。

（2）墙面阳角处理。

石材墙面的阳角采用石材磨圆边或拼海棠角的处理方法，薄瓷板墙面的阳角通常使用成品铝合金阳角线条。

（3）石材门套安装与墙面拼缝处理。

西安的地铁车站通常在出入口进站方向的端头设置石材门套，以将站厅公共区同出入口通道分割，石材门套与墙面的拼缝要求过渡自然、线条顺直。

（4）人防伪装门施工。

地铁车站内的人防门是地铁防护单元的重要设备，其施工无论在设计过程中还是在施工过程中，都是重中之重的环节。人防门主要由具有人防安装资质的专业系统承包商进行安装，主要针对人防门外立面进行装饰装修将人防门隐藏起来，以满足车站内墙装修统一和完整的要求。人防伪装门的安装施工要求在不破坏、不侵犯人防设备的情况下进行，人防伪装门的受力骨架不得在人防门及其相关设备上进行附着受力点的施工，要求安拆方便、快速，外立面与墙面整体装修统一。

2. 顶面装修施工注意事项

（1）楼扶梯斜面吊顶施工。

在地铁车站装修工程中，除平面吊顶外，在楼扶梯处由于结构限制通常为斜面吊顶，斜面吊顶中不得使用丝杆进行顶面装饰板的挂吊；应采用角钢制作转换层，以防止斜向受力导致顶面变形。斜面吊顶的完成面与电扶梯的踏步外沿斜切线的距离不得小于2.3m。

（2）吊顶与屏蔽门拼接施工。

为保证站台层屏蔽门及其相关设备的正常运行，避免因静电而导致屏蔽门开启时出现短路的静电电弧产生安全隐患，要求屏蔽门盖板纵向范围内沿屏蔽门盖板上200mm范围内不得有非屏蔽门设备的其他铁件，横向范围内沿屏蔽门盖板50mm范围内不得有非屏蔽门设备的其他铁件。

（3）吊顶与防火卷帘拼接施工。

防火卷帘为防火分区的分割设备，在公共区内常有设置及使用。为保证车站的装饰完整性，在防火卷帘安装位置还需进行装修的细部调整，调整原则为不影响防火卷帘的正常开启和使用，满足防火卷帘的防火需求，在不损坏防火卷帘使用功能的前提下做到整体美观、卷帘暗藏。

3. 地面装修重难点施工

（1）地面石材与绝缘地板拼接施工。

为减小静电干扰，保证屏蔽门及其相关设备的正常运转，通常在站台层屏蔽门往站台公共区中心线的方向设置900mm宽的绝缘地板。地面石材与屏蔽门绝缘地板的拼接要求过渡自然、顺直。

（2）站台地面盲道砖铺贴施工。

站台层屏蔽门除常开的对向滑道门外，还设有平开的消防应急门。消防应急门的开启范围为屏蔽门外1.25m，由于在此范围内的站台层地面上设置有盲人导向砖，在进行地面铺贴时应进行现场屏蔽门底口的实测实量，确定盲道砖上凸出条纹的完成面，正常地面石材标高由此再向下反推，确保地面装修完成后屏蔽门的消防应急门可自如开启。

（3）地面检修井盖安装。

地铁车站公共区地面预留管线及检修坑洞较多，在地面装修前应使用BIM软件或CAD软件根据现场实测数据进行预排版，排版过程中应充分考虑地面检修坑洞位置，尽可能确保检修井盖位置合理美观。地面装修时对其检修位置进行醒目的标识，防止工人误操作导致漏留或留错。在完成地面铺贴后对检修坑洞进行装饰盖板安装，要求留置尺寸精确、留置位置正确、留置数量准确。

（4）地面石材与电扶梯拼接施工。

为避免扶梯运行时产生的振动与地面石材产生共鸣现象，地面石材板块的铺贴在进行到电动扶梯盖板外框时应留出8mm的缝隙进行弹性胶的填塞，或者直接将柔性胶条嵌装在地面石材与电动扶梯盖板的外框之间。

（5）地面伸缩缝与沉降缝施工。

大面积的板块铺贴为避免因热胀冷缩而造成板块松动翘起等现象，在地面石材铺贴时应设置伸缩胶条以满足热胀冷缩的需要，伸缩胶条的设置原则为4~5m设置一道。伸缩缝要求饰面板块以下、结构地板以上的黏结沙灰也分割断开。伸缩胶条应选用本身具有装饰作用的胶条，不得使用嵌缝胶条。沉降缝（变形缝）是结构为防止沉降导致结构断裂而设置的诱导缝，具体位置取决于结构设置位置，要求同地面伸缩缝一样，具有一定的装饰性,还应有纵向伸缩量和止水带。

(6) 地面横截沟盖板装饰。

地铁车站内为满足排水需求,在地面上设置有横截沟,横截沟的盖板装饰应选用与地面石材相同的石材进行加工制作,以保证整体装修的完整性。

(7) 地面疏散指示排布与石材拼缝施工。

地铁车站地面设置的疏散指示在安装前应使用 BIM 软件或 CAD 软件进行预排版,要求在不违反消防疏散指示设置原则的情况下尽可能做到整体美观、分布合理。疏散指示应居于地面石材板块中间,确定好排版后方可施工。

(8) 人防伪装门底槛不锈钢盖板与地面的拼接施工。

在人防门处除设置人防伪装门外,还设有人防门底槛不锈钢盖板,设置要求为便于拆装、安拆快速,不在人防门底槛上附着受力,不影响地面装饰装修效果。

2.4.3 深大城际白坭坑站车站工程项目案例

白坭坑站是深大城际深圳机场至坪山段的第八座车站,位于深圳市龙岗区白坭坑村横东岭路与东泰路交叉口,沿横东岭路东西向敷设,为深大城际、地铁 21 号线及 18 号线三线换乘车站。白坭坑站为地下二层双台五线车站,采用盖挖逆作施工方法,车站主体总长度为 539.9m,车站有效站台长度为 220m,总建筑面积为 53957.21m²。

2.4.3.1 机电安装工程施工

该工程机电安装工程根据车站土建地盘移交顺序展开施工,一般从公共区管线制作安装开始,依据"先站厅后站台,先站内后出入口,先公共区及关键设备房后非关键设备房"的总体原则,按照"支架安装→管线安装→设备安装→设备调试"的总体施工顺序组织各专业的施工。设备调试时,严格按照调试计划进行,经确认单机调试完成方可进行单系统调试,最后配合联调验证车站常规设备的全功能。

下面重点介绍装配式管线施工、通风空调系统施工、给排水及消防系统施工、动力照明系统施工和综合支吊架施工。

1. 装配式管线施工

装配式管线主要施工区域为站厅层、站台层公共区。施工前期,依托 BIM 技术,对车站综合管线进行建模,对管线进行综合优化;采用扫面及放样 BIM 机器人对现场进行三维点云数据采集、处理,对 BIM 进行修正。施工中期,对集成管线进行模块化分段、对管线进行预制拼装。施工后期,进行 BIM 现场交底、智能放线,将集成模块运至现场,进行管线定位、吊装、拼接。装配式管线施工工艺流程如图 2.29 所示。

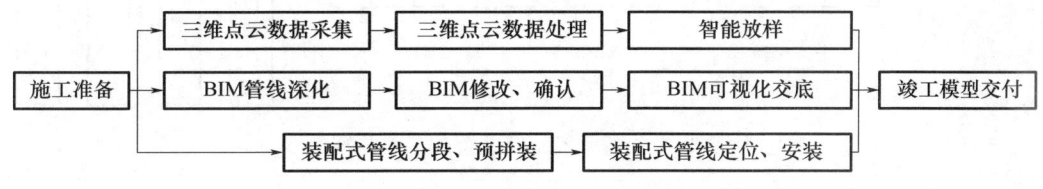

图 2.29 装配式管线施工工艺流程

2. 通风空调系统施工

通风空调系统施工工艺流程如图 2.30 所示。

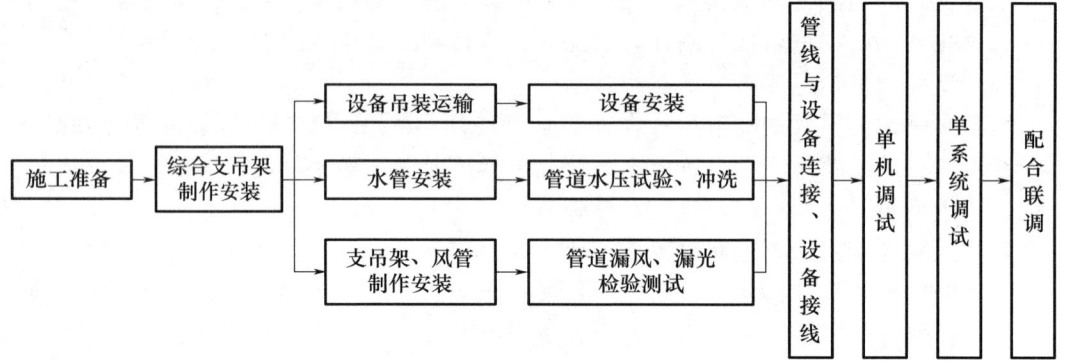

图 2.30　通风空调系统施工工艺流程

该工程通风空调专业风管采用工厂化集中加工方式，施工现场不设置风管加工区。工厂采用成套风管加工设备组成风管生产线、机械化生产风管和附件，加工完成的成品风管统一运输至各安装地点安装。采用风管全自动生成加工设备制作镀锌钢板成品风管，保证成品风管的规格、尺寸、密封性能、通风损耗，风管加工及安装符合要求；对空调机房、冷冻机房、水泵房等部分标准管件采取工厂化加工方式，减少车站内加工场地占用施工场地，降低施工现场噪声，达到节能环保、提高效益的目的。

3. 给排水及消防系统施工

给排水及消防系统进场后，先集中力量配合公共区的装配式管线制作安装工程，根据设备区装配式隔墙进度安排设备区管线安装施工，充分做好消防栓、水管穿墙、穿楼板等的预留预埋工作。做好给排水专业的设备进场计划，设备进场后立即组织对设备进行运输、吊装、安装工作，设备安装完成即进行动力照明专业设备接线工作，设备接线完成，车站送电后，完成所有给排水设备带电运行及单机调试工作，满足站级调试条件。给排水及消防系统施工工艺流程如图 2.31 所示。

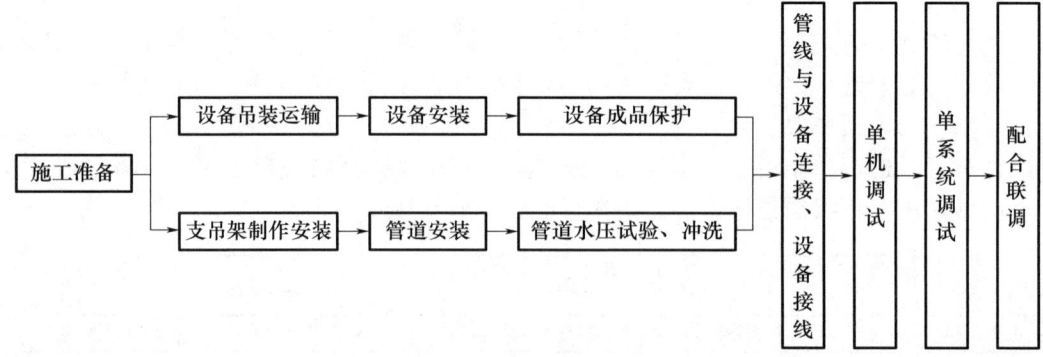

图 2.31　给排水及消防系统施工工艺流程

冷水机房、消防泵房等采用预制装配式施工，施工工艺流程为设备位置优化→管路优化→参数添加→模型建立→模块编码→加工图出具→工厂预制→运输及吊装→现场拼装。通过对空调水泵、分集水器、冷水机组、消防泵组等进行模块化集成，最大限度地实现节能、环保、高效施工。装配式机房示意如图 2.32 所示。

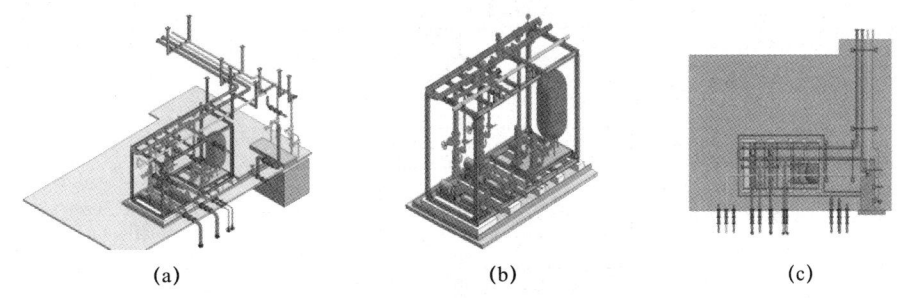

图 2.32 装配式机房示意

4. 动力照明系统施工

在施工前期，配合公共区的装配式管线制作安装工程，并根据设备区装配式隔墙进度安排设备房电气配管、电缆桥架及支架制作安装。在施工中期，主要进行配电柜、配电箱等设备的安装，以及电缆电线敷设，确保按时送电。在施工后期，主要完成设备接线等尾期工程，进行单机单系统调试工作。动力照明系统施工工艺流程如图 2.33 所示。

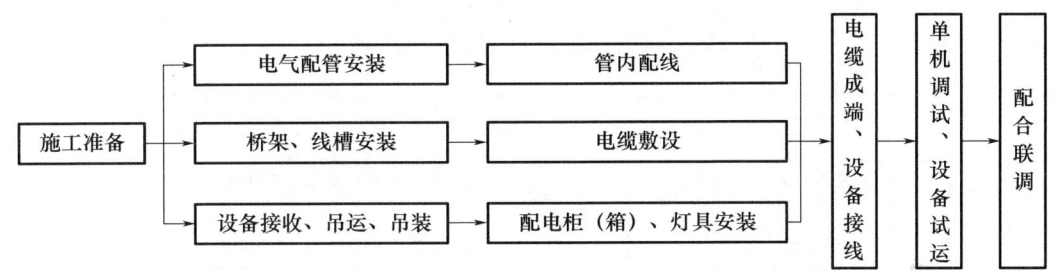

图 2.33 动力照明系统施工工艺流程

5. 综合支吊架施工

对给排水、暖通、电气、消防等进行深化设计，利用 BIM 等工具优化布局，综合布置管线。根据管线综合布置的结果，制订支吊架初步方案。

根据方案计算间距、过载质量，通过计算结果确定吊杆和横梁的尺寸，制订支吊架定型方案及大样图，最后根据策划确定的方案及大样图下料、制作、安装。综合支吊架施工工艺流程如图 2.34 所示。

2.4.3.2 装修工程施工

1. 墙体施工

该工程墙体主要采用 200mm、100mm 厚蒸压轻质加气混凝土隔墙板（Autoclaved Lightweight Concrete，ALC）；层高范围为 4.95~8.35m，6.5m 层高以下采用 200mm 厚 ALC 单板到顶安装，6.5m 及以上采用 100mm 厚 ALC。白坭坑站装配式墙体施工顺序安排按"样板段施工→关键设备房施工→一般设备房施工→风亭、风道房间施工"的总体原则进行，施工工艺流程如图 2.35 所示。

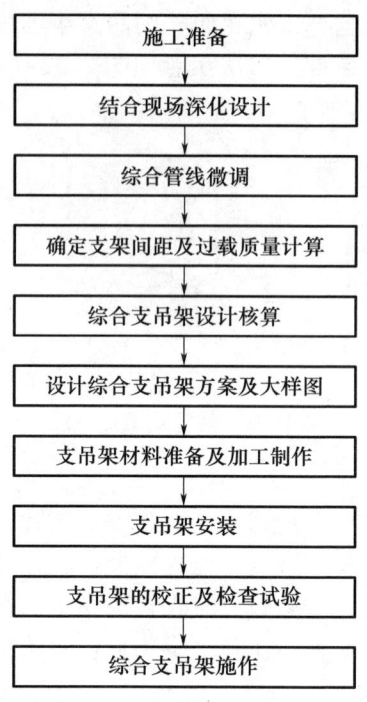

图 2.34 综合支吊架施工工艺流程

(a) 6.5m 以下 ALC   (b) 6.5m 及以上 ALC

图 2.35 墙体施工工艺流程

车站设备用房门窗洞口两侧均设置构造柱，门窗洞口两侧构造柱做法同普通构造柱。当在 ALC 上开洞时，洞口宽度宜≤300mm，若洞口宽度＞300mm，则要采取加固措施。当同一墙板上有多个不同标高的洞口时，可将洞口合并，合并后洞口尺寸需满足重叠的管线穿越需求。

ALC 宽 0.6m、长 6m、厚 0.2m，单块质量 0.30～0.45t，电动平板车载货运输总重 4.15t，轴重 1.04t，中板永久承载力为 1.4t/m²，运输通道承载力符合要求。施工前对车站吊运及安装路径进行动画模拟、校核，规划出吊运安装的最佳路径，提前策划墙板安装机具的配置。回转半径及操作空间较大区域采用抓板机器人进行安装，狭小区域采用小型立板机进行安装。隔墙板安装包括 BIM 建模、排版下单、工厂预制、运输吊装、现场安装、孔洞加固六个步骤。

2. 设备区装修施工

待墙体施工完成后进行设备区装修施工。设备区装修工程主要包括设备管理用房装修、风亭风道装修、轨行区装修。一般遵循先重点设备房（供电、通信、信号设备房），再一般设备管理用房，后风亭风道、轨行区的顺序进行装修施工。空间上遵循"先上后下，先底后面"的原则，施工期间相互配合与协调。设备区装修施工工艺流程如图 2.36 所示。

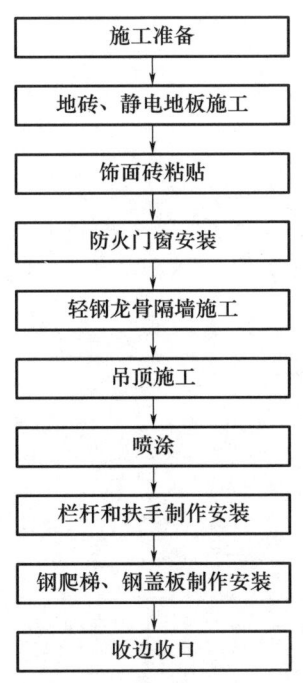

图 2.36 设备区装修施工工艺流程

根据地面装修做法、车站纵坡影响，测量好每个房间相应部位的标高控制线，以统一的标准（如 500mm 或 1000mm 线）用墨线弹在相应的墙柱面上，并在醒目的位置挂牌，标明该处地面工程做法。进行防静电地板房间的排板工作要提前与设备安装单位沟通，确保地板内线槽位置尽量避开地板支架的支脚。各项工序完成之后均应做好成品保护工作。

3. 公共区装修工程施工

公共区装修按区域划分主要包括车站主体结构（站厅、站台公共区）装修和车站附属结构（出入口通道、地面建筑、出入口小广场等）装修两大部分，总体施工按照"先站厅、站台公共区装修，再出入口通道装修，后地面附属设施、出入口小广场等装修"的顺序展开。公共区装修工程施工工艺流程如图 2.37 所示。

图 2.37 公共区装修工程施工工艺流程

3 地铁区间施工

3.1 地铁隧道区间盾构法施工

3.1.1 概述

3.1.1.1 施工技术发展过程

盾构法施工技术自 1823 年由布鲁诺尔首创于英国伦敦的泰晤士河的水底隧道工程以来，已有 200 多年的历史。经过几代人的努力，盾构法已从一种只能在极少数欧美发达国家应用的特殊技术，发展成在发达国家应用极为普遍，在发展中国家亦逐渐得到应用的隧道施工技术。

盾构法施工是在地面下暗挖隧洞的一种施工方法，它使用盾构在地下掘进，在防止软基开挖面崩塌或保持开挖面稳定的同时，在机内安全地进行隧洞的开挖和衬砌作业。其施工需要先在隧洞某段的一端开挖竖井或基坑，将盾构吊入安装，然后盾构从竖井或基坑的墙壁开孔处开始掘进并沿设计洞线推进，直至到达洞线中的另一竖井或隧洞的端点。

盾构机是盾构法施工中的主要施工机械。盾构机的全称为盾构隧道掘进机，是一种在隧道中掘进的专用工程机械。现代盾构集光学、机械、电子、液压、传感、信息技术于一体，具有开挖切削土体、输送土渣、拼装隧道衬砌、测量导向纠偏等功能，涉及地质、土木、机械、力学、液压、电气、控制、测量等多门学科技术，需按照不同的地质进行"量体裁衣"式的设计制造，可靠性要求极高。盾构法施工已广泛用于地铁等隧道工程。

盾构施工主要由稳定开挖面、挖掘及排土、拼装衬砌（包括壁后灌浆）三大要素组成。其中，开挖面的稳定方法是其工作原理的主要方面，也是其区别于硬岩掘进机或比硬岩掘进机复杂的主要方面。大多数硬岩岩体稳定性较好，不存在开挖面稳定性问题。

用盾构法进行隧洞施工具有自动化程度高、节省人力、施工速度快、一次成洞、不受气候影响、开挖时可控制地面沉降、减小对地面建筑物的影响和在水下开挖时不影响水面交通等特点，在隧洞洞线较长、埋深较大的情况下，用盾构法施工更为经济合理。

盾构法施工的基本工作原理是，一个圆柱体的钢组件沿隧洞轴线一边向前推进一边对土壤进行挖掘。该圆柱体组件的壳体即护盾，它对挖掘出的还未拼装衬砌的隧洞段起着临时支撑的作用，承受周围土体的压力，有时还承受地下水压并将地下水挡在外面。挖掘、排土、衬砌拼装等作业在护盾的掩护下进行。盾构法根据其适用的土质及工作方式的不同主要分为压缩空气式、泥水式、土压平衡式盾构法等类型。其中，泥水式盾构法是通过加压泥水或泥浆（通常为膨润土悬浮液）来稳定开挖面的，其刀盘后面有一个密封隔板，与开挖面之间形成泥水室，里面充满泥浆，开挖土料与泥浆混合，由泥浆泵输送到洞外分离厂，经分离后泥浆重复使用。土压平衡式盾构法是把土料（必要时添加泡沫等对土壤进行改良）作为稳定开挖面的介质，刀盘后板与开挖面之间形成泥土室，刀盘旋转开挖使泥土料增加，再由螺旋输送机旋转将土料运出，泥土室内土压可由刀盘旋转开挖速度和螺旋输送机出土量（旋转速度）进行调节。

3.1.1.2 盾构法施工的优越性

盾构法施工为世界各国广泛采用的原因，除了近代城市地下工程发展的客观需要外，还在于该法本身具有以下突出的优越性。

（1）施工安全。在盾构设备掩护下，于不稳定土层中可安全地进行土层开挖与支护工作。

（2）作业环境好。施工时与地面工程及地面交通互不影响，也不影响航运，尤其是在城区建筑物密集和交通繁忙地段，该法更有优越性。

（3）振动和噪声小。地表沉降易于控制，对施工区域环境影响较小，对施工地区附近的居民几乎没有干扰。

（4）机械化程度高。施工人员少，施工速度快。

（5）预制衬砌。质量易于控制，隧道质量高。

3.1.1.3 盾构法施工程序

盾构法施工概貌如图 3.1 所示，其主要施工程序如下。

（1）在盾构法隧道的起始端和终端各建一个工作井。

（2）盾构在起始端工作井内安装就位。

（3）依靠盾构千斤顶推力（作用在已拼装好的衬砌环和工作井后壁上）将盾构从起始工作井的墙壁开孔处推出。

（4）盾构在地层中沿着设计轴线推进，在推进的同时不断出土和安装衬砌管片。

（5）及时向衬砌背后的空隙注浆，防止地层移动并固定衬砌环。

（6）盾构进入终端工作井并拆除，如施工需要，也可穿越工作井再向前推进。

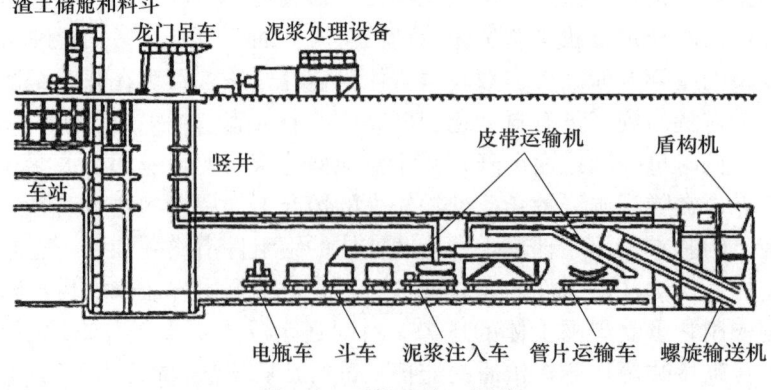

图 3.1 盾构法施工概貌

3.1.2 盾构法施工准备工作

采用盾构法施工时，除了一般工程应进行的施工准备工作，还包括盾构选型、盾构始发井和到达井（或称拼装室、拆卸室、工作井）修建、盾构机的拼装和盾构隧道端头加固施工等准备工作。

3.1.2.1 盾构选型

1. 盾构选型原则及依据

盾构选型是盾构法地铁隧道区间施工能否安全、环保、优质、经济、快速完成的关键。盾构选型应从安全性、适应性、技术先进性、经济性等方面综合考虑，所选择的盾构类型要能尽量减少辅助工法并确保开挖面稳定和适应围岩条件，同时还要综合考虑以下因素：合理使用辅助工法（如注浆法等）；满足地铁隧道区间的施工长度和线形要求；后配套设备、始发设施等能与盾构的开挖能力配套。

盾构选型应遵循的原则如下。

(1) 应对工程地质、水文地质条件有较强的适应性，首先要满足施工安全的要求。

(2) 安全性、适应性、技术先进性、经济性相统一，在安全可靠的情况下，考虑技术先进性和经济合理性。

(3) 满足隧道外径、长度、埋深、施工场地、周围环境等条件。

(4) 满足安全、质量、工期、造价及环保要求。

(5) 后配套设备的能力与主机配套，生产能力与主机掘进速度相匹配，同时具有施工安全、结构简单、布置合理和易于维护保养的特点。

(6) 盾构制造商的知名度、业绩、信誉和技术服务。

盾构选型应以工程地质、水文地质为主要依据，综合考虑周围环境条件、隧道断面尺寸、施工长度、埋深、线路的曲率半径、沿线地形、地面及地下构筑物等环境条件，以及周围环境对地面变形的控制要求的工期、环保等因素，同时参考国内外已有盾构法工程实例及相关的盾构技术规范、施工规范和相关标准，对盾构类型、驱动方式、功能要求、主要技术参数、辅助设备的配置等进行研究。

盾构选型考虑的主要因素有工程地质、水文地质条件，隧道长度，隧道平纵断面及横断面形状和尺寸等设计参数，周围环境条件，隧道施工工程筹划及节点工期要求，宜用的辅助工法，技术经济比较。

2. 盾构选型的主要步骤

盾构选型的主要步骤如下。

(1) 选定盾构的类型。

在对工程地质条件、水文地质条件、周围环境、工期要求、经济性等进行充分研究的基础上选定盾构的类型。

(2) 盾构比选。

根据地层的渗透系数、颗粒级配、地下水压、环保要求、辅助工法、施工环境、安全等因素对土压平衡式盾构和泥水平衡式盾构进行比选。

土压平衡式盾构的特点：整体构造简洁，有利于操作及维修；适用地质范围更广；

对渣土改良材料（泡沫、膨润土）需求量少；可以控制掌子面的塌陷量；出渣及时；围岩比较稳定的情况下能够掘进；总装和始发需求空间较小；对环境的影响小；运营成本更低；土仓压力需在隧道推进前进行计算并设定；对刀盘扭矩需求较大；对刀盘动力需求较大；渣土直接暴露在隧道中，会对隧道产生污染；能够应付较大直径的漂石。

泥水平衡式盾构的特点：整体构造复杂，操作及维修费用高；对地质要求严格；需要泥水；掌子面一旦塌陷，塌陷量相当大；需要一个泥水分离厂；围岩无水条件下不能使用；对工地规模要求大；对环境的影响较大，且运营成本偏高；土仓压力在掘进过程中直接探测并由系统进行控制；对刀盘扭矩需求较小；对刀盘动力需求较小；渣土在运至地表前不会暴露；在压力控制方面具有更高的准确性。

（3）选择主要功能部件。

根据详细的地质勘探资料，对盾构各主要功能部件进行选择，如刀盘驱动形式、刀盘结构形式、开口率、刀具种类与配置、螺旋输送机的形式与尺寸、沉浸墙的结构设计与泥浆门的形式、破碎机的布置与形式、送排泥管的直径等。

（4）计算技术参数。

根据地质条件等确定盾构的主要技术参数，盾构的主要技术参数在选型时应进行详细计算，主要包括刀盘直径、刀盘开口率、刀盘转速、刀盘扭矩、刀盘驱动功率、推力、掘进速度、螺旋输送机功率、直径、长度、送排泥管直径、送排泥泵功率及扬程等。

（5）选择盾构后配套施工设备。

根据地质条件选择与盾构掘进速度相匹配的盾构后配套施工设备，包括轨道、运输车大小与编组、管片拼装机械手、盾尾密封、供水供风、照明、供电系统、控制系统、注浆系统、导航系统等。

3. 盾构选型的主要方法

（1）地层渗透系数法。

地层渗透系数对于盾构选型是一个很重要的因素。通常情况下，当地层渗透系数小于 10^{-7} m/s 时，宜选用土压平衡式盾构；当地层渗透系数在 $10^{-7} \sim 10^{-4}$ m/s 时，既可以选用土压平衡式盾构，也可以选用泥水平衡式盾构；当地层的透水系数大于 10^{-4} m/s 时，宜选用泥水平衡式盾构。

（2）地层颗粒级配法。

一般来说，细颗粒含量多时，渣土易形成不透水的流塑体，容易充满土仓的每个部位，在土仓中可以建立压力，平衡开挖面的土体。

盾构类型与颗粒级配的关系如图3.2所示。图中黏土、淤泥质土区为土压平衡式盾构适用的颗粒级配范围；砾石、粗砂区为泥水平衡式盾构适用的颗粒级配范围；粗砂、细砂区可使用泥水平衡式盾构，也可经土质改良后使用土压平衡式盾构。

一般来说，当岩土中粉粒和黏粒的总量达到40%以上时，通常会选用土压平衡式盾构，相反的情况下则选择泥水平衡式盾构。粉粒的绝对大小通常以0.075mm为界。

（3）水压法。

当水压大于0.3MPa时，适宜采用泥水平衡式盾构。如果采用土压平衡式盾构，螺旋输送机难以形成有效的土塞效应，在螺旋输送机排土闸门处易发生渣土喷涌现象，引

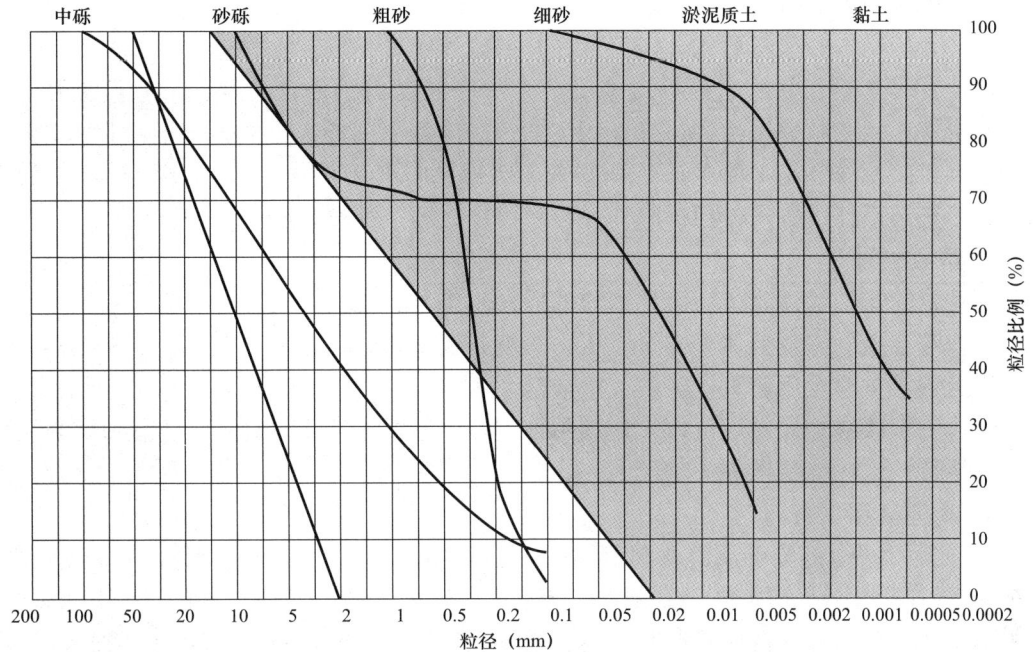

图 3.2　盾构类型与颗粒级配的关系

起土仓中土压力下降，导致开挖面坍塌。

当水压大于 0.3MPa 时，如因地质原因需采用土压平衡式盾构，则需增大螺旋输送机的长度，或采用二级螺旋输送机。

3.1.2.2　修建盾构始发井和到达井

盾构掘进前，必须先在地下开辟一个空间，以便在其中拼装（拆卸）盾构、附属设备和后续车架以及出渣、运料等。同时，拼装好的盾构也是从此开始掘进，故在此空间内尚需要设置临时支承结构，为盾构的推进提供必要的反力。

开辟地下空间最常用的方法，即在盾构掘进始终点的线路中线上方由地面向下开凿一座直达未来区间隧道地面以下的竖井，其底端即可用作盾构拼装（拆卸）室。盾构正式掘进时，此竖井即可用作出渣、进料和人员进出时的孔道；运营时则可用作通风井。根据不同的地形条件，竖井可采用沉井法、冻结法或普通矿山法修建。盾构始发（到达）井的平面形状多数为矩形，平面净空尺寸要根据盾构直径、长度、需要同时拼装的盾构数目以及运营时的功能而定，一般在盾构外侧留下 0.75~0.80m 的空间，容许一个拼装工作人员工作即可。

如果地铁车站采用明挖法施工，则区间隧道的盾构拼装（拆卸）室常设在车站两端，成为车站结构的一部分，并与车站结构一起施工，但这部分结构暂不封顶和覆土，留作盾构施工时的运输井。

在盾构拼装（拆卸）室的端墙上应预留出盾构通过的开口，又称为封门，一方面起到挡土和防止渗漏的作用，另一方面便于尽快拆除或打开。根据拼装（拆卸）室周围的地质条件，可以采用不同的封门制作方案。

1. 现浇钢筋混凝土封门

这种封门结构一般按盾构外径尺寸在井壁或连续墙钢筋笼上预埋环形钢板,钢板厚 8~10mm,环形钢板切断了连续墙或沉井壁的竖向受力钢筋,故封门周边要做构造处理。环形钢板内的井壁可按周边弹性固定的钢筋混凝土圆板进行内力分析和截面配筋设计。这种封门制作和施工简单,结构安全,但拆除时要用大量的人力铲凿,费工费时,如能将静态爆破技术引入封门拆除作业,将可加快施工速度,降低劳动强度。

2. 钢板桩封门

这种封门结构较适宜于用沉井修建的盾构工作井。在制作沉井时,按设计要求在井壁上预留圆形孔洞,以挡住侧向水土压力。沉井较深时,钢板桩可接长。盾构刀盘切入洞口靠近钢板桩时,用起重机将其逐根拔起。

用过的钢板桩经修理后可以重复使用。钢板桩通常按简支梁计算。钢板桩封门受埋深、地层特性、环境要求等影响较大。

3. 预埋 H 型钢封门

这种封门结构将位于预留孔洞范围内的连续墙或沉井壁的竖向钢筋用塑料管套住,以免其与混凝土黏结;同时,在连续墙或沉井壁外侧预埋 H 型钢,封闭孔洞,抵抗侧向水土压力。盾构刀盘抵住墙壁时,凿除混凝土,切断钢筋,将 H 型钢逐根拔起。

3.1.2.3 盾构拼装

在盾构拼装前,先在拼装室底部铺设 50cm 厚的混凝土垫层,其表面与盾构外表面相适应,在垫层内埋设钢轨,轨顶伸出垫层约 5cm,可作为盾构推进时的导向轨,并能防止盾构旋转。

由于起重设备和运输条件的限制,通常将盾构拆成切口环、支承环、盾尾三节运到工地,然后用起重机将其逐一放入井下的垫层或支承平台上。切口环与支承环用螺栓连成整体,并在螺栓连接面外圈加薄层电焊,以保持其密封性;盾尾与支承环之间则采用对接焊连接。

在拼接好的盾构后面,尚需要设置型钢反力架和传力管片。盾构拼装出洞顺序如图 3.3 所示。

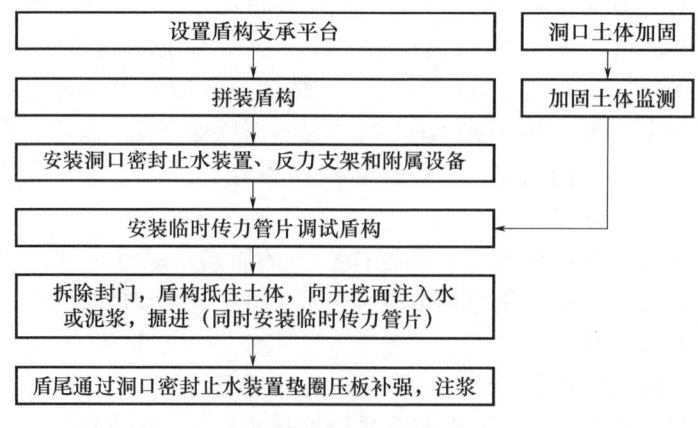

图 3.3 盾构拼装出洞顺序

3.1.2.4 盾构隧道端头加固施工

1. 端头加固目的

端头加固是盾构始发、到达技术的一个重要组成部分，其成败直接影响到盾构能否安全始发、到达。而盾构始发、到达时最容易发生盾构下沉、抬头、跑偏等现象，致使掌子面产生失稳、冒水、突泥等事故。端头加固的失败是造成事故多发的最主要原因。

因此，为了保证盾构正常始发或到达，需对盾构始发或到达段一定范围内的土层进行加固，其加固范围在平面上为隧道两侧 3m，拱顶上方 3m 厚，沿线路方向 9～12m 长。

合理选择端头加固施工工法，是保证盾构顺利施工的非常重要的环节。改良端头土体，提高端头土体强度，堵塞颗粒的间隙和地层水，可确保盾构始发和到达的安全。与一般地基加固不同，端头加固不仅有强度要求，还有抗渗透性要求。具体加固目的如下。

(1) 控制地表沉降，端头不坍塌。

始发、到达前往往需要凿除洞口井壁的混凝土，割断钢筋，以保证盾构顺利进出洞，而洞口的井壁混凝土有时要达到 800mm 或更厚，凿除时间长，要避免凿除过程中发生坍塌，更要避免因开挖面暴露时间过长而坍塌或造成过大地表沉降。

(2) 控制水土流失。

盾构始发进入加固体，或盾构到达穿过加固体时，在含水量较高、水平渗透系数大的含砂层、卵石层等地层，盾构进出洞容易造成水土流失。采用泥水平衡式盾构时，泥水压力的作用也会使加固体发生水土流失，导致无法达到泥水平衡状态，如果土体不具备一定强度，就很容易坍塌。

(3) 为重型机械作业提供足够的承载力。

由于盾构吊装或拆卸时，重型吊机往往作用在端头位置，为防止重型机械作用在软弱土体上起吊时发生失稳、坍塌，或对已成形隧道的安全造成不利影响，应对地表的软弱地层进行加固。

(4) 确保周边建构筑物安全。

当端头有房屋、管线和道路时，必须采取保护措施，确保盾构始发与到达时周边建（构）筑物安全。

2. 端头加固设计

盾构始发或到达前，必须充分了解工作井洞口周围地层的土质情况，掌握各层土的主要物理力学性能指标。根据各种土层的特性，认真分析不同的施工方法，预测出洞和进洞施工时可能发生的复杂变化，对于盾构工作井施工期间所引起的洞口周围的变化更是不能掉以轻心，必须认真分析和检查，避免导致施工险情及影响工程质量的情况发生。

除了工程地质勘探报告外，采用补充勘探的方法对端头土体的土体强度、渗透系数（水平、竖直）、土质情况（砂粒、黏粒、粉粒含量）等特性进行了解。

观察和详细了解盾构工作井施工期间暴露的全断面土体情况，掌握土壤分类分层的确切位置，为盾构进出洞施工方案提供可靠的工程地质依据。

实地调查了解所影响区域的地面、地下建筑物、构筑物、公众设施、地下管线等,并与相关单位密切联系,以控制沉降量和制定相应监护措施。

非正常性的地下水源对洞口土体稳定不利,会引起土体流失。非正常性的地下水主要是由地下上下水道管线破裂及非正常的地面排水系统所致,要提前发现并及时封堵。

洞口处的地下障碍物,如桥台、木桩、钢筋混凝土桩、回填的大石块、废钢材等埋深不同,如果处在盾构通过的位置上,则必须人工进入盾构开挖面将其排除。遇到体积大、质量重、长度长的障碍物,从地面挖孔人工处理困难的,还需在开挖后人工进仓处理。

端头加固设计应考虑的主要因素有:盾构刀盘的配置能否保证盾构顺利切割加固体;加固土体的抗渗性能;盾构吊装必须具有的地基承载力;盾构类型。

加固范围确定原则:端头加固一般采用双管旋喷桩或袖阀管加固,加固后的土体应具有良好的均质性、自立性;如隧道底部遇中微风化岩层,可从车站端头井内深注浆,以加固土体;地面至隧道顶3m范围内的加固区为弱加固区,仅满足加固扰动的土体即可。

加固时间选择:始发井安排在盾构掘进前2个月加固完成;到达井安排在盾构到达洞门前完成。

3. 端头加固工艺

端头加固可以单独采用一种工法,也可采用多种工法相结合的加固手段,这主要取决于地质情况、地下水、覆盖层厚度、盾构直径、盾构类型、施工环境等因素,同时考虑安全性、施工方便性、经济性、进度等。

(1)搅拌桩加固。

搅拌桩加固是软土地层最常用的端头加固方法之一,它通过搅拌桩使端头土体凝聚力和内摩擦角改变,主要适用于淤泥、黏土层和砂层等地层,但在砂层中的加固效果不佳,必须与旋喷桩等工法配合使用。该方法受国产设备性能限制,一般在14m深度以下加固效果很差。它的优点是工程造价低,其不足为加固不连续、加固体强度偏低、效果不是很好。

(2)旋喷桩加固。

旋喷桩加固对于砂层的改良效果较好,也适用于淤泥、粉土、黏土层,但砂砾地基和黏着力大的黏土有时不能形成满意的改良桩,加固深度大于40m时,效果较差。由于其造价偏高,施工单位往往不愿采用,但在围护结构与加固体的间隙以及角部加固时经常被采用。旋喷主要有单管法、双管法、三管法三种方法。

(3)注浆加固。

注浆加固适用于多种地层,尤其是深度较深的砂质地层、砂砾层和地层较好的地段,或与搅拌桩等工法相结合,对于水量不大的地段进行止水加固。注浆加固可进行单液注浆和双液注浆,同时可进行跟踪注浆;浆液种类较多,经济性和可施工性好,材料和施工方法多种多样,需根据地下水、地质、施工环境等来确定,同时要考虑因灌浆而引起地基隆起等的处理对策。

(4)劲性水泥土搅拌桩加固。

劲性水泥土搅拌桩(Soil Mixing Wall,SMW)作为挡土墙使用时,一般使用H

型钢芯材。该种搅拌桩成桩效果好，止水性好，对周围地层影响小，加固质量高，桩体连续，强度高（黏土为 0.5～1MPa，砂和卵石为 0.5～3MPa），适用于各类软土地层。

(5) 冻结法加固。

冻结法加固适用于各类淤泥层、砂层、砂砾层。冻结法施工方法灵活、形式多样，冻结墙均匀完整、可靠性高、强度高、设备简单、技术经济效果好，而且冻结墙还能确保长期处于稳定状态。但对于流动水层和含水量低的地层，冻结法不适用。

冻结地层随着温度的变化会产生冻胀和融沉效应，从而引起地面沉降或隆起变形，对周边建筑物影响较大。冻胀和融沉因地基条件、冻结时间、冻结规模、解冻速度、荷载条件等而异，一般在砂层和砂砾层中冻融比较小，在黏土、粉砂、亚黏土层中冻融比较大。当冻融对周围结构物有不利影响时，必须采取防止冻融的相应措施。

(6) 地层降水法加固。

在有些土质条件下，往往会产生地基沉降和地下水位下降等现象，必须事先周密研究地下水位下降对周围地基等的影响。因此，一般在地层条件较好、地下水位下降对建（构）筑物影响范围小时采用降水法，且主要应用于始发时。盾构到达时要考虑降水对隧道的影响，需与其他加固措施相结合，主要采用井点降水方法。

4. 端头加固效果检测

加固体的检测方法多种多样，如标准贯入试验、静力触探、旋转触探、弹性波检测、电探、化学分析等。端头加固效果的主要检测手段包括竖向抽芯检测和水平抽芯检测。

(1) 竖向抽芯检测：在砂层中，特别注意加固体连续性是否良好，抽芯率要达到 90% 以上。抽芯位置一般选在桩间咬合部位。抽芯数量按规范选取，且每个端头不应少于 1 根。通过目测判断加固体强度是否满足设计要求，同时通过试验判断加固体强度和抗渗性能。

(2) 水平抽芯检测：在洞门范围内钻 10 个水平孔，孔径为 5cm，孔深为 4～5m，根据 10 个孔的出水量进行判别。

土体加固后，在盾构始发或到达以前需对土体的加固效果进行检查，内容包括加固土体强度、洞门处渗透性以及土体的匀质性。各指标的检测方法及标准见表 3.1。

表 3.1 端头土体加固检测方法及标准

序号	检查项目	标准	检测方法	备注
1	加固土体强度	≥1MPa	在每条隧道开挖线外侧 2m 施作 2 个钻孔取芯进行检查（钻孔深至开挖线底部）	取岩土芯进行抗压强度试验
2	加固土体渗透性	≤1m³/d 且不得漏泥沙	在洞门范围上、下、左、右及中心各施作钻孔 1 个，检查其渗水量	钻孔要打穿围护结构
3	加固土体均质性	加固土体均匀	利用钻孔岩土芯进行检查	现场判定

如果检测结果达不到加固要求，在始发井预留钢环的内部锚喷面上施作水平注浆管，在洞口进行水平注浆加固，以弥补地面加固的不足。

3.1.3 盾构运输、吊装及拆卸

3.1.3.1 盾构运输

盾构主机在厂家车间组装调试，经验收合格后解体。专业的盾构运输队伍应制定详细的运输方案，选择好从厂家到工地现场的运输路线，然后严格按照运输方案实施。选择运输路线时，主要考虑运输车及装上设备后的净空限界以及荷载情况，多选择高速公路，因为高速公路隧道净空限界和桥梁的设计承载力都是最高的。

运输措施：提前一个月申请办理相关手续，根据运输线路交通量、路面条件和天气情况制定详细方案；设置运输标志，白天为红色三角旗，夜间为红灯或闪烁黄灯；冬季防冻、夏季防暑；运输车辆居中行驶，车距控制在 30m 以上，停车距离 10m 以上；行车速度控制在 20km/h 以内；通过铁路、急弯、颠簸道路时，限速 1km/h；通过普通公路桥梁和涵洞时，限速 2km/h。

3.1.3.2 盾构吊装

通常地铁盾构单台总长 80m，总重约 450t，盾构不能自行运载起降下井至施工作业面，需要进行吊装作业，编制专门的方案。地铁盾构采用分体吊装，其难点是：吊装时，吊车最大作业半径只有 10m 左右，最大起重量却达 100t（前盾），竖井深度一般超过 10m，吊装高度超过 6m，属于高处作业。另外，多个大吨位部件需在地面由运输存放姿态翻转 90°才能下井。

1. 吊装前准备工作

井底清理后测量放线，前后两段轨架必须固定在地面上，且轨面必须在同一水平面上，并符合盾构始发定位的要求。在始发洞门口安装完毕的始发托架，经测量定位后焊接牢固。

始发井隧道内按台车行走范围中心线和盾体位置铺设符合要求的两对路轨，轨距分别为 900mm 和 2080mm，从开挖面向后铺设轨道的距离应大于 80m，并在始发托架上铺设管片，将路轨按固定轨距前后水平延伸至始发洞门口。各种工具、使用材料、安装用辅助设备下井就位，始发井内需具备完善的排水、照明、换气和自来水供应设施。

在地面进行拖车车轮安装，并在车轮附近用[14b 槽钢焊接支撑左右，保证左右车轮中心距为 2080mm，对拖车连接管线编号。盾构各部件运输、摆放到位，台车和连接桥进场后立即组织卸车并进行轮子的装配。为防止整体吊装时发生变形，用左右连接件支撑台车底部，后续台车上的皮带输送机连同后续台车一起吊入。

2. 盾构下井吊装

在盾构吊装过程中，凡不影响到吊装工作的零部件，连接固定好后同各自的台车一起吊装下井。凡对下井有影响的台车零部件均应拆下，在该台车下井后随即下井，并立即按要求组装。起吊物件应有专人负责，地上、地下两级统一指挥。指挥时手势要清楚，信号要明确，不得远距离指挥吊物。吊运物上的零星物件必须清除，防止吊运中坠落伤人。

起吊大尺寸、大吨位物件时，必须先试吊，离地不高于 0.5m，并用围绳牵住物件

保持平稳，试吊 2 次经检查确认安全可靠后，方可指挥吊装工作。大型物件的翻转吊装，应划出警戒区，检查各点受力情况及焊接质量，并经试吊确认安全可靠后方可指挥翻转吊装工作。通常将盾体从平板车吊到地面后，需采用抬吊方式翻转，250t 履带吊与 160t 汽车吊将构件平衡吊起，吊至 3～5m 高时，吊住盾体尾部的 160t 汽车吊缓慢下钩，使构件自然下垂完成 90°翻转。

(1) 始发托架吊装。

始发托架长 10m、宽 5.4m，井口长 11.5m、宽 7.5m；始发托架下井后的中心与洞门的中心在一条直线上，在托架上铺设电瓶车和台车轨道，如图 3.4 所示。

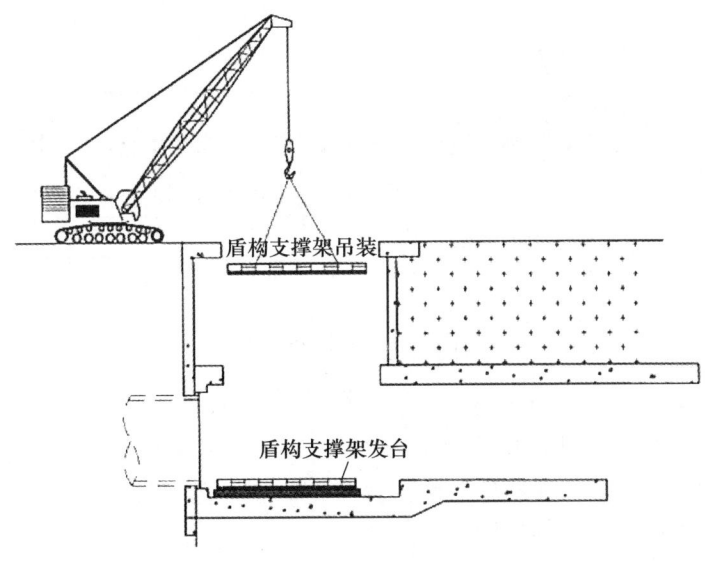

图 3.4　始发托架吊装示意

(2) 铺轨、电瓶车吊装。

在始发托架上及车站底板铺上轨距为 900mm 和 2080mm 的轨道 120m，钢轨间距以保证电瓶车和拖车可以在上面顺利运行为度，轨道完成后把电瓶车吊下井并放在轨道上，为台车后移提供动力。

(3) 台车、连接桥吊装。

按反顺序依次吊装后配套台车下井，台车下井后进行连接桥吊装下井；连接桥吊装下井前应焊接连接桥临时支腿，保证桥架后移方便；二号台车与一号台车连接后，牵引至车站标准段；台车下井时一定要将该台车内部件（如水箱等）全部放置就位，经技术人员确认后才能吊装下一节，如图 3.5 所示。

(4) 螺旋输送机下井。

用平板车把螺旋输送机运至工地，停放到吊装最佳位置；选择合适的位置系上两条起吊平衡索，先把它微微吊起，然后将平板车开走；250t 履带吊把螺旋输送机缓缓吊到距始发井 1m 处时，把管片车放在下面，螺旋输送机按要求放在管片车上并焊接好，后移到拖车下方位置。

(5) 中盾吊装。

选用 250t 履带吊和 160t 汽车吊吊装。中盾竖直放在地面上，先提升 250t 履带吊一

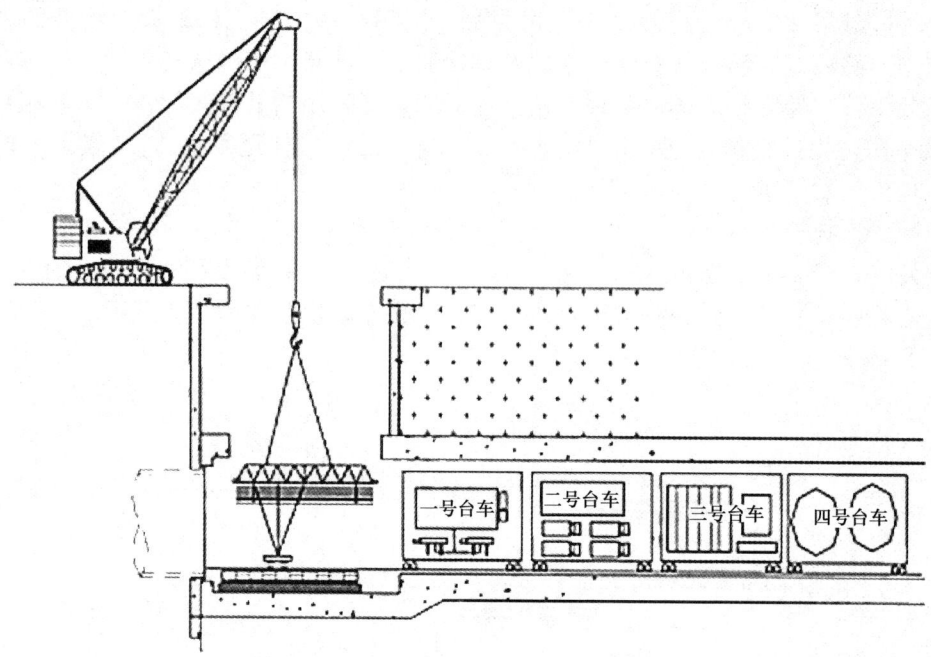

图 3.5 台车吊装示意

侧的 2 个吊点，慢慢放下 160t 汽车吊一侧的 2 个翻身吊点，使部件翻至水平位置；250t 履带吊通过旋转、起落臂杆把中盾缓缓吊到距始发井 1m 处停止，保证中盾水平和垂直，缓慢放至始发托架上；在盾体两侧焊接牛腿，在始发托架上安装活动牛腿，用 80t 千斤顶向后推到要求的位置，如图 3.6 所示。

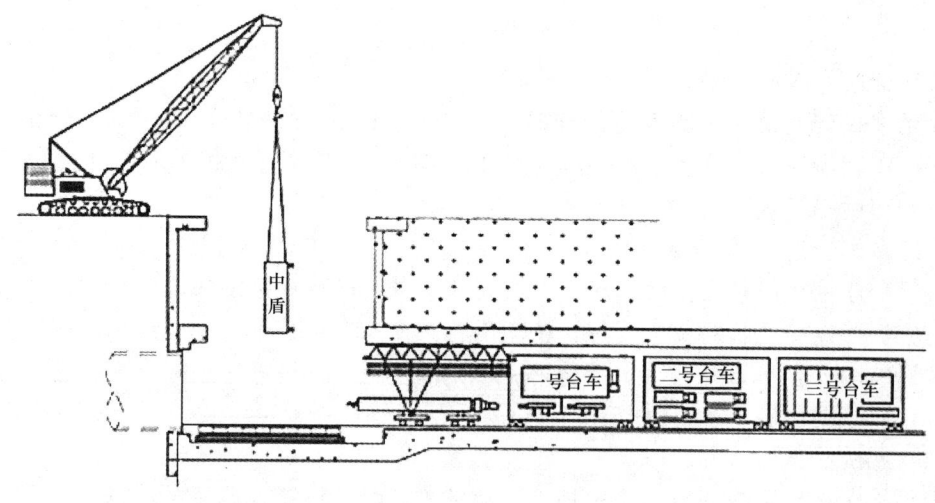

图 3.6 中盾吊装示意

（6）前盾（含刀盘驱动）吊装。

前盾吊装方式与中盾一样，在盾体两侧焊接牛腿，以便将前盾推至中盾处与中盾进行组装；待组装负责人确认组装完成后，用 80t 千斤顶将前盾、中盾推向开挖端，保证刀盘的组装距离 3.5m，如图 3.7 所示。

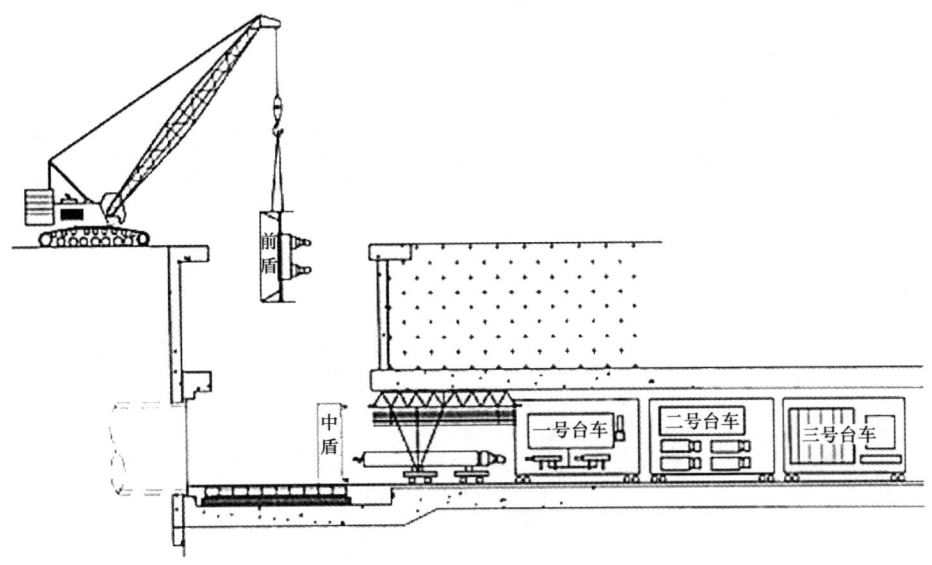

图 3.7 前盾吊装示意

(7) 刀盘吊装。

在地面安装好刀具和回转接头，采用抬吊方式翻转刀盘。选用一台 250t 履带吊将刀盘竖直吊稳，刀盘下井后，将其慢慢靠向前盾，回转接头穿过主轴承；在土舱里焊接两个耳环，用两个 2t 的导链拉住刀盘，前盾和刀盘的螺栓孔位及定位销完全对准后，再穿入拉伸预紧螺栓；按拉伸力由低到高分两次预紧螺栓，待组装负责人确认预紧完毕后解索，如图 3.8 所示。

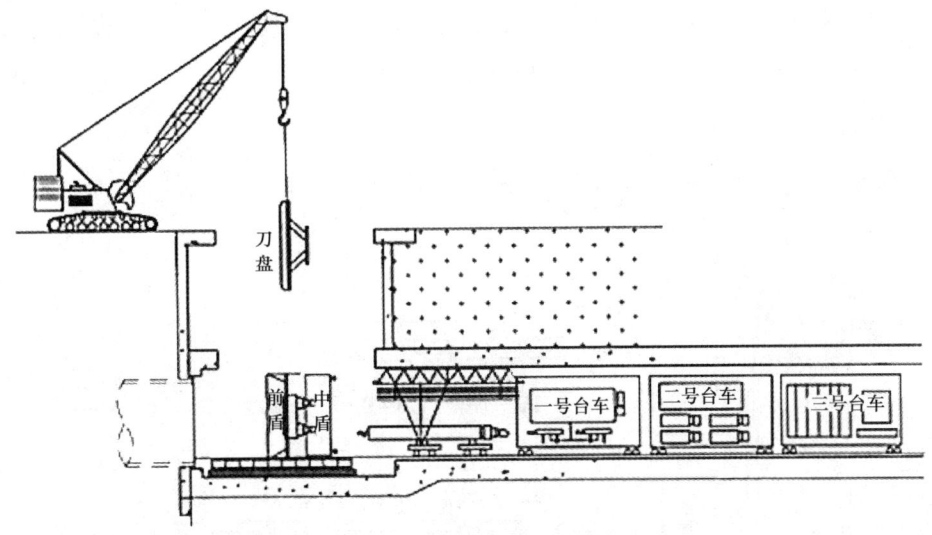

图 3.8 刀盘吊装示意

(8) 管片拼装机吊装。

管片拼装机导轨在地面组装好后，用 160t 汽车吊吊到井下，安装在指定位置；平板车把管片拼装机运到工地，用一台 250t 履带吊缓缓吊到井下，找准机械装配位置，将管片拼装机组装在导轨上，最后固定螺栓及销子。

(9) 螺旋输送机组装。

把螺旋输送机推到吊点位置，250t履带吊将螺旋输送机按组装角度23°吊起来，缓慢从管片拼装机的内圆斜插入；到一定的吊装位置解掉前吊点，再用导链吊住螺旋输送机的前端，缓慢移到前盾的螺旋输送机法兰处，完成滑槽安装；定位销完全对准，锁片螺栓紧固，如图3.9所示。

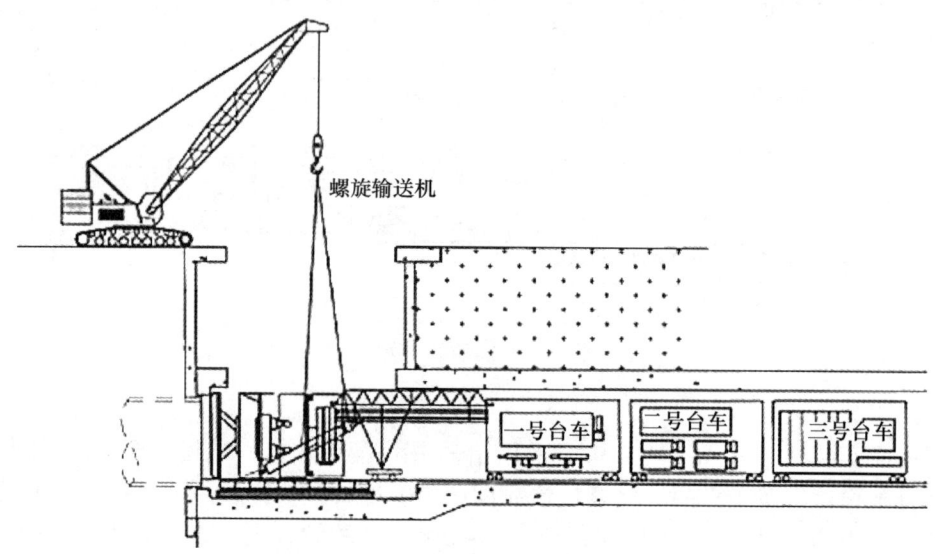

图 3.9　螺旋输送机组装示意

(10) 反力架吊装。

反力架长7.8m、宽6.3m。在后配套与主机连接前，先将反力架底部横梁安放在反力架需安装的大概位置；待盾尾安装完成后，再进行反力架精确定位并焊接，如图3.10所示。

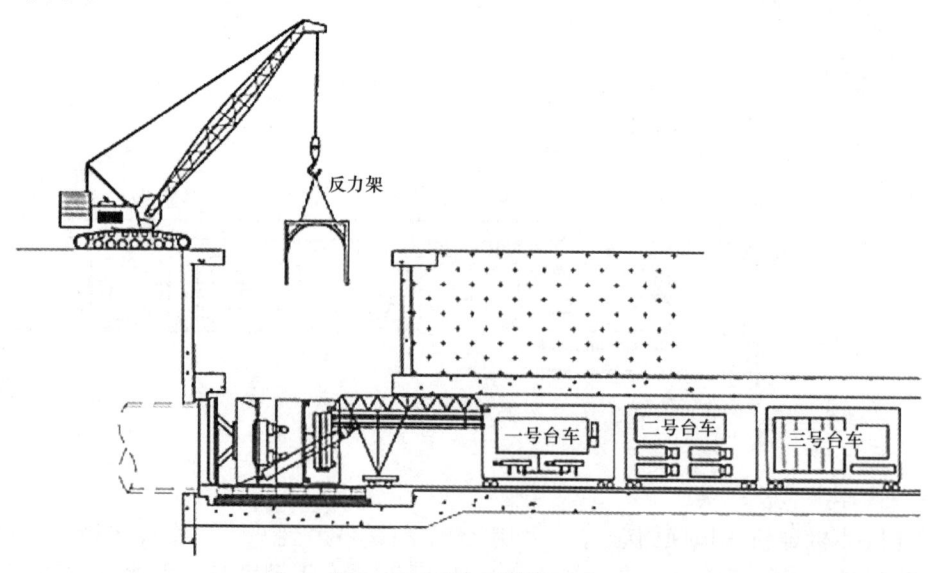

图 3.10　反力架吊装示意

3.1.3.3 盾构拆卸

盾构拆卸与下井相同，由一台250t履带吊和一台160t汽车吊配合起重，具体施工工艺流程如下。

1. 拆卸盾构的准备工作

盾构机械、风、水、液压、电气的标识牌为2mm厚铝板，绑在管子的两头。标识牌为单面印字符，两连接管接头处标识相同的字符。对拆盾构所用工具、机具必须保证其完好性，材料提前到位。盾构拆卸场地的准备，包括两台吊机吊运位置准备和盾构出洞位置准备，并应提前做好盾构接收台制作工作。必须确保接收台与盾构接口轴线对齐，避免盾构无法驶入接收台轨道。为防止盾构出洞时低头而无法驶上接收台，必须制作接收托架以便将盾构引入导轨。在盾构滑上引入导轨前，必须保证盾构滑上导轨后与接收托架轴线对齐。

制作风源，需要一台2m^3空压机，需软管约40m，接头处安装球阀，供两个风动扳手、拉伸预紧扳手和部分区域清洁使用。供水管长40m，以备清洁、消防、高压水枪等用，水管末端安装球阀。需准备两个配电箱，井上、井下各安装一个，具有过载安全保护及开关、插座，为2台电焊机、2台砂轮机、1台电动空压机、1台液压扭力扳手泵站、1台辅助泵站、照明灯提供电源。

盾构出洞后，首先把刀盘上和土舱内的渣土清理干净，再用高压水冲洗，将螺栓冲洗干净，便于拆卸螺栓。清洁中盾螺旋输送机底部，把杂物、淤泥完全清理干净，方便工作人员进入中盾底部拆卸螺旋输送机与中盾的连接螺栓。割除刀盘上的耐磨条并将其焊接在刀盘面板上，打磨抛光后再焊吊耳。焊接盾构前盾、中盾和盾尾上部的吊装吊耳。

2. 刀盘的拆卸

拆除旋转接头处连接的泡沫管，旋转接头下垫两根小方木，拆解旋转接头与刀盘的连接螺栓，螺栓清洁装箱，把旋转接头平移向后拉，须能通过工作人员。拆卸刀盘与主轴承内圈的连接螺栓，在吊耳焊接完成但吊机未受力前，外圈的连接螺栓每四个螺栓区位要留四颗不拆。穿挂卸扣、钢丝绳，当吊机示重达35t时再拆卸剩余的螺栓，拆卸完后，直至刀盘上的四个定位销脱离销孔，再起吊刀盘上井。

首先用液压扭力扳手从前盾内部拆卸M42mm×180mm螺栓，扭矩为5kN·m，拆解顺序为对称拆卸。渣仓内的螺栓先拆卸螺栓保护套，再用拉伸预紧扳手拆卸M42mm×325mm的双头螺柱。如果不能松动，可以用开口扳手加力杆人工拆卸。如还不能松动，则用气焊将螺栓垫片切割掉。

刀盘吊至地面后缓缓放平，刀盘面朝下，支撑方枕木于刀盘面板下，刀具不得与地面、方枕木接触。将四个吊耳用双头螺柱安装在刀盘与前体接触面上，起吊到平板车上，用方木铺垫，用倒链固定。运输到目的地后前盾与刀盘连接面要涂防锈油，清点螺栓、螺栓保护帽、密封圈等数量后清洗装箱。

3. 螺旋输送机的拆卸

首先拆卸螺旋输送机与前盾的连接螺栓M30mm×180mm，然后拆解与中盾的连接拉杆，放长吊链，同时吊机缓慢提升，使螺旋输送机沿倾斜方向缓慢上移。2个10t的倒链挂在管片安装机梁上用来倒换钢丝绳，在人员仓下面的吊耳处再挂一个10t倒链。倒链依次更换倾斜后移至螺旋输送机能够平放，然后把螺旋输送机从主机中抽出放置在已经准备好的管片小车上，缓慢推动管片小车移动到隧道内。

待主机全部拆除吊出井后，在接收台上搭设平台和轨道，把螺旋输送机从隧道内推出，穿挂好钢丝绳再吊出，放到平板车上，下垫方枕木。螺旋输送机整体用吊链固定，运输到目的地。

4. 盾尾的拆卸

先将铰接密封压板螺栓松动20mm，再将14个铰接油缸与盾尾连接处拆解，销子、垫圈、挡圈等安装回原位。盾尾外壳焊接顶推支座，用油缸顶推盾尾，使其与中盾分离，吊至地面。盾尾内壁下部均布焊接两个厚30mm的吊耳，然后由汽车吊配合将盾尾翻转平放到平板车上，下垫方枕木，运输到目的地。

拆除铰接油缸连接销子时，注意方向，部分销子只有一端能够拆除。注浆管连接装置另装木箱存放并做好标识，盾尾注脂球阀保留在管路上。注浆压力传感器和数据线装箱防护，做好标识。

5. 管片拼装机的拆卸

在管片拼装机顶部吊耳上穿挂好钢丝绳，拆除平移油缸连接端的销子，拆解后的连接销仍然安装回原位。拆除管片拼装机轨道前端的端梁，用油漆标识。管片拼装机滑出轨道，吊机提升到地面，用汽车吊配合翻转。拆解管片拼装机支撑梁与中盾的螺栓，起吊至地面后与管片拼装机一起运输到目的地。

6. 前盾与中盾的拆卸

启动辅助泵站，顶推主机移动到吊车的吊装范围内。人员仓内外的易损部件做好防护或者拆除装箱，拆除下部两铰接油缸，把长吊耳安装固定在拆除铰接油缸后的销子上。拆卸前盾与中盾的连接螺栓，用千斤顶顶推使其分离。固定定位销在中盾上，起吊至地面，汽车吊吊起底部的长吊耳配合翻转中盾平放在平板车上，放枕木支撑，运输到目的地。移动前盾至吊机的吊装范围内并起吊至地面，汽车吊配合翻转。在前盾与中盾的接触面上安装四个起吊吊耳，然后吊起放到平板车上，下垫方枕木，运输至目的地。

7. 后配套的拆卸

分离后配套各拖车之间的连接，包括皮带、拉杆、液压油管、电缆线等。皮带缠绕在皮带架上，运输并吊出。拆除连接桥上的皮带，从动滚筒部分支架分离和一号拖车连接的管片吊机轨道梁。在接收台上铺设轨道，用电瓶车缓慢拖拉一号拖车与连接桥移动到盾构井。钢丝绳直接挂在连接桥的主梁上，拆除连接桥的支撑并拆除一号拖车的连接销，销子留在一号拖车上。连接桥倾斜着被起吊至地面，把预先做好的钢结构支撑与连接桥焊接起来，以免压坏连接桥两侧的管路，把连接桥放到平板车上并固定好，运输到目的地。

电瓶机车依次推动拖车至竖井工作区域，安装拖车上部的四个吊耳，用风动扳手紧固。用两根槽钢把两侧平台焊接牢固，防止起吊时拖车两侧平台倾斜或者变形。吊机提升拖车至地面，拆卸轮对，用风动扳手拆卸螺栓。若不能松动，则用气焊切割螺栓垫片。拆解拖车上的皮带支架、风管并用油漆做好标识，把皮带支架和风管放入拖车内固定好。把拖车放到平板车上固定好，运输到目的地。

8. 液压管件的拆卸

放下安装机大油缸，便于螺旋输送机的拆卸；拆除旋转刀头上的泡沫管，拆除后封口，绑在中盾上；拆除前盾上的风管、油管、聚丁烯（Polybutylene, BP）油脂管；风管、水管绑在连接桥上，刀盘加水管固定在中盾上，林肯液压泵拆除后存放在主机室；拆卸主驱动马达油管、封口，拆卸后绑在连接桥上；拆除中盾处油管，拆除后封口，需拆除部分铰接油缸油管，封口后绑在中盾上。

拆除螺旋输送机上油脂润滑的油脂管、油管，拆除后封口绑在连接桥上。拆除管片输送小车管线并封口，管线绑在连接桥上。拆除管片拼装机进油管及移动油管并封口，油管绑在拼装机上。拆除连接桥与一号拖车间的油管、油脂管、风管、水管、泡沫剂管、膨润土管。拆除与连接桥相连一端的管路并封口，管路绑在一号拖车上。拆除上一节拖车上与下一节的连接管路并封口，管路绑在下一节拖车上。

9. 电气控制线路的拆卸

拆除所有传感器和数据线装箱，清点数量并做好防护。拆除需要拆除的电磁阀电源插头线，并做好防护，严禁把各种数据线、电源线从中间剪断。各拖车的电源线就近盘好放在拖车上面。电机电源线全部拆至拖车主配电柜或者存放于变压器处。

3.1.4 盾构调试、始发、试掘进与到达

3.1.4.1 盾构调试

我国地铁多采用土压平衡式盾构，始发前需要调试的系统如下：①推进系统；②刀盘驱动系统；③螺旋输送机系统；④管片拼装机系统；⑤加泥系统；⑥同步注浆系统；⑦集中润滑系统；⑧盾尾密封润滑系统；⑨供水系统；⑩压缩空气系统；⑪皮带输送机系统；⑫管片吊机系统；⑬通风系统；⑭供电系统；⑮通信系统；⑯导向系统。

3.1.4.2 盾构始发

1. 盾构始发流程

盾构始发是指利用反力架及临时拼装起来的管片承受盾构前进的推力，盾构在始发基座上向前推进，由始发洞门贯入地层，开始沿所定线路掘进所做的一系列工作。盾构始发是盾构施工过程中开挖面稳定性控制最难、工序最多、比较容易产生危险事故的环节，因此始发施工各个环节的准备工作至关重要。其主要内容包括安装盾构反力架及始发基座、盾构组装就位空载调试、洞口密封系统安装、拼装负环管片、盾体前移、盾构贯入地层等。

2. 盾构反力架安装

盾构组装调试好后，进入盾构反力架安装。盾构始发时，巨大的推力通过反力架传递给车站结构。为确保盾构顺利始发及车站结构的安全，需要在车站结构内预埋构件，并吊装反力架。反力架采用 H 型钢和钢管制作。反力架在地面制作完成后分体调运下井，根据盾构及基座的实测位置，调整好反力架的安装位置和纵横向垂直度。

3. 洞口密封系统安装

始发井处洞口内径与盾构外径之间存在环形空隙，为防止盾构始发掘进时土体或地

下水从空隙处流失，盾构始发前应在洞口处安装橡胶帘布密封装置，作为施工阶段临时防泥水措施。

4. 拼装负环管片

拼装步骤如下。

(1) 根据管片的安装顺序，将需安装管片位置的千斤顶缩回到位，空出管片拼装位置。

(2) 在盾壳底部位置放置薄木板，并保证千斤顶后推负环时负环管片不会从薄木板上滑落。

(3) 用遥控器操作管片安装，安装头须与管片调整好相对位置，然后吊起管片。

(4) 将管片旋转至最终的正确位置上，并在盾壳内对管片采取临时固定措施。

(5) 穿上并拧紧螺栓（只拧环向螺栓），依次拼装剩余管片，并及时在盾壳内采取临时固定措施，防止管片下垂。

(6) 待负 7 环拼装完成后，用千斤顶将此环整体后推，千斤顶伸长速度不宜太快。

(7) 送进器继续输送负 6 环管片至安装位置并重复以上步骤，拼装成整环并用纵向螺栓与负 6 环连为一体。

(8) 当负 7 环脱离盾壳时，始发托架导轨与负环外径之间的空隙打入木楔子以支撑负环。

(9) 将负 7 环与反力架上的钢墩用纵向螺栓连为一体。当负 5 环拼装完毕后，盾构刀盘切入土体，之后的负环拼装类似于初始掘进段管片拼装。

(10) 涂刷盾尾密封油脂。

盾构推进前，为减少盾构的推进阻力，在盾构基座轨道上涂抹黄油，在推进时避免刀盘上的刀口损坏洞口止水密封装置。盾尾钢丝刷在第一次充填盾尾密封油脂时，利用特殊工具填满密封油脂。

3.1.4.3 盾构试掘进

盾构在空载向前推进时，应主要控制盾构的推进油缸行程和限制盾构每一环的推进量。

在盾构向前推进的同时，应检查盾构是否与始发台、始发洞发生干扰或是否有其他异常情况或事故发生，确保盾构安全地向前推进。

盾构始发施工前，需对盾构掘进过程中的各项参数进行设定，施工中再根据各种参数的使用效果及地质条件变化在适当的范围内进行调整和优化。需要设定的参数主要有土压力、推力、刀盘扭矩、推进速度及刀盘转速、出土量、同步注浆压力、添加剂使用量等。盾构掘进施工过程中的轴线控制是整个盾构施工过程中一个关键环节，施工过程中盾构在大多数情况下不是沿着设计轴线掘进，而是在设计轴线的上、下、左、右方向摆动，偏离设计轴线的差值必须满足相关规范的要求，因此在盾构掘进过程中要采取一定的控制措施来控制隧道轴线的偏离。

3.1.4.4 盾构到达

1. 盾构到达段掘进

在盾构到达前，应做好地层加固等准备工作。进入加固体掘进后，要加强洞口段的观察与沉降监测，及时与盾构操作主司机沟通，以便控制掘进工况。

根据进洞段的地质情况确定合理的掘进参数并做书面交底，总的要求是低速度、小推力、合理的土压力和及时饱满的回填注浆。最后 10 环管片拼装过程中要及时用槽钢将管片沿隧道纵向拉紧，以免在推力很小或者没有推力时管片松动。在盾构到达围护结构后，停止掘进，对盾尾后 4~6 环管片背部进行二次补充注浆。

2. 渣土清理及洞门临时密封装置安装

在盾构掘进贯通后，人工及时用小型机具清理贯通时产生的渣土，然后安装洞门临时密封装置。到达端洞门临时密封装置与始发端类似，需在翻板外焊接固定螺栓圆孔，通过拉紧穿在螺栓孔内的钢丝绳将洞门临时密封装置与管片外弧面密贴。

3. 接收基座安装及盾构推上接收基座

接收基座的构造同始发基座。接收基座在准确测量定位后安装。接收基座的中心轴线应与盾构进接收井的轴线一致，同时还要兼顾隧道设计轴线。接收基座的轨面高程应适应盾构姿态，为保证盾构刀盘贯通后拼装管片有足够的反力，可考虑将接收基座的轨面坡度适当加大。接收基座定位放置后，采用 25 号工字钢对接收基座前方和两侧进行加固，防止盾构推上接收基座过程中接收基座移位造成盾构接收失败。

在接收基座安装固定后，盾构可慢速推上接收基座。在通过洞门临时密封装置时，为防止盾构刀盘和刀具损坏帘布橡胶板，可在刀盘外圈和刀具上涂抹黄油。盾构在接收基座上推进时，每向前推进 2 环拉紧一次洞门临时密封装置，通过同步注浆系统注入速凝浆液填充管片外环形间隙，保证管片姿态正确。

4. 洞门圈封堵

最后一环管片拼装完成后，拉紧洞门临时密封装置，使帘布橡胶板与管片外弧面密贴，通过管片注浆孔对洞门圈进行注浆填充。注浆过程中要密切关注洞门情况，一旦发现有漏浆现象应立即停止注浆并进行封堵处理，确保洞口注浆密实，洞门圈封堵严密。

3.1.4.5 盾构始发与到达的安全与质量控制

1. 盾构始发与到达的安全风险

盾构始发、到达的安全风险主要表现在端头加固工法的选择不合理、端头加固范围不够、端头加固质量未能达到设计要求、洞门密封系统选择不当和密封失效。

加固范围主要根据加固方法和地层情况、始发或到达端头决定：加固长度对于软土地层（特别是砂层和采用泥水平衡式盾构时）特别重要，风险不仅仅来自加固强度，还来自盾构机壳与土体之间间隙形成的渗流通道；加固深度对于下部有承压水的地层至关重要，如果洞门下部为承压水层，洞门破除和盾构顶进掌子面的过程中，均容易发生管涌现象；加固深度还要考虑上部大件吊装作业时地基承载力能否满足要求。

采用一般搅拌桩等加固方法的情况下，始发端加固长度一般不小于 6m，到达端加固长度一般不小于 3m。但在特殊地层始发时，考虑到抗渗等因素，加固宽度需增加，如在粉细砂层中始发端需增加为 10m，到达端需增加为 9m。加固深度一般是洞门上部 3m 和下部 2m 范围，砂层中底部深度还应增加，防止出现管涌。

加固质量问题：加固体本身强度不够，难以满足抗滑移或剪切的要求；加固体不连续，局部出现渗漏；加固节点处理不好，特别是围护桩与加固体之间的间隙处理、不同工法之间的界面处理。

为了防止盾构始发、到达掘进时泥土、地下水从盾壳和洞门的间隙处流失，以及盾尾通过洞门后背衬注浆浆液的流失，在盾构始发时需安装洞门临时密封装置。临时密封装置由帘布橡胶板、压板、垫片和螺栓等组成。

2. 盾构始发与到达安全风险防范措施

（1）优选端头加固方案。

端头加固方案因加固方法不同而异，一般应提前至少3个月进行端头加固（考虑1个月工期、1个月龄期、检测后的补充加固等因素）。如果是连续墙或挖孔桩、钻孔桩作业，最好和围护结构施工同时进行。应针对地层特点选择可靠的机械设备和合理的施工参数，并采取抽芯方法对加固效果进行检查。

（2）合理选择洞门密封形式。

密封装置安装前应对帘布橡胶板的整体性、硬度、老化程度，圆环板的螺栓孔位等进行检查，并提前把帘布橡胶板的螺栓孔加工好。盾构进入预留洞门前应在外围刀盘和帘布橡胶板外侧涂润滑油，以免盾构刀盘挂破帘布橡胶板影响密封效果，还需采取对折形压板的防逆转措施。

3. 盾构始发与到达质量问题及处理措施

盾构始发、到达质量问题主要表现在始发姿态控制不当导致的轴线偏移，始发措施不当导致栽头，盾构滚动，自动测量系统误差，始发托架或反力架变形，管片拼装错台、开裂或渗漏，始发刀具损坏，负环管片变形等方面。

防止盾构始发、到达质量问题的措施如下。

（1）曲线始发时，要提前设计好盾构始发方向。

（2）按盾构始发姿态调高2~3cm，始发托架与加固体之间设置连接导轨，防止进入加固体前栽头。

（3）为防止盾构滚动，除了在始发托架上焊接防滚动装置，掘进过程中还要严格控制始发扭矩，并特别注意不能在千斤顶推力很小的情况下转动刀盘。在确认洞门连续墙的钢筋已经割除完毕以后，可以进行盾构的试运转。由于盾构没有进洞后周围岩土侧压力的摩擦作用，且油缸的推力和掌子面通过刀盘的反力都很小，在试运转时应使刀盘慢速旋转，且要正反向旋转，防止滚动，使盾构姿态正确。

（4）通过频率较高的人工复测来对自动测量系统的精确度进行复核，以及时发现测量系统存在的偏差并进行纠正。

（5）对始发托架和反力架进行认真设计，要特别注意各组千斤顶推力不均的情况下反力架的受力工况。在掘进过程中，除了要控制总推力，还要严格控制千斤顶各编组推力。

（6）管片选型应从负环管片拼装即开始控制，加贴软木衬垫或石棉垫，利用反力钢环或管片调整好管片与盾尾壳夹角，使管片环面与盾构掘进方向法线基本垂直。

（7）为减少刀具损伤，始发掘进阶段的刀盘转速和掘进速度不宜过快，尤其是刀盘刚刚接触掌子面时，应采用低推力、低转速、低速度掘进。

（8）为减小负环管片变形，每一环负环拼装完成并脱出盾尾后，除了采取通常的加固和固定措施，还应配置整圆器，以确保负环管片圆度，减小管片拼装难度。

3.1.5 盾构隧道掘进

3.1.5.1 盾构操作

在推进前，工程技术人员根据盾构目前的姿态、地质变化、隧道埋深、地面荷载、地表沉降、刀盘扭矩、千斤顶推力等各种勘探、测量数据信息，正确下达每班掘进指令，并及时跟踪调整。

盾构操作人员执行指令，根据土压平衡的原理，确认土压的设定值，并将其输入土压平衡自动控制系统。

平衡压力的设定是土压平衡式盾构施工的关键，维持和调整设定的压力值是盾构推进操作过程中的重要环节，这里包含推力、推进速度和出土量三者之间的关系，对盾构施工轴线和地层变形量的控制起主导作用，因此在盾构施工过程中应根据不同土质和覆土厚度、地面建筑物，配合地面监测信息的分析，及时调整平衡压力值的设定，同时精确控制盾构姿态，控制每次的纠偏量，减少对土体的扰动，并为管片拼装创造良好的条件。根据推进速度、出土量和地层变形的监测数据，及时调整注浆量，从而将轴线和地层变形控制在允许范围内。

盾构司机根据掘进指令和前一环衬砌的姿态、间隙状况，及时、有效地调整各项掘进参数，如推进速度、千斤顶分区域油压、加注泡沫或膨润土浆液等。对初始出现的小偏差及时加以纠正，尽量避免盾构走蛇形路线。盾构一次纠偏量不能过大，应采用"少量多次"的纠偏原则，以减少对地层的扰动。

盾构应由富有经验的盾构操作手或者参加过培训并且合格的人员操作。间隔半年以上未操作过盾构的操作手，应再次培训，考核合格后，才能上机操作。

3.1.5.2 盾构掘进姿态精确控制

1. 盾构掘进姿态偏差

盾构在掘进过程中，由于地层土质变化、千斤顶推力不均、回填注浆不均、盾尾间隙不均以及已拼管片轴线不准等因素影响，不可能完全按设计方向推进，走行轨迹可能犹如蛇行，进而产生姿态偏差。姿态偏差可分为滚动偏差和方向偏差。

（1）滚动偏差。盾构掘进时，刀盘切削土体产生的扭矩主要靠盾构壳体与洞壁之间形成的摩擦力矩来平衡。当盾构壳体与洞壁之间产生的摩擦力不能平衡刀盘切削土体产生的扭矩时，将出现盾构的滚动。过大的滚动既会引起隧道轴线的偏斜，也会影响管片的拼装。

（2）方向偏差。盾构在掘进过程中，由于各种因素的影响，会产生竖直方向和水平方向的偏差，主要原因包括：盾构所受外力不均衡、成环管片轴线对盾构轴线的影响、盾尾间隙的影响、同步注浆产生的反力对盾构轴线的影响、盾构本身结构的影响等。

2. 盾构掘进姿态监测

通过人工监测和自动监测两种方法可对盾构掘进姿态进行监测。盾构掘进时，自动监测与人工监测同时使用，通过二者的相互配合，可提高盾构姿态监测的精度。

（1）自动监测。采用虚拟存储技术（Virtual Memory Technology，VMT）软件导

向系统对盾构的位置和情况进行连续测量。该系统是在一固定基准点发出激光束的基础上,根据盾构所处位置计算其相对设计线路的偏差,并将信息显示在大型显示器上。监测装置安设在主控室内,操作人员通过控制系统进行调整。用目标装置(激光靶板)和倾角罗盘仪测量盾构的位置。用激光靶板测量激光束的入射点位置和入射角大小,用倾角罗盘仪测量盾构在两个方向的转角。

(2) 人工监测。采用通用的光学测量仪器(如全站仪、水准仪等),对盾构的姿态进行监测,主要包括滚动角的监测、竖直方向角的监测和水平方向角的监测。

3. 盾构掘进姿态调整

盾构掘进姿态的调整包括纠偏和曲线段施工两种情况。其中,纠偏包括滚动纠偏、竖直方向纠偏、水平方向纠偏和特殊地层下的姿态控制。

(1) 滚动纠偏。采用使盾构刀盘反转的方法来纠正滚动偏差,允许滚动偏差小于或等于1.5°,当超过1.5°时,盾构报警,盾构司机通过切换刀盘旋转方向进行反转纠偏。

(2) 竖直方向纠偏。控制盾构方向的主要因素是千斤顶的单侧推力,它与盾构姿态变化量间的关系比较离散,靠操作人员的经验来控制。当盾构下俯时,加大下端千斤顶的推力进行纠偏;当盾构上仰时,加大上端千斤顶的推力进行纠偏。

(3) 水平方向纠偏。水平方向纠偏的原理与竖直方向纠偏的原理一样。左偏时,加大左侧千斤顶的推力进行纠偏;右偏时,加大右侧千斤顶的推力进行纠偏。

(4) 特殊地层下的姿态控制。盾构通过复合地层(即作业面土体的抗压强度等力学性能指标存在很大差异的地层)时,根据掌子面的地质情况,对液压推进油缸进行分区操作。

4. 纠偏注意事项

(1) 在切换刀盘转动方向时,保留适当时间间隔,切换速度不宜过快。

(2) 出现偏差,及时根据掌子面地层情况调整掘进参数和掘进方向,避免引起更大的偏差。

(3) 蛇行的修正以长距离缓慢修正为原则,如修正过急,蛇行现象反而会更加严重。在直线推进的情况下,选取盾构当时所在位置点与设计线上远方的一点做一直线,然后再以这条线为新的基准进行线形管理。在曲线推进的情况下,使盾构当时所在位置点与远方点的连线同设计曲线相切。

(4) 盾构掘进纠偏时,平面调差折角小于0.4%、高程调差小于或等于20mm,以防止纠偏过激。

3.1.6 盾构调头、过站和空推

3.1.6.1 盾构调头

盾构进入车站前,应先安装好盾构接收托架。由于需要在车站内调头,车站调头井上部若有圈梁,梁底与盾构顶部的距离应不小于13cm。安装接收托架时,应先按照盾构进入车站时的高程确定接收托架的高度并进行固定。待接收盾构后,再把盾构连同接收托架的高程降下来,以便盾构转向时与车站结构中板纵向梁不发生干涉。

1. 盾构调头步骤

(1) 及时清理盾构主机进站带来的渣土。

(2) 盾构向前推进至接收托架上,将主机与设备桥脱离,拆除主机与设备桥间的连接管线,设备桥前端利用自制门架支撑,同时拆除皮带输送机。

(3) 将接收托架和主机盾壳通过焊接连为一体,并在盾壳两侧焊接 4 个支撑座,然后拆除接收托架固定支撑,并利用 4 个 150t 的液压千斤顶将主机连同接收托架顶升起来,拆除接收托架底部的垫层。

(4) 将主机连同接收托架回落至底板的滚珠上,利用 20t 手拉葫芦将接收托架连同盾构主机拖至端头井中部并调头,调头后平移至右线,然后进行初步定位,采用 4 个 150t 的液压千斤顶将主机连同接收托架顶升起来,在下部垫入垫层并固定牢固,将主机与接收托架分离。

2. 设备桥调头步骤

(1) 用枕木搭建临时轨线基础,设备桥后部利用自制门架支撑,设备桥与一号拖车断开,在设备桥支架下部铺设 50mm 圆钢。

(2) 用手拉葫芦和油缸将门架及设备桥一起推入车站内部,并在车站立柱之间进行调头,进入车站的另一条线。

(3) 将设备桥前端与盾构对接,后部安装设备桥和皮带机的共同支撑架,并在设备桥上安装临时皮带输送机。

(4) 设备桥和后配套拖车之间利用延长管线进行连接。

(5) 安装反力架、钢环和负环管片。

(6) 盾构调试、始发,掘进中的渣土及材料的运输通过左右线的临时轨线完成。掘进 60m 后,可进行后配套的跟进。

3. 后配套拖车调头转向

在端头井内进行后配套拖车的平移调头,掘进 60m 后,在非掘进状态下拆除反力架、始发托架;将 0~15 环管片用拉杆连接成整体,可以有效防止管片后退、松弛。拆除设备桥与第一节后配套拖车间的延长管线,利用盾构接收托架将后配套一号拖车移至端头井中间进行调头并平移至右线,利用电瓶车将后配套拖车拖至洞内与设备桥连接成整体,连接后配套拖车,重新连接水、电、油等管路,使盾构进入正常的掘进状态,对盾构配套的皮带输送机进行硫化安装,对主机和后配套所有机构进行调试,并进行掘进。

3.1.6.2 盾构过站

1. 盾构过站技术措施

(1) 盾构过站前,制订详细的组装方案与计划,同时组织有经验的经过技术培训的人员组成作业班组。

(2) 到达前,对基座进行加固和精确定位,确保盾构过站时托架的刚度。

(3) 到达前,将站台板预埋插筋和其他影响盾构过站的预埋件砸平,保证底板的平整。

(4) 在底板铺设钢板,并涂抹黄油,减小盾构滑动的摩擦力。

(5) 底板铺钢板前，做一个找平层，减小滑动附加力。

(6) 定时校正千斤顶油缸的行程，使千斤顶行程同步。

2. 过站准备

(1) 过站小车的准备。

过站小车由始发托架改造而成。具体要求为：在始发托架底焊接一块直径为30mm的钢板（宽500mm），焊缝间距为150mm，每一处焊缝长度为150mm。始发托架每一侧必须双面焊接，端头两侧加焊推进油缸延长臂，四面用挡块和钢支撑固定（过站小车定好位后），防止在盾构推上始发托架时发生移动。

(2) 车站底板的准备。

准备工作主要包括场地平整和在场地上铺设钢板、为盾构过站小车提供平整且强度足够的滚动面。为便于钢板的移动，应在车站一端安设一台卷扬机，在盾构到站之前进行车站内卷扬机的安装固定工作。

(3) 盾构固定。

盾构上始发托架后，应将盾构与始发托架焊接成一个整体。

(4) 盾构平移和推进准备。

为保证盾构平移，在始发托架下部铺上钢板，并在钢板上涂抹黄油。为保证盾构的顺利推进，在铺设的钢板上安装推进反力座，同时准备两个推进油缸。为了便于盾构的推进及过程中的调向，在过站小车与底板钢板间放置滚轴。

(5) 盾构主机与后配套分离。

在盾构到达前做好电缆线与油管的标识。在盾构上始发托架后，将主机与后配套之间的各种管线拆开，同时用支撑架把连接桥支撑起来，最后把连接桥与主机连接的拖拉油缸拆除，完成主机与后配套的分离。

3. 盾构主机过站

(1) 盾构的平移。

盾构的平移根据施工需要进行。首先，把固定始发托架上的挡块和钢支撑拆除，保证始发台四周没有障碍物。在始发台的右侧平移钢板上焊上反力座（250mm×100mm×40mm），把两个油缸放置在反力座与始发台间，开始水平推移盾构。

(2) 钢板及滚轴的放置。

先把4个顶升液压千斤顶安装到盾构两侧的支撑座上，并把液压千斤顶的油管接好。开动液压泵站，使顶升液压千斤顶油缸均匀、平稳地慢慢伸出，顶起盾构。盾构抬起后，首先把始发台下部的平移钢板用卷扬机拖出，然后再用卷扬机在过站小车底放置推进钢板。铺好钢板后，在钢板与过站小车之间放入滚轴，随后收回顶伸油缸，使盾构和过站小车落在滚轴上。

(3) 盾构主机推进。

先把盾构后侧面的两个液压千斤顶的油管拆除，再将油缸放置到位。打开液压泵站，依次开启两边的推进油缸，使油缸撑靴顶紧过站小车上的推进挡板，然后同时开动两边的推进油缸，推动盾构前进。盾构往前行走300mm后，把推进油缸收回，前移到下一个反力座，继续进行下一循环的推进。盾构前进过程中，操作人员要及时把后面的滚轴拿到盾构的前部，摆放在钢板上。

(4) 地面钢板前移。

盾构前移约 8m 后，需要将过站小车底钢板前移。具体方法是：首先开动千斤顶把过站小车连同盾构顶起至完全离开滚轴，然后用卷扬机把钢板前拖，直到钢板的尾部和过站小车的尾部基本在同一位置。在钢板到位后，调整钢板的横向位置及滚轴的摆放位置，再收起千斤顶，使盾构连同过站小车落到滚轴上，开始下一循环的前移。依次循环，直至盾构主机推进到位即完成盾构主机过站。

4. 后配套过站

（1）后配套过站轨道。

根据区间隧道与车站位置关系，在接收井内用枕木（250mm×300mm）做临时轨枕，将轨线延伸至站台，站台内轨枕用 15 号工字钢制成。

（2）后配套设备过站。

后配套设备的轨道铺设完成后，开始后配套设备的过站工作。将后配套连接桥的前端支撑在一管片运送车上，直接利用电瓶机车牵引整个后配套系统向前移动。

3.1.6.3 盾构空推

1. 混凝土导台施工

在盾构空推过矿山法隧道前，必须先完成导台施工并达到要求。导台采用厚度为 175mm 的 C30 钢筋混凝土结构，其断面弧长与隧道中心夹角为 60°，外径为 3300mm，内径为 3125mm。为防止盾构上导台时混凝土开裂，导台两侧预埋 36mm×4mm 角铁，利用弧形导台支承盾体并导引盾构姿态。

导台起点从洞门处开始，一直至隧道端墙前方。导台与端墙之间预留 1m 长的缺口，以使盾构刀盘在缺口处顺利旋转并切入端墙。导台施工应确保其高度、弧度、轴线等参数的精度。

2. 盾构进入混凝土导台

盾构接收上导台施工前应注意：准备好洞内、洞外的联络工具和洞内的照明设备；确认导台混凝土强度达到设计要求；由于盾构刀盘外径比盾体外径大，在盾构从始发托架上进入导台前，卸掉刀盘与导台面接触的边缘刀具，避免盾构在导台上前进时刀具将导台混凝土刮起，破坏导台。

在刀盘到达端墙前预留缺口时，重新安装所卸的刀具。刀具卸除后，进行负环施工，使盾构盾体进入混凝土导台。在负环施工阶段，盾构左右千斤顶长度应相同，使盾构姿态符合平面直线线形的要求。在推进时，推进速度不能过快，控制在 10～15mm/min 范围内，每推进一环，必须进行盾构轴线的跟踪测量，以便使盾构以良好姿态进入导台。

3. 盾构掘进

由于盾构在导台上的前进阻力很小，并且导台已经确定了盾构的前进方向，为了确保盾构沿导台轴线前进而不偏离导台，并在导台上保持正确的姿态，在盾构掘进时，交叉使用竖直位置和水平位置两组推进油缸向前掘进。具体操作时，先使用水平位置两组推进油缸掘进 30cm，停止掘进并收缩推进油缸，再使用垂直位置两组推进油缸掘进 30cm，停止掘进并收缩推进油缸，不停地交叉使用。掘进过程中要密切注意盾构刀盘周边与初衬、成环管片与盾尾间的间隙，使其始终处于良好状态。

地铁施工与安全控制

盾构管片橡胶止水条挤密所需压力约为65t，根据以往地铁盾构空推的经验，在盾构刀盘前方没有任何阻力的情况下，盾构总推力可达200t，四组推进油缸压力均超过65t，盾构自身质量与导台间的摩阻力可以满足管片拼装的质量要求。

在具体施工过程中，先试推20环，如发现拼装管片漏水严重，说明管片间橡胶止水条未压实紧密，需立即采取措施。具体办法是，利用型钢支撑与矿山法隧道初支在刀盘前方提供反力，保证管片拼装质量。

4. 豆砾石的喷射

管片背后采用豆砾石回填，豆砾石粒径一般为5～10mm，并要求有良好的级配。填充的顺序是先下部后上部，首先填充导台，然后填充左右两侧，最后填充隧道上部。

豆砾石的喷射分两次进行：一次是在盾构掘进过程中，通过混凝土喷射机从刀盘外向后喷射，喷射压力控制在0.20～0.30MPa；另一次是在管片脱出盾尾后，通过注浆孔向管片背后喷射，进一步填充管片背后的间隙。在喷射过程中，应采取有效措施防止管片背后的豆砾石前窜，要将喷射压力控制为0.25～0.30MPa，喷射管径为50mm。回填数量基本达到理论数量后，通过管片与围岩之间的空隙进行观察，直到注浆孔内充满豆砾石。

5. 注浆回填

（1）管片脱出盾尾后，首先以底部管片吊装孔作为注浆孔压注水泥-水玻璃双液浆，以防管片下沉产生错台。随着盾构掘进，支撑提供反力安装管片后，从其他吊装孔同步注入双液浆，将管片固定。

（2）利用盾构自身的注浆机同步注入水泥浆，注浆压力为0.1～0.2MPa，使衬砌管片与地层紧密接触，以改善支护效果。

（3）由于管片背填注浆时盾构前方是敞开的，管片注浆效果可能不理想，须对管片进行补充注浆。盾构每推进4～5环，须通过隧道上部的管片注浆孔进行洞内二次注浆，浆液类型采用水泥浆，注浆压力控制在0.3～0.4MPa。在盾构通过后，根据洞内渗漏水情况，通过管片注浆孔再次进行洞内注浆，浆液采用1∶1水泥-水玻璃双液浆，注浆压力控制在0.2～0.3MPa。

盾构通过矿山法隧道施工区段后，对管片的姿态、渗水、碎裂、错台情况进行检查，其管片垂直偏差、水平偏差均控制在±50mm以内。

6. 空推与负载段施工的转换

在盾构刀盘靠近端墙时，检查并清理刀盘与端墙之间的杂物，为盾构刀盘切入端墙做准备。由于盾体与隧道初期衬砌之间有一定的空隙，盾体四周没有土体包裹，盾体旋转仅受导台的阻力，而导台阻力很小，所以刀盘切削端墙时很困难。因此，需要保持刀盘低速旋转，并不停地改变刀盘转动方向，让其慢慢地切入端墙，防止盾体本身旋转角度过大。

当盾体全部进入土体后，因盾体被四周土体完全包裹，土体对盾体旋转产生较大的摩擦阻力，盾体转角明显减小，盾构即处于正常掘进状态。

在盾体全部进入土体后，转动刀盘，减小推进速度或停止推进，加大所有推进油缸的油压，增加盾构总推力，使其达到2000t及以上，压紧矿山法隧道内已拼装的管片。保持这个总推力，再一次紧固所有的管片螺栓。在压紧过程中，要注重观察每环管片受压情况，防止因盾构总推力过大而将管片压裂。

7. 盾构空推难点及应对措施

（1）空推中的盾构旋转。

在空推管片拼装过程中，严禁旋转刀盘。始终保持刀盘前面 6m 范围内没有豆砾石堆放。

盾构边向前推进，喷射机边向前移动，每隔 7.5m 在盾构的切口四周用袋装砂围成一个围堰，围堰高度不小于 4m，以防注入管片背后的豆砾石前窜。

（2）管片上浮及侧移。

每天跟踪测量管片姿态，及时反馈监测数据，分析管片姿态每日变化趋势，研究管片是否存在上浮，以及上浮速度和上浮量。

为防止管片上浮，在回填和注浆期间，要严格按照前述施工方法、步骤进行回填和注浆施工。

加强管片注浆管理，保证管片上部及圆曲线外侧的管片空隙也被浆液填充密实。一旦出现管片上浮，可在管片上浮或侧移处，通过打穿吊装孔，打入注浆管进行二次补充注浆。浆液可选择使用双液浆使其凝固速度加快，迅速填充管片背后上部间隙，阻止管片上浮和侧移。

必要时在管片脱出盾尾后，立即打穿吊装孔，安装 1.5m 长的 $\phi 32mm$ 螺纹钢，螺纹钢一端紧顶在矿山法隧道初支上，将其另一端焊接固定在管片吊装孔上（吊装孔提前安装套丝），通过此措施可有效限制管片上浮及侧移。

3.2 地铁隧道区间矿山法施工

3.2.1 概述

3.2.1.1 矿山法隧道的概念

矿山法指用开挖地下坑道的作业方式修建隧道的施工方法，是暗挖隧道施工的传统方法。传统的矿山法指用钻眼爆破的施工方法，又称钻爆法。现代矿山法包括软土地层浅埋暗挖法及其衍生的其他暗挖方法。

3.2.1.2 矿山法在地铁工程建设中的适用范围

矿山法适用于从硬岩地层到具备一定自稳能力的第四纪地层的施工，适合各种断面形式，特殊情况下采用地层超前加固等措施，也可运用于软弱地层。与其他施工方法相比，矿山法的适用范围更加广泛，具有一定优势，在我国城市地铁工程建设中应用较多。

3.2.1.3 矿山法在地铁工程施工中的技术发展

地铁工程矿山法技术发展主要受宏观政策、设计理念、建设单位要求、专家导向、施工单位自身需要、社会科技发展等影响。目前，我国地铁工程矿山法施工机械化程度较低,施工速度慢,施工风险大,施工工艺受施工队伍技术限制,施工效率有待进一步提高。因此,加大矿山法施工技术、施工装备研发投入,加强新技术、新材料、新设备、新工艺的推广应用,加快施工队伍培养和管理模式的转变,提高施工效率,改变矿山法施工技术落后的局面势在必行。

(1) 超前地质预报手段日趋多样化、综合化。除常规的超前地质预报外,越来越多的新科技已被应用,使超前地质预报更加准确可靠。

(2) 矿山法施工应用范围不断扩大,新工法不断出现。矿山法目前已在海底隧道、超浅埋隧道及暗挖大跨车站、各类地质复杂地层、复杂城市环境情况下应用。随着建设项目的增多,以及新的辅助工法和施工工艺的出现,矿山法施工的应用范围必将进一步扩展;随着我国城市地铁交通的发展,原有矿山法在应用中不断发展、转变,一些具有地区特点的新工法包括辅助工法也在不断出现。

(3) 工程机械和施工设备快速发展。先进施工机械应用逐步取代了大部分人工作业,施工质量和效率不断提高,开挖、装运渣、支护、防水、衬砌、通风等机械设备不断发展,机械配套更加合理,施工效率不断提高。

(4) 爆破施工技术更加精准和环保。为适应城市环境,爆破网络设计日趋精准,数码电子雷管控制爆破、水压爆破、静态爆破等技术的应用日趋广泛。

(5) 在软弱地层岩土控制变形分析法的基础上开发新工法,在设计、施工中逐步加强应用。在岩土控制变形分析法的基础上,与现有工法相融合开发综合施工工法,确保隧道安全穿越不良地层和全断面开挖,有效降低施工对周边环境的影响,提高施工机械化水平,加快施工进度。

(6) 信息化技术的应用不断拓展,传统的施工管理工法得以改进。建立基于BIM技术的施工管理模式和协同工作机制,通过施工模型建立、质量安全监控和风险管控,实现施工过程的可视化模拟和施工方案的不断优化。通过利用综合信息技术手段助力施工管理,全面实现施工目标。

3.2.1.4 矿山法区间隧道施工组织方案

地铁矿山法区间隧道根据工程特点和周边环境选择相应的施工组织方案。常用的施工组织方案有以下几种。

1. 路基段直接进洞

利用明暗交界位置,挂洞门后组织区间隧道施工。这是最优的施工组织方案,适用于地下、地面交接的矿山法区间隧道。由于地铁大部分采用地下线路,无地面洞口施工条件,实际使用较少。

2. 车站端头进洞

在车站端头结构预留出渣进料井,破开端头墙,组织区间隧道施工。该方案开工受车站施工制约,工作井出渣进料效率低,一般适用于工程量较小的矿山法区间隧道。

3. 竖井进洞

利用区间通风竖井或增设临时工作井来出渣进料,组织区间隧道施工。该方案可较快开辟区间隧道工作面,但效率较低,一般用于工程量较小或工期较长的矿山法区间隧道。

4. 斜井进洞

选择合适的位置作为临时施工场地，通过斜井进入矿山法区间隧道。该方案受场地和地形限制，斜井工程量可能较大，但斜井施工组织效率高，适用于工程量较大的矿山法区间隧道。

3.2.2 矿山法隧道施工常用辅助工法

随着城市地铁交通建设的飞速发展，一些隧道不得不在复杂地质条件下修建，当围岩稳定性和结构变形控制不能满足隧道施工和环境安全要求时，就需要对其进行处理。这种为了保证各种施工方法安全而快速施工、限制结构沉降、防止漏水所采用的方法统称为辅助工法。辅助工法已成为地铁区间隧道技术研究和应用的重要部分。

3.2.2.1 用于改善隧道地层条件、超前支护的辅助工法

1. 洞内辅助工法

隧道开挖时需要采取一些围岩预加固或预支护措施，控制和减少隧道开挖后周边的收敛变形，防止隧道坍塌。洞内辅助工法通常包括小导管注浆、掌子面超前注浆等，具体内容如下。

（1）小导管注浆。

小导管注浆是在隧道或地下工程的开挖过程中，对开挖断面上方围岩的物理力学性能进行改善，使开挖周围形成一个具有一定强度的硬壳结体，从而提高围岩的整体性、抗渗性和稳定性的工法。

小导管注浆适用于隧道Ⅳ～Ⅴ级围岩、隧道浅埋地段软弱地层及断层破碎带的拱部的注浆预支护。其目的是加固周边一定范围内围岩，与钢架组合成预支护系统，控制软弱围岩变形量。

小导管注浆施工工艺流程如图 3.11 所示。

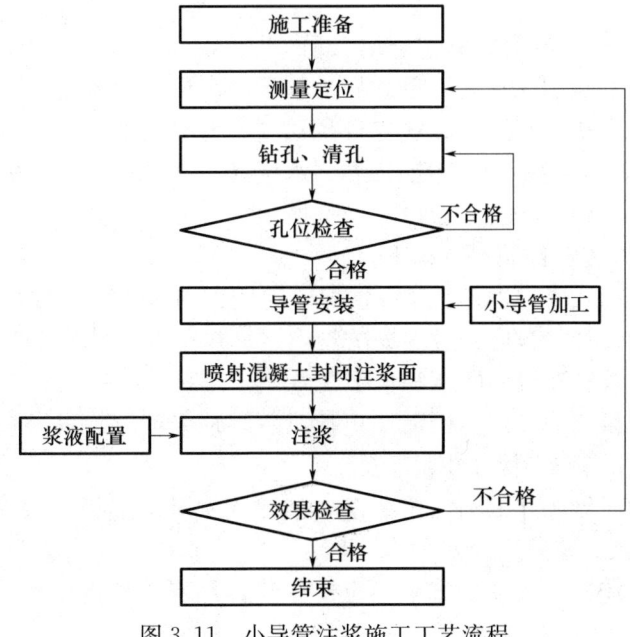

图 3.11 小导管注浆施工工艺流程

小导管注浆施工控制要点如下。

① 在小导管的尾端焊接 ϕ8mm 钢筋加劲箍；管壁上每隔 10～20cm 打梅花形钻眼，眼孔直径 6～8mm。

② 小导管钻孔施工时，孔眼深度需要大于导管长度。

③ 小导管由专用顶头顶进，顶进钻孔长度不小于管长的 90%。相邻两排小导管搭接长度应符合设计要求。

④ 小导管注浆可采用水泥浆，也可采用水泥-水玻璃双液浆。配合比根据现场试验确定。

⑤ 注浆前先喷射混凝土封闭注浆面，形成止浆墙。

⑥ 一般注浆达到设计要求，注浆量或注浆压力达到要求压力值后，再持续注浆 3min 以上方可结束注浆。

(2) 掌子面超前注浆。

注浆是一项工程活动，它是利用配套的机械设备，采取合理的注浆工艺，通过一定压力将适宜的注浆材料注入工程对象以达到填充、加固、堵水、抬升以及纠偏目的的方法。

掌子面超前注浆是在掌子面按要求钻孔、布管，然后注入按一定比例配制而成的浆液，浆液渗透扩散到破碎带的孔隙中并快速凝固，与周围破碎岩块固结成具有一定强度的结石体，在隧道周边及开挖面形成一个堵水加固区，切断地下水流通路，并和周围的岩体固结成一体，从而达到固结围岩和止水、保持围岩稳定、提高施工安全的目的。掌子面超前注浆按加固范围可分为局部注浆、全断面注浆和帷幕注浆等。

掌子面超前注浆适用范围如下。

① 局部注浆。它主要采用小导管注浆、周边潜孔注浆、径向注浆、跟踪注浆等方式，适用于围岩自稳时间短、开挖跨度大于 6m 的砂层、回填土、软土和砾石（粒径不大于 60mm）的地层；也适用于围岩具有一定的自稳能力时，富水断层带或溶蚀、溶沟地段的堵水注浆。

② 全断面注浆。其加固范围包括开挖断面及开挖轮线以外一定范围，适用于围岩级别低（Ⅴ～Ⅵ级）、无自稳能力、静水压力较大、水量大的地段。

③ 帷幕注浆。它是在开挖轮廓线以外周边进行注浆，形成一个封闭的加固圈，适用于围岩级别低（Ⅳ～Ⅴ级）、自稳能力差、水压高、水量较大的大断面隧道。

掌子面超前注浆施工工艺流程如图 3.12 所示。

掌子面超前注浆施工控制要点如下。

① 注浆孔布置方式要根据工程实际情况、地质、周边环境等因素综合选取。

② 注浆方案的设计参数应经过现场试验确定，并在施工中不断调整。

③ 严格控制注浆孔布设的间距和水平误差。

④ 应保证材料供应的稳定，如需要更换材料，应及时通知注浆技术人员进行配合比试验，以确定注浆参数，保证注浆质量。

⑤ 注浆过程中应做好详细的注浆记录，加强周边环境巡视，并对浆液进行胶凝时间的测定，确保注浆施工效果及安全。

⑥ 注浆要谨防跑浆。如发生跑浆，应在注浆管周围喷射混凝土或施作止浆墙，并

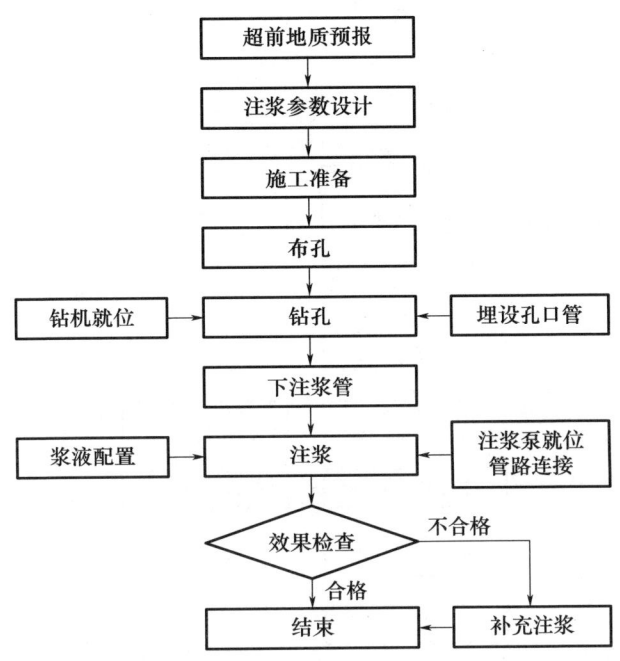

图 3.12 掌子面超前注浆施工工艺流程

调整浆液胶凝时间，或采用间歇注浆方式。

⑦ 注浆过程中应加强监测，观察周围是否冒浆，是否有隆起现象，如发生地表隆起，应立即根据工程地质情况，采取调整浆液配合比、缩短胶凝时间、瞬间封堵孔洞等处理措施。

⑧ 注浆结束后，根据注浆目的选择合适的方式和标准进行注浆效果检查。常用的注浆效果检查方法有检查孔法、分析法、开挖取样法、物探法等。对于浅埋软弱地层注浆，注浆结束后地层堵水率应达到 90% 以上，钻孔取芯芯样完整，地层渗透系数 $k<10^{-5}\,\mathrm{cm/s}$。

2. 地表辅助工法

隧道埋深较浅且地表有条件作业时，可在地表通过地表注浆、水泥土搅拌桩加固等地表辅助工法在隧道开挖工作面及开挖轮廓线外形成一个封闭的隔水帷幕或软弱破碎地层的加固体，然后再进行隧道施工。

（1）地表注浆。

地表注浆是在隧道开挖前对开挖断面上方围岩的物理力学性能进行改善的工法。针对地表覆盖层比较薄、地表土体松散、开挖跨度大、成洞困难、开挖后覆盖层极易引起大范围滑塌等情况，需要对土体进行地表注浆，使开挖土体周围形成一个具有一定强度的硬壳结体，从而提高围岩的整体性、抗渗性和稳定性。

（2）水泥土搅拌桩加固。

水泥土搅拌桩加固是将水泥（或水泥系材料）作为固化剂，通过特制的搅拌机械，在地层深处对软土和水泥浆液进行强制搅拌，固化剂和软土间产生一系列物理化学反应，使软土硬结成具有整体性、水稳定性和一定强度的水泥加固土，从而提高地层强度和增大变形模量。

水泥土搅拌桩适用于淤泥与淤泥质土、粉土、饱和黄土、素填土、黏性土以及无流动地下水的饱和松散砂土等地层。

水泥土搅拌桩施工工艺流程如图 3.13 所示。

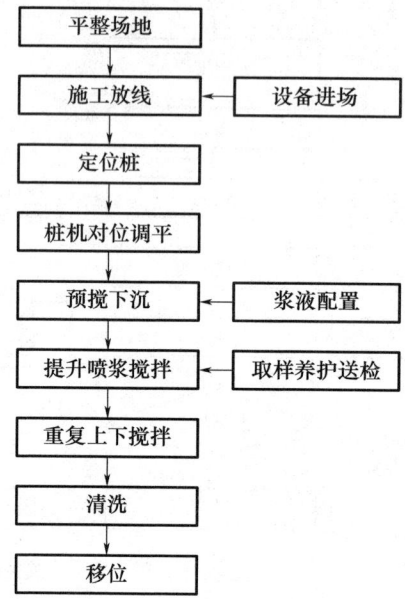

图 3.13　水泥土搅拌桩施工工艺流程

3.2.2.2　用于保护周边建（构）筑物的辅助工法

地铁区间隧道施工过程中，常采用袖阀管跟踪注浆、桩基托换等形式对邻近建筑物、道路桥梁、地下管线和其他地下构筑物等的沉降位移加强控制。其技术特点是，在开挖地下结构的同时，在结构外一定范围内土体中注入有一定特殊要求的注浆材料，补充土体位移产生的空隙量，胶结泥沙，增加土体强度，减小土体的孔隙率，从而减小地面建筑物或地下构筑物的沉降和变形范围。

1. 袖阀管跟踪注浆

袖阀管跟踪注浆是在明挖基坑、矿山法隧道施工或盾构隧道施工所影响的建（构）筑物周边于开始施工前布置袖阀管，在施工过程中根据建（构）筑物沉降变形监测情况进行注浆，对建（构）筑物地基扰动孔隙进行填充，提升地基整体性，降低地基渗透系数，从而减少地基失水，达到控制建（构）筑物沉降的效果。

袖阀管跟踪注浆施工工艺流程如图 3.14 所示。

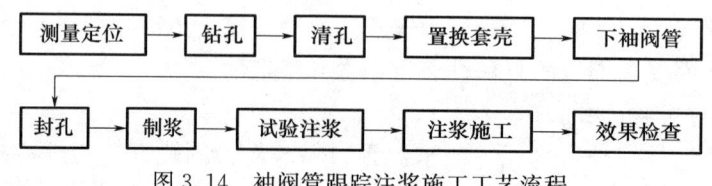

图 3.14　袖阀管跟踪注浆施工工艺流程

2. 桩基托换

桩基托换就是在已经建成的建筑物中重新施筑托换大梁，把既有柱与托换大梁连接起来，使上部已经存在的荷载转换到托换大梁，再通过托换大梁传递到新施筑的托换桩上，从而用托换结构代替被托换桩承受上部建筑的荷载。

(1) 桩基托换分类及适用范围。

根据桩基托换技术的应用状况及其核心技术机理的不同，桩基托换主要分为主动托换和被动托换两种形式。

主动托换是在托换桩切除之前对新桩和托换结构施加荷载，使需要托换的桩在上顶力的作用下随托换大梁一起上升，从而克服由于托换大梁刚度不足可能产生的上部建筑物较大的沉降；同时，通过预加载消除部分新桩和托换结构的变形，使托换桩和结构的变形可以控制在较小的范围内。主动托换形式主要适用于荷载大、变形控制要求严格的建筑物桩基托换。

被动托换是依靠托换结构自身的截面刚度，在结构完成后即切除托换桩，直接将上部荷载通过托换梁传递到新桩，而不采取其他调节变形的措施。托换后既有建筑物及托换结构的变形不能再调节，上部建筑物的沉降由托换结构承受变形的能力所控制，变形控制为被动适应。主要适用于荷载小、变形控制要求不甚严格的建筑物桩基托换。由于对变形无法进行有效控制，该托换形式在地铁工程中的应用较少。

(2) 桩基主动托换施工工艺流程。

桩基主动托换施工工艺流程如图3.15所示。

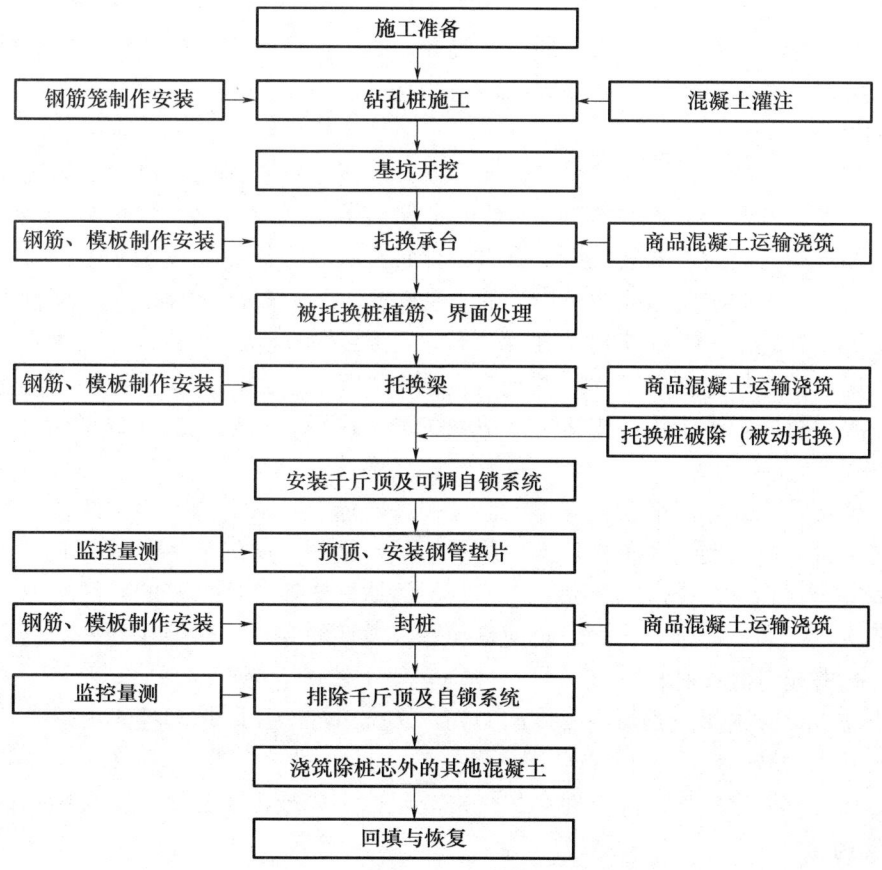

图 3.15　桩基主动托换施工工艺流程

3.2.3 成都轨道交通 19 号线二期工程项目案例

成都轨道交通 19 号线二期工程连接双流机场与天府国际机场，途经双流区、天府新区，线路全长约 43.2km，均为地下线。全线共 12 站 12 区间，均为地下车站（天府新站已由 18 号线代建完成），除正兴湾站和合江站外，其余 10 站均为换乘站。盾构隧道区间 12 段，矿山法隧道区间 7 段，明挖隧道区间 10 段，设长顺村停车场 1 个，主变电所 2 座，区间风井 8 座。下面主要介绍该工程矿山法隧道施工内容。

3.2.3.1 爆破施工

1. 施工前准备工作

该工程系浅孔松动爆破工程，施工前的准备工作有：成立专业职能领导机构和爆破指挥部；爆破火工品进场后应组织专职人员对爆破现场及爆破器材进行现场保管；联系落实有关爆破器材来源，确保按设计提供高质量器材品种。

爆破作业施工前 3d 发布公告并在作业地周边张贴，施工公告内容包括爆破作业项目名称、委托单位名称、设计施工单位名称、安全评估单位名称、安全监理单位名称、爆破作业时间等。

装药前 1d 公布爆破作业公告并在现场张贴，内容包括爆破地点、爆破时间、安全警戒范围、警戒标识、起爆信号等。

爆破可能危及现有活动板房、周边房屋等，施工前应提前做好相应的应急措施并向有关部门报告，做好协调工作并在爆破前通知有关单位到场。

2. 钻孔

为了实现钻、爆、运、支护循环作业和连续施工，钻孔深度须根据现场实际开采台阶高度确定，最深台阶高度不超过 4m。为了保证爆破效果，钻孔孔位误差为 ±20cm。为了控制爆破飞石，改善爆破效果，有时设计斜孔，一般倾斜角度为 75°～85°。在进行钻孔作业时，对于倾斜的炮孔应按设计的角度钻孔，特别是同一排炮孔，倾斜角度的误差不能大于 ±1.5°。应严格控制钻孔深度，一般误差不应大于 ±30cm。对于个别的堵孔、卡孔现象，应做好处理工作，用炮棍捣通或用高压风管吹通，否则，应重新补孔。为了减少放炮对周围的干扰，应尽可能地减少爆破次数，一般一次爆破的炮孔数为 150 个以内。

对于分层台阶式爆破平台，应根据设计的爆破梯段，从上到下逐层修建，上层爆破后为下层平台的修建创造了条件，上一层的下平台是下一层的上平台。因此，每一层的爆破，都应对钻孔进行严格的控制，为下一层的钻爆作业创造良好的条件。

钻孔质量标准：孔位、孔深、角度符合爆破设计的要求，误差在允许的范围内；孔口完整、孔壁光滑、孔身直顺。

对于硬岩，应选用高质量高硬度的钻头，送全风加全压，但转速不能过高，防止损坏钻机；对于软岩，应选全风加半压，慢打钻，排净渣，每进 1.0～1.5m 提钻孔吹一次，防止孔底积渣过多而卡孔；对于风化破碎层，应风量小压力轻，勤吹风勤护孔。

3. 装药

每个孔口应由专人负责，记录装入各孔的炸药品种和数量，与设计数量核对无误后，再填卡、签字或盖章，交爆破负责人。装药前应与当地气象部门联系，及时掌握气象资料，尽量选择晴天进行装药填塞。装药工作，应在爆破技术人员指导下进行。在深孔爆破中，使用合适炮棍，在装药过程中进行引导，保证一定的堵塞长度和装药的顺利进行。对于炮棍的材质，只允许使用木棍或者竹制的炮棍。

爆破中水孔的处理：对水孔首先要搞清是什么水，如果属于地表渗入或雨水，则可用高压风排除，在孔底的部分残存水部位装上乳化防水炸药可按深孔水压爆破进行装药，只将堵塞段的水处理掉即可；如果属于裂隙水或地下水，则应主要使用防水炸药，或为了保证一定的装药密度，可在排水后迅速装药，由密实的炸药来延缓地下水的渗浸速度，并尽可能缩短水孔装药到起爆的时间。

堵塞开始前，应根据设计要求备足填塞材料，堆放在孔口附近。装药完毕后，孔口采用黏土或炮渣混合充填，顶部不留空隙。堵塞长度不小于最小抵抗线。堵塞时，要边回填边用炮棍捣固。堵塞时，应有专人负责检查堵塞质量。堵塞完毕，应进行检查。

在联网过程中，要严格按照爆破设计要求进行，导爆管网路中不应有死结，炮孔内不应有接头，孔外相邻传爆雷管之间应留有足够的距离。起爆导爆管的雷管与导爆管绑扎端端头的距离不得小于15cm；导爆管应均匀地分散在雷管周围并用胶布等捆扎牢固。

4. 起爆

在做好警戒措施后，认真、仔细地检查爆破网络，确保爆破网络连接正确，无漏接或中断、破损，雷管段别与设计相符，雷管绑扎符合要求，无打结或打圈，支路拐角符合规定，网路保护措施可靠，之后方可起爆。

起爆结束后超过5min后，检查人员方可进入爆破作业地点，如不能确定有无盲炮，应经15min后方能进行现场检查，用肉眼观察，看是否有较大面积未爆破的地块或有雷管引线的地方，如果有则采用盲炮处理办法加以处理。

爆炸材料（或炸药包）比预期时间提前发生爆炸的现象称为早爆。早爆多发于电力起爆，现在大多数爆破中均采用导爆管雷管起爆，早爆事故大大降低。盲炮是指预期发生爆炸的炸药未发生爆炸的现象。炸药、雷管或其他民爆器材不能被引爆的现象称为拒爆。在该工程中采取以下措施来预防和处理早爆、盲炮及拒爆事故：工作面所用炸药、雷管分别存放于专用的爆破器材箱内，不应乱扔乱放；每次起爆时都应将爆破器材箱放置于警戒线以外的安全地点；必须在所有人员撤出警戒区域后，爆破作业人员方能将激发针与发爆器相连接；关键爆破必须进行起爆网络试爆，试爆场地选在安全平坦的地方，以检查网络的起爆性能；发现盲炮或怀疑有盲炮时，应立即报告并及时处理。若不能及时处理，应在附近设明显防护标志，禁止在其附近作业，并采取相应的安全措施，未经处理不得拆除防护标志；难处理的盲炮应请示爆破技术人员，派有经验的爆破员处理，大爆破的盲炮处理方法和工作组织，应由专业工程师批准；处理盲炮时，无关人员不准在场，应在危险区边界设警戒，危险区内禁止进行其他作业；导爆管起爆网路发生盲炮时，应首先检查导爆管是否有破损或断裂，发现有破损或断裂的可修复后重新起爆；盲炮处理后，应仔细检查爆堆，将残余的爆破器材收集起来，未判明爆堆有无残留的爆破器材前，应采取预防措施；每次处理盲炮必须由处理者填写登记卡片，说明产生盲炮的原因、处理的方法、效果和预防措施。

3.2.3.2 支护施工

1. 管棚超前支护施工

（1）施工准备。

施工前由测量人员准确定出明暗交界洞口位置及导向墙位置，施工人员进行洞口开挖，并及时完成边、仰坡的防护，开挖台阶至满足管棚施工高度后，对掌子面喷射混凝土进行封闭防护。

（2）导向墙施工。

导向墙两侧底部采用钢管桩注浆加固，然后采用两排工字钢按照管棚外插角的角度安放，作为管棚孔口定位钢架，钢架支撑在已经注浆加固好的钢管上。

依据测量放样结果，在开挖平台上沿拱部开挖轮廓线安装设置 2 榀工字钢拱架，单元用工字钢和连接钢板焊接成形。拱架间纵向形成 1°~3°的外插角以安装导向管。钢架外缘设钢管，管口中心距墙底 50cm，距墙顶 50cm。钢架支立应牢固可靠，不变形或滑动，确保导向管稳定，以利于下一步钻孔施工。

支立导向墙模板时要确保线形圆顺，模板平整度每 2m 不大于 3mm，模板高度应大于 100cm，确保导向墙厚度要求。模板采用组合钢模板，支立时应牢固可靠，做到混凝土浇筑时，不跑模胀模，确保导向墙外形美观平顺，以利于钻孔机的安装固定和钻孔施工。导向墙混凝土施工时，混凝土集中拌合，运输车运输，泵送入模，机械振捣，应做到振捣密实均匀。振捣棒振捣时快插慢拔，不漏振、不过振。

（3）钻孔。

岩质较好的可以一次成孔；钻进时若发生坍孔、卡钻，需回填注浆后再钻进。钻机开钻时，可低速低压，待成孔 1.0m 后可根据地质情况逐渐调整钻速及风压直至正常钻速。钻进过程中经常用测斜仪进行钻孔偏斜度测量，严格控制管棚打设方向，测定钻头位置，并根据钻机钻进的现象及时判断成孔质量，并及时处理钻进过程中出现的事故。钻进过程中确保动力器、扶正器、合金钻头按同心圆钻进。认真做好钻进过程的原始记录，及时对孔口岩屑进行地质判断、描述，使其作为开挖洞身的地质预探预报，并作为指导洞身开挖的依据。

（4）清孔验孔。

清除浮渣至孔底，确保孔径、孔深符合要求、防止堵孔。用全站仪、测斜仪等检测孔深、倾角、外插角，各项偏差符合设计要求。

（5）安装管棚钢管。

管棚钢管在加工厂集中加工，采用内外丝扣连接，套筒钢管应在专用的机床上加工好丝扣，钢管四周按设计间距 150mm 钻 ϕ15mm 注浆孔三排，呈梅花形布置，尾部留 100cm 不钻孔的止浆段，管头焊成圆锥形，便于入孔。

钻孔检测合格后，由钻机将钢管旋转顶进孔内。顶进过程中钢管按分节连续接长，管棚节间用连接钢管丝扣连接，要求隧道纵向同一截面处钢管接头数不大于 50%。为使钢管接头错开，第一节管采用 3m 长和 6m 长交替布置，即编号为奇数的第一节管采用 3m 长钢管，编号为偶数的第一节管采用 6m 长钢管，以后每节管均采用 6m 长钢管。钢管用钻机顶进，单号孔顶进有孔钢花管，双号孔顶进无孔钢管。

顶进完成后利用高压风对钢管孔内的杂物进行清扫。管口用麻丝和锚固剂封堵钢管与孔壁间的空隙，钢管自身利用孔口安装的封头将密封圈压紧，压浆管口上安装三通接头。

（6）注浆。

采用全孔压入式向大管棚内压注水泥浆液，水泥浆液水灰比（质量比）为1∶1。注浆机采用注水泥单液的高压注浆泵，按先下后上、先稀后浓的原则注浆。注浆由注浆量和注浆压力控制，注浆压力为0.5～2.0MPa。达到结束标准后，停止注浆。

单孔注浆结束标准：注浆压力逐步升高至设计终压，持续10min以上，进浆量小于初始进浆量的1/4，检查孔涌水量小于0.2L/min。全段注浆结束标准：所有注浆孔均符合单孔结束条件，注浆后隧道预测涌水量小于$1m^3/(d·m)$。

2. 小导管注浆超前支护施工

浅埋地段、偏压地段和Ⅴ级围岩地下水发育及断层破碎带地段拱部采用超前小导管注浆预支护。超前小导管配合型钢钢架使用，相邻两排小导管的水平搭接长度不小于100cm。超前小导管采用外径42mm、壁厚3.5mm热轧无缝钢管制作，单根长3.5m。双层超前小导管单根长5m。前端加工成锥形并封焊密实，管身设若干注浆孔，孔径10mm，孔间距15cm，按梅花形布置；尾部长度不小于100cm，作为不钻孔的止浆段。超前小导管构造示意如图3.16所示。

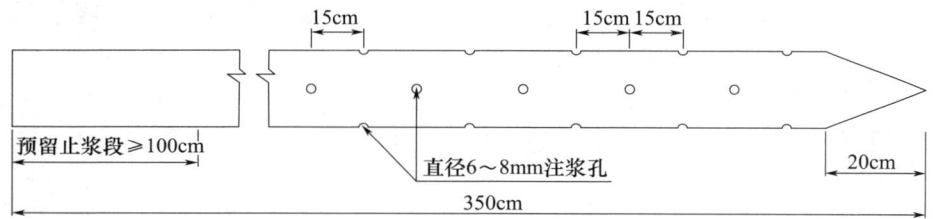

图3.16 超前小导管构造示意

测量放样时，在设计孔位上做好标记，用三臂凿岩台车钻孔，孔径比钢管直径大3～5mm。成孔后，将小导管穿过钢架，用锤击或钻机顶入，顶入长度不小于钢管长度的90%，检查管内有无充填物，如有充填物，用高压风将钢管内的砂石吹出。小导管安设后，用塑胶泥封堵孔口及周围裂隙，必要时在小导管附近及工作面喷射混凝土，以防止工作面坍塌。小导管环向间距需根据隧道围岩及加宽值确定。管外插角以10°～15°为宜，可根据实际情况做适当调整，但外插角不小于10°。

注浆材料为1∶1（质量比）水泥浆液，搅拌水泥浆的投料顺序为：在加水的同时将缓凝剂一并加入并搅拌，待水量加够后继续搅拌1min，最后将水泥投入并搅拌3min。小导管注浆的孔口最高压力严格控制在允许范围内，以防压裂开挖面，注浆压力一般为0.5～1.5Mpa，止浆塞必须能承受注浆压力。

导管注浆采用定量注浆，即每根锚管内注入300L浆液后，结束注浆。注浆量达到设计注浆量或注浆压力达到设计终压时结束注浆。隧道的开挖长度小于小导管的注浆长度，预留部分作为下一循环的止浆墙。注浆前应进行压水试验，检查机械设备是否正常，管路连接是否正确。为加快注浆速度和提高设备效率，可采用群管注浆。

3. 喷射混凝土

隧道采用 HPS3016S 湿喷机械手，喷射速度较快，每小时喷射混凝土量可达到 $10\sim25m^3$。

(1) 准备工作。

喷射前应对受喷岩面进行处理。当岩面遇水容易潮解、泥化时，宜采用高压风吹净岩面。若为泥、砂质岩面时应挂设细钢筋网，用环向钢筋和锚钉或钢架固定，使其密贴受喷面，以提高喷射混凝土的附着力。喷射混凝土前，宜先喷一层水泥砂浆，待终凝后再喷射混凝土。设置控制喷射混凝土厚度的标志，一般采用埋设钢筋头做标志，亦可在喷射时插入长度比设计厚度大 5cm 的铁丝，每 $1\sim2m$ 设一根，用于施工控制。检查机具设备和风、水、电等管线路，湿喷机就位，并试运转。喷混凝土作业前，应认真清除作业面拱脚或墙脚的虚渣和回弹物料，以防止拱墙脚因喷混凝土强度不足出现失稳现象。

(2) 混凝土搅拌、运输。

湿喷混凝土搅拌采取全自动计量强制式搅拌机，施工配料应严格按配合比进行，速凝剂在喷射机喂料时加入。运输采用混凝土运输罐车，随运随拌。喷射混凝土时，多台运输车应交替运料，以满足湿喷混凝土的供应。在运输过程中，要防止混凝土离析、水泥浆流失、坍落度变化以及产生初凝等现象。

(3) 喷射作业。

喷射作业应变换喷射角度和与受喷面的距离，将钢架、钢筋网背后喷填密实，必要时应在钢架和初期支护后注浆充填。

(4) 养护。

喷射混凝土终凝 2h 后，应进行养护。养护时间不小于 14d。当气温低于 5℃时，不得洒水养护。

4. 系统锚杆安装

(1) 钻孔。

采用自动化锚杆钻注一体机（图 3.17）钻孔，按设计要求定出孔位，其允许偏差为±15cm。钻孔应与围岩壁面或其所在部位岩层的主要结构面垂直。钻孔深度及直径应与杆体相匹配。

图 3.17 自动化锚杆钻注一体机

(2) 锚杆安装。

锚杆按设计长度统一在加工场采用机械截取，水泥砂浆由拌合站集中拌制，保证拌合质量。全长黏结型锚杆孔内充填材料应饱满密实，杆体插入锚杆孔时，应保持位置居中并注意旋转，使黏结剂充分搅拌。上仰角较大的中空锚杆浆液应从孔口杆体周边注入。锚杆应安装垫板，在砂浆体的强度达到10MPa后，垫板应用螺帽上紧并与喷层面密贴，未接触部位必须楔紧。

5. 钢筋网施工

(1) 钢筋调直、切割。

将检验合格、符合设计要求的钢筋运至加工厂集中加工。先用钢筋调直机把钢筋调直，再按照设计要求的钢筋网片尺寸切割成段。

(2) 钢筋网片加工。

在钢筋加工厂内集中加工。先用钢筋调直机把钢筋调直，再截成钢筋条，钢筋网片尺寸根据拱架间距和网片之间搭接长度综合考虑确定。

钢筋焊接前要先将钢筋表面的油渍、漆污、水泥浆和用锤敲击能剥落的浮皮、铁锈等均清除干净；加工完毕后的钢筋网片应平整，钢筋表面无削弱钢筋截面的伤痕。

(3) 成品的存放。

制作成形的钢筋网片必须轻抬轻放，避免摔地产生变形。钢筋网片成品应远离加工场地，堆放在指定的成品堆放场地上。存放和运输过程中要避免潮湿的环境，防止锈蚀、污染和变形。

(4) 挂网。

按图纸标定的位置挂设加工好的钢筋网片，钢筋片随初喷面的起伏铺设，绑扎固定于先期施工的系统锚杆之上，再把钢筋片焊接成网，网片搭接长度不小于1个网格。

6. 型钢钢架和格栅钢架施工

(1) 型钢钢架的施工。

型钢钢架加工时首先根据各单位长度下好料，然后在车间工装台上弯制。钢架的焊接在胎模内进行，控制变形。按设计加工好各单元钢架后，组织试拼，检查钢架尺寸及轮廓是否合格。加工允许误差：沿隧道周边轮廓误差不大于3cm，平面翘曲小于±2cm，接头连接要求同类之间可以互换。进行结构试验时，在工作台上将钢架拼装成环。外侧焊油顶座，承受油顶，仪表按设计荷载加压。使用钢筋应力计及收敛仪量测钢架内力和变形情况。

钢架在初喷混凝土后安设。确保钢架外缘有足够的混凝土保护层厚度，在安设过程中当钢架和围岩间有空隙时，设垫块。定位锚杆一端与钢架点焊在一起，另一端锚入围岩中。当钢架架设处有锚杆时，应尽量利用锚杆定位，以增强钢架的刚度和稳定性。

(2) 格栅钢架施工。

格栅钢架在现场设计的工作台上加工。钢架在胎模内焊接，控制变形。按设计加工好各单元格栅钢架后，组织试拼，检查钢架尺寸及轮廓是否合格。加工允许误差：沿隧道周边轮廓误差不大于±3cm，平面翘曲小于2cm，接头连接要求同类之间可以互换。格栅钢架各单元必须明确标准类型和单元号，并分单元堆放于地面干燥的防雨棚内。进行结构试验时，在工作台上将钢架拼装成环。外侧焊油顶座，采用油顶，仪表按设计荷载加压。使用钢筋应力计及收敛仪量测钢架内力和变形情况。

格栅钢架在初喷 3～5cm 厚混凝土后安设。确保主筋外缘混凝土保护层厚度不小于 4cm，在安设过程中当格栅钢架和围岩间有空隙时，设混凝土垫块。定位筋一端与钢架点焊在一起，另一端埋入围岩中。格栅钢架按设计间距安设，钢架各单元节点处上方 30cm 位置加设锁脚锚管，以保证下部接长钢架施工时的稳定。

格栅钢架的钢筋焊接接头严格根据图纸，按规范标准及要求制作。接头长度要满足设计和施工规范要求，并按规定将相邻钢筋的接头错开。钢筋焊接所用的焊条、焊剂的牌号、性能以及接头中使用的钢板必须符合设计要求和有关规定。焊前清除焊缝水锈、油渍等，焊后焊接处不得有缺口、裂纹及较大的金属焊瘤。

钢筋焊接前，根据施工条件进行试焊，经驻地监理工程师审查合格后可施焊，焊工必须有焊工考试合格证，并在规定的范围内进行焊接操作。

3.2.3.3 仰拱施工

仰拱施工采用多功能自行式液压移动栈桥，移速快，全幅仰拱弧形模定位结构准确；结构稳定性好，承载力大，行车安全。仰拱衬砌与填充混凝土分次浇筑，仰拱衬砌一次施工长度按 12.2m 控制，仰拱初支开挖一次进尺不得大于 3m。仰拱施工现场如图 3.18 所示。

图 3.18　仰拱施工现场

1. 仰拱混凝土施工

（1）测量放样，依据内轨顶标高反算仰拱基坑底标高。

（2）全断面、微台阶开挖爆破一次到位，人工辅助清理底部浮渣杂物。

（3）对上循环仰拱混凝土接头进行凿毛处理，按设计要求安装仰拱钢筋，并预留空间与边墙衬砌连接筋。

（4）自检合格后，报监理工程师隐蔽检查并签证，用混凝土输送车运输灌注混凝土，用插入式振动棒捣固。为尽早行车，采用早强型混凝土。

2. 仰拱和底板施工要求

（1）施工前，应将隧底虚渣、杂物、泥浆、积水等清除，并用高压风将隧底吹洗干净，超挖部分应采用同级混凝土回填。

（2）仰拱、底板混凝土整体浇筑，一次成形。

(3) 填充混凝土在仰拱混凝土终凝后浇筑，不得同时浇筑。仰拱拱座与墙基同时浇筑，排水侧沟与边墙同时浇筑。

(4) 仰拱施工缝和变形缝做防水处理。

(5) 填充混凝土强度达到 5MPa 后允许行人通行，填充混凝土强度达到设计强度的 100% 后允许车辆通行。

3.2.3.4 二次衬砌施工

当围岩和初期支护变形基本稳定，量测监控数据表明达到设计要求时，方可施作二次混凝土衬砌。隧道二次衬砌全部采用铰接式自动送轨台车施工。通过机械化管路走行系统精准对位浇筑，实现纵向滑移、横向分层分窗灌注以及自动换管功能，减轻人工劳动强度。衬砌施工过程中注意及时埋设回填注浆的预埋镀锌管及其他附属设施的预埋件。洞门待洞口二次衬砌完成后适时施作。

1. 衬砌台车

隧道二次衬砌全部采用铰接式自动送轨台车，其长 12.1m，每次浇筑衬砌长度 12m；模板左右两侧开设 4 层入料窗口，单侧每层 3 个，交错布置，共 24 个，有效保证逐窗浇筑要求；铰接式主骨架质量轻、结构简单、强度高、稳定性好、内部作业空间大，台车走行采用自动送轨方式，大大降低作业人员劳动强度，提高施工效率；端头配备双铰耳式钢端模。

2. 钢筋制作及安装

根据测量控制点先安装外层环向定位钢筋，将纵向筋与定位钢筋连接后，以纵向筋作为其他环向筋的安装依据，安装完外层后再用相同方法安装内层钢筋，钢筋连接采用套筒方式，形成稳定骨架。钢筋安设完成后，按中线标高进行轮廓尺寸检查，合格后于内层钢筋挂设 5cm 厚砂浆垫块，以确保混凝土灌注后钢筋保护层厚度。钢筋绑扎时，严禁损伤防水板。

3. 混凝土拌制

采用自动计量搅拌站集中搅拌，搅拌站按照实验室出具的配料通知单进行配料。

混凝土原材料严格按照施工配合比要求进行准确称量，称量最大允许偏差符合下列规定（按质量计）：胶凝材料（水泥、矿物掺和料等）±1%；专用复合外加剂±1%；粗细骨料±2%；拌合用水±1%。

搅拌混凝土前，严格测定粗细骨料的含水率，准确测定因天气变化而引起的粗细骨料含水量变化，以便及时调整施工配合比。一般情况下，含水量每班抽测 2 次，雨天随时抽测，并按测定结果及时调整混凝土施工配合比。

采用电子计量系统计量原材料，用同位素测量法连续检测骨料的含水量，通过自动控制系统，自动调整拌合用水量；采用二次搅拌工艺。搅拌时，先向搅拌机投入细骨料、水泥、矿物掺合料和专用复合外加剂，搅拌均匀后，再加入所需用水量，待砂浆充分搅拌后再投入粗骨料，并继续搅拌至均匀为止。每盘搅拌时间不少于 120s。

炎热季节搅拌混凝土时，采取在骨料堆场搭设遮阳棚、用低温水搅拌混凝土等措施降低混凝土拌和物的温度，或在傍晚和晚上搅拌混凝土，以保证混凝土的入模温度的相关规定。

4. 混凝土施工

采用混凝土运输罐车运送混凝土。在运输过程中要避免出现离析、漏浆，并要求浇筑时有良好的和易性，坍落度损失减至最小或者损失不至于影响混凝土的浇筑与捣实。当发生漏浆和离析时，在进入输送泵前启动罐车重新拌合，确保入模混凝土的质量。

混凝土的入模采用HBT60输送泵。模板台车就位并安设挡头板后即可进行混凝土的灌注。灌注混凝土之前，钢模板台车外表面需涂抹脱模剂，以减小脱模时的表面黏力。灌注混凝土时，先从台车模板最下排工作窗口进行混凝土灌注，灌注混凝土至混凝土快要平齐工作窗口时，关闭工作窗，然后从第二排工作窗口进行混凝土灌注，依次类推，最后于拱顶输料管处关闭阀门封顶。

选择合理的拆模时间，利用全液压衬砌台车液压系统进行脱模，混凝土达到拆模控制强度所需时间应通过试验确定。脱模后要防止衬砌表面受到碰撞。混凝土养护采用自动养护台车，养护时间需要符合规定。

在模板台车上预留观察（注浆）孔，间距4～5m，观察孔用$\phi 50$mm的锥形螺栓紧密堵塞，混凝土初凝后拧开螺栓，探测拱顶是否回填密实，如果有空洞，在混凝土具有一定强度后于模板拆除前压浆回填。

如果混凝土灌注过程中拱顶回填不满，那么应采取二次插管浇筑的方法，首先在挡头板位置预留排气孔，然后由内向挡头板方向压灌混凝土。

在挡头板处，拱腰线以上预埋注浆管，间距3m，如果发现有空洞，在混凝土具有一定强度后于模板拆除前压浆回填。

3.2.3.5 防排水施工

该工程隧道结构防排水采取"防、排、截、堵相结合，因地制宜，综合治理"的原则，充分利用结构自身防水能力，并构筑隧道结构内外完善的防排水系统。对具有强富水性的断层及其影响带地段采取"以堵为主、堵排结合、限量排放"的原则，构建由围岩预注浆固结圈、防排水网络及模筑防排水混凝土衬砌组成的结构体系。

1. 基面检查处理

测量隧道断面，利用作业台车对断面进行修整。首先应凿除喷射混凝土表面葡萄状结块，对钢筋网或管道等凸出部分，先切断，再用砂浆抹平；对锚杆凸出部位，端头顶预留5cm切断后，用塑料帽处理；对于初期支护为喷纤维混凝土的地段，防水板铺设前补喷一层水泥砂浆保护层，以保护防水板。对开挖面严重凹凸不平的部位须进行修凿和找平。采用细石混凝土抹平明显坑洼。基层平整度采用1m的靠尺进行检测，表面平整度$L/D<1/20$（D为两凸面间凹进深度，L为两凸面间距离）或圆弧的最小半径大于200mm时即满足要求。

2. 系统排水盲管的布设、安装

衬砌防水板背后环向设波纹管排水盲管，其间距视地下水的发育状况而定，一般每8m长设一环；将环向盲管与纵向盲管相连，通过横向排水管排入隧道侧沟内。

环向盲管安装：先在喷射混凝土面上定位画线，线位布设原则上按设计进行，但应根据洞壁实际渗水情况做适当调整，尽可能通过喷射层面的低凹处和有出水点的地方。

沿线用聚乙烯（Polyethylene，PE）板窄条和水泥钢钉将环向盲管钉于初喷混凝土表面，钢钉间距 30~50cm。集中出水点沿着水源方向钻孔，然后将单根引水盲管插入其中，并用速凝砂浆将周围封堵，以便地下水从管中集中流出。

纵向盲管安装：按设计位置在边墙底部测放盲管设置线，沿线钻孔，打入膨胀螺栓，安设纵向盲管，用卡子卡住盲管，固定在膨胀螺栓上。盲管与喷射混凝土层面的间距不得大于 5cm，盲管与岩面脱开的最大长度不得大于 10cm。

3. 防排水板铺设

初期支护与二次衬砌间设防水板和土工布作为防水层，材质符合设计要求标准。

多功能防水作业台车（图 3.19）长 8.5m，通过环向牵引轨道配合人工铺设防水板，台架走行采用实心橡胶轮及驱动机构，自动走行。多功能防水作业台车可实现长度 6m 及 6m 以下所有规格的防水板及土工布的半自动铺设，减少人工操作，加快施工速度，提升施工效率。作业台车设有防水板及土工布铺展机构，使之与初支面的贴合效果更好；同时及时使用超声波热熔焊接机使基层热熔垫片热熔固定。

图 3.19　多功能防水作业台车

3.3　地铁隧道区间 TBM 法施工

3.3.1　概述

从广义上来讲，（全断面）隧道掘进机（Tunnel Boring Machine，TBM）是用于隧道开挖的隧道掘进机；从狭义上来讲，TBM 专指全断面岩石隧道掘进机。隧道掘进机始于 19 世纪中期，由于当时滚刀问题无法解决，所以未用于实践中，直到 20 世纪 50 年代，滚刀问题被美国人詹姆斯·罗宾斯（James Robbins）解决后，隧道掘进机才开始被认可并推广应用。隧道掘进机开挖隧道的方法与传统方法不同，隧道掘进机通过用刀具挤裂岩石并不断地向前推进来形成隧道，使得隧道的长度不断增加。

3.3.1.1 隧道掘进机的分类

隧道掘进机种类众多，对于不同的地质地形和围岩等情况应选择不同的类型，以较好地完成隧道修筑。目前根据不同的标准，隧道掘进机主要有以下类型。

(1) 按适应的地质条件分：硬岩 TBM（如开敞式 TBM）、软硬岩兼容 TBM（如双护盾 TBM）和软土掘进机。

(2) 按照护盾形式分：开敞式、双护盾或者多护盾、盾构 TBM（如泥水盾构、土压平衡盾构）、岩石和软土兼容的混合盾构 TBM 等。

(3) 按照直径大小分：微型 TBM、小型 TBM、中型 TBM 和大型 TBM 等。

(4) 按掘进方向分：水平掘进机、斜井掘进机和竖井掘进机。

(5) 按照开挖断面形式分：单圆断面式、双圆断面式、三圆断面式和不规则断面式。

(6) 按照掌子面是否需要稳定压力分：常压式和增压式。

(7) 按成洞开挖次数分：一次成洞式和先导后扩式。

(8) 按照掘进机的掘进头部形状分：刀盘式和臂架式。

3.3.1.2 TBM 的工作原理

TBM 法是一种快速、高效、安全、机械化程度很高的施工方法。它以 TBM 为核心进行施工，完成开挖、支护、渣土输送、地质预报等工作。TBM 的核心部分是主机系统，主机系统主要由带刀具的刀盘、刀盘驱动和推进系统组成。主机刀盘上安装了一定数量的盘形滚刀，当刀盘旋转时，盘形滚刀划出的痕迹是以刀盘中心为圆心、间距均匀的同心圆切槽。掘进时，支撑系统把主机架牢固地锁定在开挖的隧道洞壁上，承受刀盘扭矩和推进力的反力。推进油缸以支撑系统为支点，把推力施加给主机架和刀盘，推动刀盘破岩掘进。在推力作用下，安装在刀盘上的盘形滚刀紧压岩面，随着刀盘的旋转，盘形滚刀绕刀盘中心轴公转，并绕自身轴线自转。硬岩掘进机的刀具目前是单刃盘形刀具，在刀盘强大的推力和扭矩作用下，盘形滚刀在掌子面固定同心圆切缝上滚动，当推力超过岩石的强度时，盘形滚刀下的岩石直接破碎，盘形滚刀贯入岩石，掌子面被盘形滚刀挤压碎裂而形成多道同心圆沟槽。随着沟槽深度的增加，岩体表面裂纹加深扩大，当超过岩石的抗剪和抗拉强度时，相邻同心圆沟槽间的岩石成片剥落。崩落在隧底的岩渣被随刀盘旋转的均布在刀盘上的铲斗和刮板收集到主机内的皮带机上，通过皮带机系统转载后，运送至后配套，最后将石渣转载于矿车上。

3.3.1.3 TBM 的基本功能

TBM 在隧道中应用必须具有掘进、出渣、导向和支护四个基本功能。

1. 掘进功能

掘进功能分为掌子面破碎岩石和隧道掌子面推进功能。因此，TBM 必须具备合适的破碎岩石的刀盘和使 TBM 不断向前推进的推力。破碎掌子面岩石以刀具形式和刀盘的转动回转力矩为条件，如不能提供合适的刀具和回转力矩，则会造成刀具磨损严重或者刀盘遇硬岩卡死的状况。TBM 的推进力以及回转力矩承受主要由支撑机构和推进机构来实现。

推进力必须大于岩石破碎所需的力，刀盘的回转力矩应大于在推进力下全部刀具的回转力矩，同时支撑力还必须小于被支撑物的许用比压，整体接地比压小于洞底的许用比压。

2. 出渣功能

掌子面的岩石被刀盘和刀具破碎后，在重力作用和导渣条作用下碎石下落到掌子面底部或者直接进入铲斗。如果碎石导入铲斗后不进行处理，铲斗马上就会装满，因此必须将碎石输送到其他地方。当铲斗随着刀盘旋转到掘进机顶部时，岩渣会随着重力下落到运渣胶带机，再由运渣胶带机运输到掘进机后部，使得 TBM 能不断出渣。如果 TBM 不具备出渣功能，那么 TBM 也无法完成掌子面的推进。

3. 导向功能

导向功能是控制隧道掘进方向的，如果掘进方向无法控制，那就会造成隧道偏离或者掘进方向错误，因此导向功能必须具备确定方向、调整方向和调整偏转等细分功能。

TBM 一般采用激光导向装置来确定掘进机的掘进方向。当 TBM 偏离设计的线路时，一般采用液压缸来调整方向偏差，液压缸具备水平和垂直方向的纠偏装置。

4. 支护功能

支护功能一般分为刀盘前未开挖围岩的预处理和开挖后洞壁局部或者整体的加固或支护。当超前预报前方开挖段落地质条件不良时，主要采用喷射混凝土、打锚杆、挂网和设置钢拱架的措施。对于不同的支护方法，TBM 应相应地配置不同的设备，如锚杆机、钢拱架安装机、混凝土管片安装机以及混凝土喷射机等。

3.3.1.4 TBM 的施工特点

TBM 的最大优势体现在其惊人的掘进速度上，其掘进速度一般是钻爆法的 3～5 倍，因此在围岩条件不受限制的情况下，TBM 无疑会大大缩短隧道施工的工期。影响掘进速度的因素主要是岩石破碎程度和掘进机作业效率。

TBM 开挖的隧道洞壁较为光滑，这也减小了洞壁的局部应力集中，开挖的洞径尺寸精确，超挖范围小。同时，精确导向使得开挖隧道洞线与预期洞线误差也很小，一般可控制在±5cm 范围内。这样的开挖方式也使得隧道开挖对洞壁外围岩产生的扰动较小，影响范围一般不会超过 50cm。当然这也取决于围岩的状况，如果局部十分破碎，那么产生的扰动也会比较完整的围岩大。

掘进机自身带有局部或者整体护盾，施工作业人员能在护盾下工作，生产更加安全。支护设备在不良地质条件下能充分发挥作用，使得隧道施工更加安全。TBM 开挖隧道较大部分都是机械完成的，自动化程度高，施工作业人员相对传统钻爆法减少很多，便于管理者的施工和安全管理。

掘进机设备成本较高，但是如果考虑到施工作业人员少和施工工期短以及对周围环境的扰动小、噪声小等特点，TBM 的竞争力大大增强。尤其当隧道长度大于 3km 时，这些优点更加明显。

虽然 TBM 优点很多，但是它也存在很多问题。首先，TBM 购买设备一次性投入较高，这也使得承包商必须具备较雄厚的经济实力。其次，TBM 设计、制造周期较长，同时设备由制造地到施工地点及设备组装也相当费时。再次，TBM 设备的刀盘直径一般只适用于一个工程，当用于其他工程时往往需要改变刀盘直径，当然这也需要 TBM 配套设备能够满足其他尺寸刀盘的规范要求。最后，TBM 对不同状况围岩的适应性较差，由于围岩不可能一成不变，在 TBM 掘进过程中就会经常遇到不良地质段，这就需要配备不同的支护设备。有时围岩局部过分软弱，TBM 的支撑力不足，就造成 TBM 掘进方向偏离和无法为 TBM 掘进提供足够大的推进力。

3.3.2 TBM 隧道的施工过程

3.3.2.1 TBM 隧道施工前期准备工作

TBM 隧道施工前期准备工作繁多，需要大量的时间，因此在正式施工前有很长的一段时间都在进行准备工作。首先根据地质勘探报告确定 TBM 的选型，根据设计施工方案选择 TBM 的数量和断面直径。

洞外场地布置的主要配套设施有混凝土拌合系统、修理车间、堆渣场地、TBM 集装箱存放场地、TBM 组装场地等。

必须提前开挖 TBM 掘进前的准备洞室，一般采用钻爆法进行预备洞和出发洞开挖。只有具备较好的围岩条件和形成能够提供支撑力的洞室，TBM 才能掘进。同时 TBM 的供电、供水、通风等条件也必须具备。在这些条件都满足后，TBM 将被运进场地进行组装调试。

3.3.2.2 TBM 掘进作业

（1）首先 TBM 要步进到出发洞的掌子面，在 TBM 到达掌子面后，撑靴撑紧洞壁，使 TBM 能获得足够的掘进推力和应对刀盘转动所需的回转扭矩。在开始掘进前，必须确认电、风、水已经正确、安全地输送到机器上，确认风机启动、泵站启动、电机启动、输送带启动、水系统正常、刀盘润滑正常等。当这些确认工作完成后，将外机架向前移动并撑紧，后支承收起并前移，后配套系统进行拖拉，待拖拉完毕就可开始掘进了。

（2）刀盘开始按设定的转速转动，推进系统缓慢地将刀盘推向掌子面，滚刀与掌子面接触，在掌子面固定同心圆切缝上滚动。TBM 上的支护工作人员进行锚杆支护、钢筋网布置、钢拱架设置以及钢拱架的焊接与横向连接工作。当 TBM 掘进一段时间后，新掘进露出的围岩到达混凝土喷射机时就会被喷上设计厚度的混凝土。当岩石状况很差时可在混凝土喷射机上连接橡胶管，在安装好钢拱架后马上进行混凝土喷射，待此部分围岩到达混凝土喷射机喷射范围时再喷射至设计厚度。TBM 掘进时，撑靴撑紧洞壁为掘进机提供掘进反力，刀盘在主推进油缸的推力作用下向前推进，后配套台车停在隧道中。TBM 调向工作是在掘进过程中完成的。TBM 一般都配置有激光导向系统，这样 TBM 在掘进过程中就可以通过激光导向系统的指引来完成调向工作。激光导向系统一般由激光发射器、激光接收器（即激光接收靶）和控制显示系统等组成。计算机对激光导向系统的数据进行计算，为 TBM 在掘进过程中的调向提供可视化操作，然后由撑靴和刀盘护盾的液压缸的升降配合来完成 TBM 的调向工作。当然调向并不是任意角度的，TBM 每次调向时不能使边刀移动距离超过 3mm，导向角变量控制在 8mm/m 内，否则将造成边刀损坏和仰拱块铺设困难。正确的导向状态下，洞壁表面不出现偏向造成的痕迹，如屋脊状岩壁表面等。若出现此情况，应及时调整导向角等参数，以防边刀损坏或者铺设工作困难。掘进一个循环后（一般一个推进循环为 1.8m 左右），根据传感器的信号，可编程控制器系统会自动停止推进，并控制刀盘后退 3~5cm，使得滚刀离开岩面，然后根据剩余岩渣的多少来令刀盘继续旋转一定时间。待岩渣基本清理干净后，刀盘停止喷水，刀盘停止转动，电机停止工作。待输送机的输送带上岩渣输送完成后，输送机停止工作。

（3）进行 TBM 换步。主机下的轨道应在主机推进的同时或者主机停止后按照推进路程需要安装轨排。换步过程主要是 TBM 放下后垂直支撑（以仅有水平浮动撑靴和后垂直撑靴的 TBM 为例），然后收回水平支撑，撑靴向前移动再撑紧水平撑靴使之与岩壁紧密接触，收起后垂直支撑，配套设备向前拖拉，此时换步过程完成。

（4）启动风机、泵站、电机、输送机、水系统、刀盘等相关设备，在确认设备工作正常后，TBM 开始掘进。

TBM 掘进过程中的推力和扭矩根据围岩状况的不同进行调整。推力和扭矩在软岩情况下应当相应降低，刀盘转速、推进速度等也应降低到某一适当值。撑靴支撑力在硬岩情况下一般为额定值，当进入软弱围岩时应降低撑靴支撑力，以免撑坏围岩，造成局部塌陷或者严重破碎。

3.3.3 TBM 适宜的围岩和地质状况

TBM 主机及配套设备的体积庞大，行动不便。TBM 在施工过程中受到岩石抗压强度、岩体完整性、节理、裂隙等很多因素的影响，因此对状况差的围岩和地质条件的适应性较差。目前 TBM 的种类多样化，TBM 对不良地质的处理能力增强，使得 TBM 的应用范围有所增加，但是整体而言 TBM 对不良地质的适应能力仍然较差。

《工程岩体分级标准》（GB/T 50218—2014）规定，根据岩石单轴抗压强度值，岩石可分为极硬岩、较硬岩、较软岩、软岩、极软岩五级。其中，极硬岩与极软岩对 TBM 是很不利的。极硬岩对 TBM 掘进的影响极大，极硬岩对机具的磨损严重，使得掘进速度较慢；而极软岩对 TBM 掘进的影响则在于掌子面及支垫层的强度不足，围岩易坍塌，使得 TBM 掘进受到阻碍。一般情况下，有利于 TBM 掘进的岩石单周抗压强度范围为 30~200MPa。

TBM 的直径一般以中小断面（小于或等于 9m）为主，适宜在岩石单轴抗压强度为 20~200MPa 时掘进工作，当在岩石单轴抗压强度为 50~100MPa 的均质岩石中掘进时，TBM 的掘进速度最快。而当岩石单轴抗压强度大于 300MPa 时，TBM 施工将遇到刀具磨损过大等问题，此时应当采用其他方法进行开挖。地质条件极其复杂的地段，如高承压水与涌突水地段、暗河段、松散富水地段等含水地段，不适合 TBM 施工，应当采用其他方法；塌陷地层、卵石地层、含大量孤石地层、岩溶洞穴地层、地应力极高地段、膨胀性岩层等，也不适宜 TBM 施工。很多情况下隧道修建往往综合采用两种方法联合施工（TBM 施工法和钻爆法），这样既可以提高施工速度，又可以节约成本。

3.3.4 TBM 施工遇到不良地质状况时的处理方法

隧道掘进机对隧道的地质状况十分敏感，不同类型的地质状况需要用不同类型的隧道掘进机。对于一般的软岩、硬岩、断层破碎带，可采用不同类型的隧道掘进机，并配合预加固和有效的支护方法进行隧道开挖。但是对于隧道经过岩溶、暗河发育或者存在高地应力、围岩大变形等情况，就应当谨慎采用 TBM 施工法，而采用钻爆法更佳。因为采用钻爆法更能发挥机动灵活的特点，使隧道开挖更加合理。随着近年来 TBM 在国内的应用更加广泛，TBM 在施工过程中遇到的问题也在增加。TBM 在断层破碎带等不良地质段的适应性较差，在掘进过程中遇到地质问题会给掘进速度造成很大影响，因此对不良地质段进行必要的加固是十分重要的。

3.3.4.1 TBM 通过含水裂隙带时的处理方法

TBM 通过含丰富裂隙水的地段时，岩体受到裂隙水的作用而使岩体内摩擦力几乎丧失。随着 TBM 的开挖，掌子面上的岩体严重坍塌，使得 TBM 滚刀负荷过大而停止工作。同时大量松散围岩涌入隧道，使得 TBM 撑靴失去着力点。

应对此类情况时如有超前预报，则可提前进行聚氨酯化学注浆加固，使得掌子面周围形成一定厚度（根据不同情况确定加固厚度）的加固区，将裂隙水阻挡在隧道外。对于已发生的情况，应准备多台抽水设备以免机电设备受损，然后将散碎围岩清理掉，并对围岩进行化学注浆。对于前方有大体积水的情况，可将 TBM 停在距离水体一定安全距离的地方，然后打孔，用导管将水引出。

3.3.4.2 TBM 通过软弱地质段时的处理方法

根据地质预报或地质勘探报告，如前方遇到软弱地质段会造成地表大面积沉降、洞壁变形过大，甚至出现碎石塌落等状况。此时可采用预注浆加固的处理方法，并针对软弱地质段的广度和围岩质量，确定是进行地表大范围、长距离注浆还是只进行洞周小导管注浆。如果在掘进过程中 TBM 下沉，可先将 TBM 后退至软弱区域外，在软弱区域浇筑混凝土置换，待混凝土达到一定强度后再以千斤顶和枕木垛对 TBM 的通过加以配合。

3.3.4.3 隧道局部坍塌时的处理方法

当拱顶出现部分崩塌或者局部掉块时，主要采用加密的砂浆锚杆、双层钢筋网将锚杆头和钢筋网焊接成整体，之后喷射混凝土，使得混凝土和围岩形成整体。在此过程中 TBM 可正常掘进。当在 TBM 刀盘处发生坍塌时，TBM 需停机处理，顶部围岩进行超前喷护，架立钢拱架并架设钢板将其封闭，用 C20 细石混凝土回填，将塌腔与周围围岩连成一体，等混凝土初凝后就可以继续掘进了。对于拱墙处坍塌的处理，在软弱结构范围小时锁死部分撑靴，并调整相应的掘进参数就可不停机通过。对于较大范围的拱墙坍塌，应当停机处理，清理危石，并喷射一定厚度的混凝土，架立钢拱架并用钢板封闭，回填混凝土，最后再在钢板上喷射混凝土，使之与周围围岩形成整体，待混凝土初凝后就可继续掘进。

3.3.4.4 TBM通过区域性断层时的处理方法

在TBM通过区域性断层时,为了使TBM快速、安全地通过,可以采用TBM步进的方式而不是TBM掘进的方式。隧道的开挖可以采用钻爆法并进行相应预加固处理,然后TBM可步进直接通过。

3.3.4.5 撑靴作用部位处于软弱地质段时的处理方法

当撑靴作用部位处于软弱地质段时,撑靴支撑在围岩上往往不能获得足够的支撑强度,此时TBM也无法通过围岩对撑靴的支撑力来获得足够的推进力和回转扭矩。对此主要处理方法是对墙支撑撑靴作用部位进行换填处理,架立钢模板并用C20或者C25混凝土进行换填,待回填混凝土初凝后再重新撑紧撑靴,让TBM继续掘进。或者在撑靴作用部位采用迈式(自进式)锚杆注浆的方法加固岩石,同时调整撑靴压力,如加大撑靴作用面积等。加大撑靴作用面积可通过在撑靴下垫枕木垛的方法来实现。

3.3.4.6 一些常规的处理方法

针对围岩常常在隧道顶部出现松散等现象,可考虑采用超前管棚支护、超前小导管注浆等方法。超前管棚支护就是沿着开挖隧道的边缘周围钻孔,然后插入钢管并向管内注浆,固结隧道围岩,达到增强洞壁抗剪强度的目的。超前小导管注浆是沿初期支护外轮廓线,以一定仰角,向掌子面施打带泄浆孔的小导管并进行注浆,充分填充土体空隙,形成一定厚度的结合体的方法。

以上这些方法一般可以帮助TBM顺利通过地质条件不良的地段。这些方法不但能减小TBM在国内应用上的局限,还能为TBM遇到现实问题时提供解决问题的思路。

3.3.5 重庆轨道交通24号线一期3标工程项目案例

本部分以重庆轨道交通24号线一期3标工程项目为案例,重点介绍瓦茶区间、茶商区间和地瓦区间的TBM施工内容。

该项目共3个TBM区间,需用3台TBM,总体TBM施工方案为:首先1号、2号TBM从茶涪路站小里程端始发掘进;掘进至瓦子站大里程端后TBM吊出转场至茶涪路站大里程端,始发掘进至商贸城站小里程端吊出;3号TBM从瓦子坝站小里程端左线始发掘进地瓦区间,在地龙湾站内调头,返回掘进右线,从瓦子坝站小里程端吊出。TBM施工方向示意如图3.20所示。

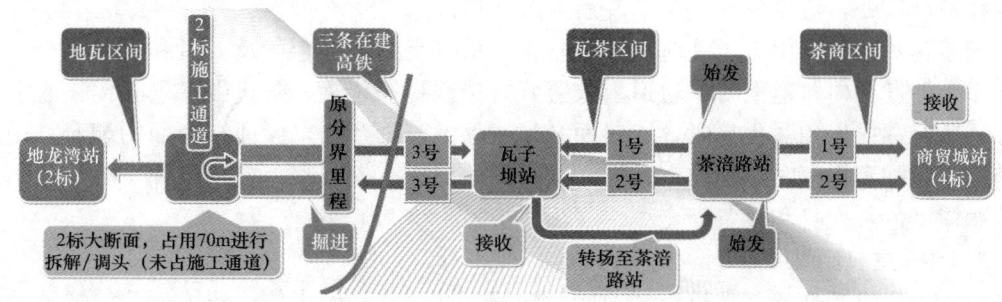

图3.20 TBM施工方向示意

3.3.5.1 TBM 组装与调试

1. TBM 吊装设备

TBM 吊装将采用履带吊为主吊,汽车吊为副吊配合主吊翻转盾体。

(1) 履带吊:吊装额定能力 600t,吊车组装完毕后,前后长 10.27m,左右宽 8.45m,履带吊主臂长 24m,TBM 吊装吊钩采用 143t 级。

(2) 汽车吊:TBM 自接收井至始发井转场卸货时,选取 SAC2200 为辅助卸货吊机,吊装额定能力 100t,TBM 最大单件质量 101t,该辅助吊车基本臂的半径是 6m。

2. TBM 拖车组装

(1) 拖车进场顺序。

拖车进场顺序为 7 号拖车、6 号拖车、5 号拖车、4 号拖车、3 号拖车、2 号拖车、1 号拖车、设备连接桥。进场后停放在 TBM 井端头区。

(2) 拖车组装准备。

TBM 井内拖车及后配套轨道铺设,电瓶车(充电)、管片小车下井等。

(3) 各节拖车吊装。

将拖车由水管卷筒处分为前后两节并在地面安装轮对、附属风管吊机及支架并紧固螺栓,然后把后部平台吊装下井置于管片小车上,并向后拖。

主框架吊装下井,并与后部连接,之后整体吊起,将管片小车拖至车站内;用卷扬机依次拖拉 7 号拖车、6 号拖车、5 号拖车、4 号拖车、3 号拖车、2 号拖车、1 号拖车到轨行区靠后的位置;3 号拖车组装,下井后向后拖至 4 号拖车处;2 号拖车组装,下井后向后拖至 3 号拖车处;1 号拖车组装,向后拖少许至轨行区;设备连接桥组装。

提前做好支撑设备连接桥前端的支撑,并焊接在管片小车上,移动到 TBM 井前端。由于井口长度不足,设备连接桥下井前利用两台吊车或倒链调整至与水平面成 30°夹角(前端翘起),设备连接桥吊装下井后先与 1 号拖车连接固定,然后把设备连接桥前端用做好的支撑固定在管片小车上。用电瓶车拖动设备连接桥和 1 号拖车后移至轨行区。

拖车连接并整体后移。拖车连接,管线连接设备连接桥下井后,连接液压、风、水、电气、泡沫、膨润土等管路。

始发托架上的拆轨线拆除,并吊出。将反力架上部放在安装位置。

(4) 注意事项。

各节拖车下井前安装好皮带架和风桶。拖车下井后由拖车连杆连接在一起。1 号拖车停在站台口处,待设备连接桥下井后与其连接。

安装轮对时中间用方木临时支撑,防止起吊时突然下降,危及人员和设备安全;下放拖车至始发井内轨道上时,轨道上放置好轨挡铁鞋等装置,防止由于重心偏移而引起滑移;所有螺栓先预紧再复紧,连接面必须清除毛刺等杂物,保证结合面的配合。用电瓶车拖动后配套拖车时,拖拉钢丝绳必须牢固,前后有人观察,统一指挥,防止与车站结构碰撞,危及人身和设备安全。

3. TBM 主机组装

(1) 主机组装准备。主机组装前始发托架下井,并精确定位;盾体下井前清洁结合面，并焊接垫块，以调整盾壳直径差距；制作并安装盾尾临时使用支撑，制作盾体前移反力座。

(2) 前盾组装。采用600t履带吊和100t汽车吊配合进行地面翻转，翻转后吊装下井。保证前盾与边墙之间留2500mm的距离。

(3) 中盾安装（含人仓）。前盾与中盾贴近前安装人仓密封，在吊装状态安装中盾与前盾连接螺栓。用风动扳手紧固4个角后，吊车松钩。利用千斤顶调整人仓并安装螺栓。螺栓涂抹螺纹紧固剂。螺栓按规定力矩紧固。

(4) 刀盘安装。安装刀盘与主驱动连接螺栓，紧固4个角后，吊车松钩。用辅助泵站驱动TBM底部2个油缸将盾体整体前移至掌子面。

(5) 盾尾下井。盾尾下井后移至前端距井壁800mm处。

(6) 管片安装机安装。管片安装机安装后用倒链将盾尾前移并与中盾连接；用铰接密封盾尾并压紧压板，用倒链拉盾尾前移，前移过程中注意保护铰接密封及压板，避免挂伤。最后安装铰接油缸。

(7) 铺设拖车轨道，后配套前移并与主机连接。

(8) 后配套与主机管线连接，安装反力架。

4. TBM调试

(1) 空载调试。

TBM组装和连接完毕后，即可进行空载调试。空载调试的目的主要是检查设备是否能正常运转。主要调试内容为：液压系统、润滑系统、冷却系统、配电系统、注浆系统以及各种仪表的校正。

(2) 负载调试。

空载调试证明TBM具有工作能力后即可进行负载调试。负载调试的主要目的是检查各种管线及密封的负载能力；对空载调试不能完成的工作做进一步完善，促使TBM的各个工作系统和辅助系统达到满足正常生产要求的工作状态。通常试掘进时间即为设备负载调试时间。

3.3.5.2 TBM始发施工

1. 始发设施安装

(1) 始发台安装。

洞门加固之后，依据隧道设计轴线定出TBM始发姿态对应的空间位置，然后反推出始发台的空间位置。由于始发台在TBM始发时要承受纵向、横向的推力以及抵抗TBM旋转的扭矩，因此需要对始发台两侧进行必要的加固，如图3.21所示。始发台的安装高程可根据端头地质情况适当抬高2～3cm。

(2) 反力架安装。

在TBM主机与后配套连接之前，进行反力架的安装，反力架结构示意如图3.22所示。由于反力架为TBM始发提供反推力，安装时反力架端面应与始发台水平轴垂直，以便TBM轴线与隧道设计轴线保持平行。安装时应将反力架与后部结构连接部位的间隙垫实，以保证反力架脚板有足够的抗压强度。

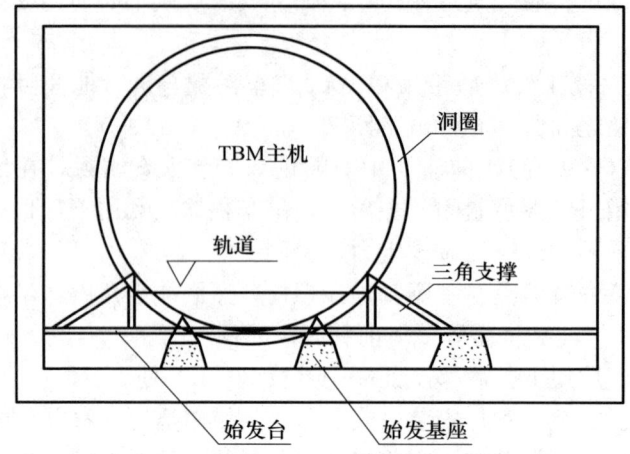

图 3.21　TBM 始发台加固示意

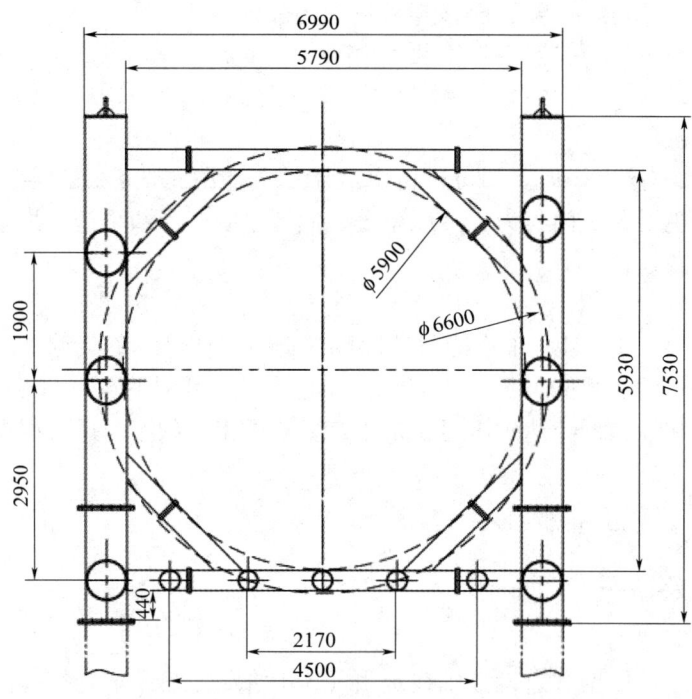

图 3.22　反力架结构示意（单位：mm）

2. 洞门密封

洞门密封分两步进行：第一步，在始发端墙施工过程中，应做好始发洞门预埋件的埋设工作，在埋设过程中预埋件必须与端墙结构钢筋连接在一起；第二步，在 TBM 正式始发之前，应清理完洞口的渣土，及时安装洞口密封翻板及橡胶帘布板，洞口密封采用折页式密封压板。

3. 洞门处理

端头结构有围护结构，采取洞门凿除处理。洞门凿除步骤如下。

第一步：竖向注浆加固，水平注浆加固从上至下分五个层次凿除外部混凝土和钢筋，保留内层钢筋，做到在始发或到达之前对端头地层的保护。

第二步：待TBM组装调试完成，出发抵达围护结构时，割除围护结构内层钢筋，再开始掘进。

4. 负环安装

负环的作用是为TBM始发时传递推进反力。始发阶段主机部分向前推进，尾部油缸向后推进，将反作用力依次传递给负环、反力架、始发井结构。TBM始发计划拼装负环管片数量为6环。负环管片安装示意如图3.23所示。

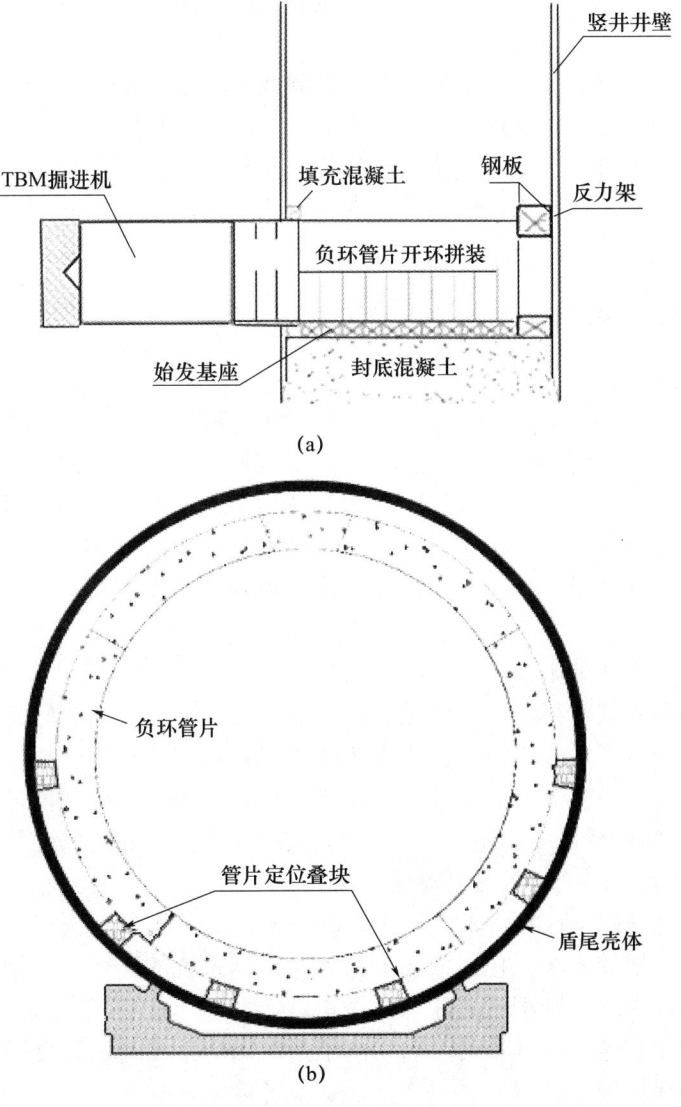

图3.23 负环管片安装示意

5. 始发掘进

（1）在进行始发台、反力架定位时，严格控制始发台、反力架的安装精度，确保TBM始发姿态与隧道设计线形符合；始发前进行基座定位时，TBM轴线与隧道设计轴线保持平行。

(2) TBM 在始发台上向前推进时，通过导轨使 TBM 沿始发台前进。

(3) 在盾尾壳体内安装管片支撑垫块，为管片在盾尾内的定位做好准备。

(4) 负环管片安装前在盾尾内侧标出第一环负环管片的位置和封顶块的偏转角度，管片安装顺序与正常掘进时相同。

(5) 安装拱部的管片时，由于管片支撑不足，要及时垫方木进行加固。

(6) 第一环负环管片定位时，管片的后端面应与线路中线垂直。管片轴线应与线路的切线重合，管片采用错缝拼装方式；第一环负环管片拼装完成后，用推进油缸把管片推出盾尾，并施加一定的推力把管片压紧在反力架上，即可开始下一环管片的安装。

(7) 管片在被推出盾尾时，要及时进行支撑加固，防止管片下沉。考虑到 TBM 推进时可能产生的偏心力，支撑应尽可能稳固。

(8) 在始发阶段既要注意控制推力、扭矩，也要注意各部位油脂的有效使用。掘进总推力不超过反力架承受能力，同时确保在此推力下刀具切入地层所产生的扭矩小于始发台提供的反扭矩。

3.3.5.3　TBM 试掘进

1. 试掘进的方法

从正式进洞的第一环正数管片开始，到 TBM 后配套系统完全进洞，负环管片拆除，系统完全达到设计生产能力为止，这一施工阶段称为试掘进。试掘进段长度为 100m，掘进 70m 后开始拆除负环管片。试掘进主要是掌握、了解、验证 TBM 适应性及施工规律的一个过程。

经数环负环管片推进，刀盘到达掌子面，即可开始刀盘驱动系统和刀盘本身的负载调试和试掘进。

试掘进的施工方法如下。

(1) 启动驱动系统，待其工作稳定后缓慢启动刀盘，设定刀盘转速在 1r/min 以内。刀盘开始切割泥土时需认真观察刀盘工作扭矩的变化，起初的工作扭矩是不稳定的，数转后扭矩即可稳定，情况正常后启动推进系统，用均匀的推力向前推进，推力不得大于 5000kN，能使刀盘驱动系统达到 30% 的工作扭矩即可。同时，观察其工作情况，维持状态掘进 1~2 环，以便充分检查各系统情况。

(2) 逐渐增加 TBM 的推力，使刀盘驱动系统达到 50%~70% 满负荷工作状态，但推力不能大于反力架的安全工作能力，观察刀盘驱动系统的噪声、震动、温度等工作指标是否正常，检查油脂、膨润土的注入是否正常。

(3) 当土仓压力达到设计值时，启动出渣系统出渣，出渣的速度要和掘进的速度匹配，使土仓压力保持稳定。

2. 试掘进的注意事项

(1) TBM 切口进入帘布前，必须先在密封仓内填充黏土，防止出洞时端头井外侧地表塌陷。

(2) 为了避免刀盘上的刀头损坏洞口密封装置，在刀头和密封装置上涂抹黄油以减小摩擦力。盾尾钢丝刷需用专门的装置安装牢固,盾尾钢丝刷中必须充满盾尾油脂。

(3)在盾壳两侧靠近始发基座处焊接防扭桩,用以克服刀盘旋转时产生的反扭矩,防止 TBM 主机在始发基座上滑行期间,扭矩过大造成 TBM 主机侧翻。

(4)严格控制 TBM 操作,调节好 TBM 推进千斤顶的压力差,防止 TBM 发生旋转、上飘或磕头。

3.3.5.4 TBM 掘进

1. TBM 掘进流程

TBM 掘进流程如图 3.24 所示。

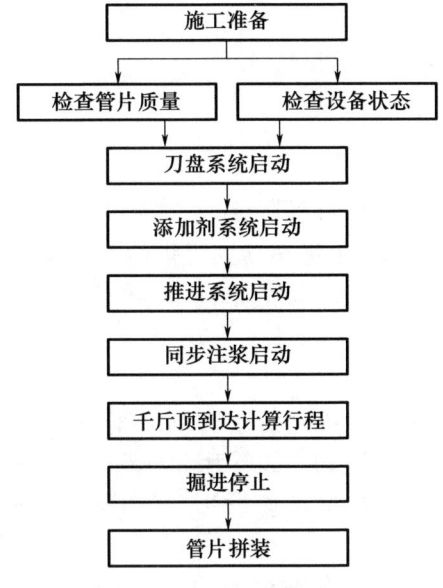

图 3.24 TBM 掘进流程

2. TBM 掘进方向控制及纠偏

由于地层不均、隧道曲线和坡度变化以及操作不当等因素的影响,TBM 掘进不可能完全按照设计的隧道轴线前进,而会产生一定的偏差。当这种偏差超过一定限度时就会使隧道衬砌侵限、盾尾间隙变小,使管片局部受力恶化,因此 TBM 施工过程中必须采取有效技术措施控制掘进方向,及时有效纠正掘进偏差。

(1)TBM 掘进方向控制。

根据以往 TBM 施工经验,结合本区间的具体情况,采取以下方法控制 TBM 掘进方向。

① 以演算工房测量系统为主、人工测量为辅进行 TBM 姿态监测。该系统配置了导向、自动定位、掘进程序软件和显示器等,能够全天候在主控室动态显示 TBM 当前位置与隧道设计轴线的偏差以及趋势,可调整控制 TBM 掘进方向,使其始终保持在允许的偏差范围内。

② 通过分区操作 TBM 推进油缸控制掘进方向。根据分段轴线拟合控制计划、导向系统反映的 TBM 姿态信息,结合隧道地层情况,通过分区操作 TBM 的推进油缸来控

制掘进方向。在上坡段掘进时，则适当加大 TBM 下部油缸的推力；在下坡段掘进时，则适当加大上部油缸的推力；在左转弯曲线段掘进时，适当加大右侧油缸推力；在右转弯曲线段掘进时，则适当加大左侧油缸的推力；在直线平坡段掘进时，应尽量使所有油缸的推力保持一致，在实际操作过程中应按实际情况而定。

（2）TBM 掘进纠偏。

在实际施工中，由于地质突变等原因，TBM 掘进方向可能会偏离设计轴线并超过管理警戒值；在稳定地层中掘进时，因地层提供的滚动阻力小，可能会产生盾体滚动偏差，具体纠偏措施有：通过分区操作推进油缸来调整 TBM 姿态，纠正偏差，将 TBM 的方向调整到规定的范围内；当滚动偏差超限时，TBM 会自动报警，此时应采用刀盘反转的方法纠正滚动偏差。

3.3.5.5　水平运输、垂直运输及渣土外运

1. 水平运输

（1）隧道内轨线布置。

左右线隧道内均采用 43kg 钢轨铺设单线运输轨线，钢轨中心距为 900mm，钢轨枕采用圆弧轨枕，间距为 0.6m，用压板螺栓固定钢轨，轨枕间用钢筋拉牢。在茶涪路站小里程明挖段始发井铺设双线。铺设双线便于列车编组会车、渣车出渣、下材料等，区间隧道内铺设单线。

（2）出渣。

当 TBM 掘进渣装车时，皮带机把渣土卸到渣车内，同时电瓶车牵引渣车缓慢前移，将渣车装满。材料车与渣车脱钩，卸管片和材料，当渣车装满后再与材料车相接，电瓶车拉至工作井内，由龙门吊吊出卸渣，完毕后再将空车放回井内，再由进料口吊装洞内所需材料。

配备 2 列编组列车，当一列车装满渣土准备运出时，另一列车已装好材料停放在 TBM 始发井会车道上，在管片安装完成前此列车可到达工作面，可以继续掘进下一环。这样在 TBM 掘进过程中始终保持有列车保证出渣，从而确保施工进度与掘进效率。

2. 垂直运输

该标段工程的左右线垂直运输通过 2 台悬臂门吊完成，该门吊的移动方向和隧道方向一致。

3. 渣土外运

渣土外运集中在夜间进行，首先利用挖掘机将渣坑中的渣土装入封闭式运输汽车，然后按照业主拟定路线运输至业主指定的弃渣点，在场地出渣门口设置洗车槽，运输车辆出施工场地前进行清洗，计划安排 22t 带盖、密封性良好的自卸汽车外运渣土，避免渣土在运输中撒漏，影响城市环境。

3.3.5.6　同步注浆

1. 注浆设计

采用水泥砂浆作为同步注浆材料，水泥采用 P·O 42.5 普通硅酸盐水泥。

同步注浆材料初步配合比见表 3.2，掘进中根据地质、周边环境等进行现场调整。

表 3.2 同步注浆材料初步配合比

材料	水泥	粉煤灰	膨润土	砂	水	外加剂
质量（kg）	120～260	241～381	50～60	779	460～470	根据试验按需加入

胶凝时间：一般为 3～10h，根据地层条件和掘进速度，通过现场试验加入促凝剂及变更配合比来调整初凝时间。对于强透水地层和需要通过注浆来提供较高的早期强度的地段，可通过现场试验进一步调整配合比和加入早强剂，进一步缩短胶凝时间，获得早期强度，保证良好的注浆效果。

固结体强度：1d 不小于 0.2MPa（相当于软质岩层无侧限抗压强度），28d 不小于 2.5MPa（略大于强风化岩天然抗压强度）。

浆液结石率：大于 95%，即固结收缩率小于 5%。

浆液稠度：8～12cm。

浆液稳定性：倾析率（静置沉淀后上浮水体积与总体积之比）小于 5%。

理论注浆量：4.44m^3。

同步注浆速度应与掘进速度相匹配，按在 TBM 完成一环掘进的时间内完成当环注浆的注浆量来确定其平均注浆速度。

同步注浆时要求地层中的浆液压力大于该点的静止水压及土压力之和，做到尽量填补而不宜劈裂。若注浆压力过大，隧道将会被浆液扰动而造成后期地层沉降及隧道本身的沉降，并易造成跑浆；若注浆压力过小，浆液填充速度过慢，填充不充足，会使地表变形增大。该项目同步注浆压力设定为 0.3～0.5MPa，并根据监控量测结果做适当调整。

采用注浆压力和注浆量双指标控制标准，即当注浆压力达到设定值，注浆量达到设计值的 90% 以上时，即可认为达到了质量要求。

2. 同步注浆方法

同步注浆与 TBM 掘进同时进行，通过同步注浆系统及盾尾的内置注浆管，在 TBM 向前推进盾尾空隙形成的同时进行，采用双泵四管路（四注入点）对称同时注浆，如图 3.25 所示。

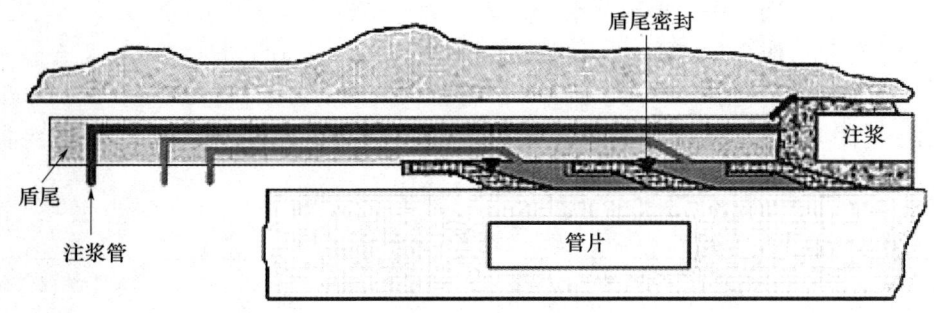

图 3.25 同步注浆示意

注浆采用自动控制方式。注浆工艺流程如图 3.26 所示。

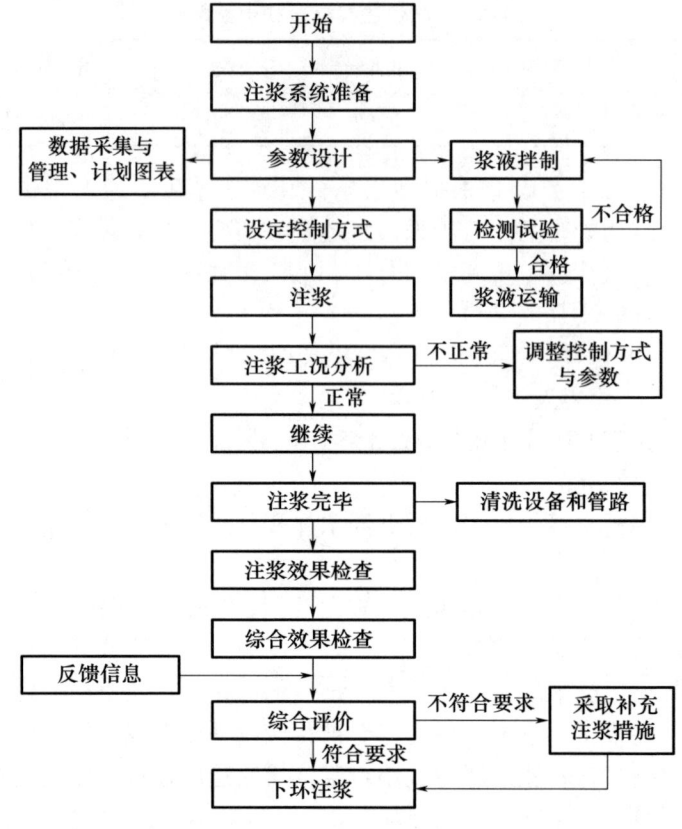

图 3.26　注浆工艺流程

3. 二次注浆

同步注浆后使管片背后环形空隙得到填充，多数地段的地层变形沉降得到控制。同步注浆浆液凝固过程中，可能存在局部不均匀、浆液凝固收缩和浆液稀释流失等问题，为提高背衬注浆层的防水性及密实度，并有效填充管片后的环形间隙，根据监测结果，必要时进行二次注浆。

二次注浆采用双液浆作为注浆材料，对同步注浆起到加强作用，同时对管片周围的地层起到充填和加固作用。当地下水特别丰富时，需要对地下水进行封堵，进行封水环施工。为了尽早形成高黏度浆液，以便在浆液向空隙中充填的同时将地下水疏干（将地下水压入地层深处），获得最佳充填效果，需要将浆液的凝胶时间调整至 1~4min，必要时二次注浆可采用水泥-水玻璃双液浆。双液浆的初步配合比见表 3.3，浆液性能指标见表 3.4。

表 3.3　双液浆初步配合比

名称	水玻璃	水灰比	稳定剂	减水剂	A、B液混合体积比
数值	35°Bé	0.8~1.0	2%~6%	0~1.5%	1∶1~1∶0.3

表3.4 浆液性能指标

注浆方式	性能指标					
	稠度（cm）	比重（g/cm³）	结石率（%）	凝胶时间（h）	1d抗压强度（MPa）	28d抗压强度（MPa）
二次注浆	12.5~13.0	1.43~1.55	≥97	<4	≥0.3	≥4.5

注：1. 水泥采用P·O 42.5普通硅酸盐水泥。
2. 二次注浆采用KBY-50/70注浆泵。二次注浆的注浆管路及平台自制，能够实现快速接卸以及密封不漏浆功能，并配有止浆阀。
3. 二次注浆的注浆压力选定为0.5~0.6MPa，注浆量根据监测到的空隙和监控量测结果确定。注浆时主要以注浆压力控制。

3.3.5.7 管片场内运输与堆放及防水材料粘贴

1. 管片场内运输与堆放

施工场地间的管片运输采用55t门吊卸车，叉车倒运，管片运输车进行洞内运输。

到场管片应排列堆放整齐，并搁置在柔性垫条上，垫条厚度要一致，搁置部位上下一致。

管片堆放区地坪采用20cm厚C20混凝土地坪，坚实平整，管片应内弧面向上堆放整齐，堆放高度为3块。

2. 防水材料粘贴

按照设计，选购专业厂商生产的性能优良的防水密封条、黏结剂，并对进场的防水材料按国家相关标准进行严格的检验，确保其质量合格后再使用。

管片防水密封条粘贴采用涂刷氯丁-酚醛胶结剂的方式。涂刷前，管片应干燥洁净，涂刷应均匀，密封垫沟槽应满涂；黏结剂涂刷后，晾置一段时间（一般10~15min，依据气温、湿度不同进行调整），待手指接触不黏时，再将加工好的框形橡胶圈套入密封垫沟槽内；密封垫（框形橡胶圈）粘贴后，管片四个角部不得出现耸肩、塌肩现象，整个密封垫表面应在同一个平面上，严禁歪斜、扭曲。

每环管片防水密封条粘贴后，应在8h之后，才能运进洞使用。

管片角部为防水的薄弱环节，角部密封垫应铺设到位，必要时在管片角部设遇水膨胀橡胶薄片，以加强防水密封效果。

冬季橡胶防水密封条的使用按照设计及产品说明书进行。

对粘贴好防水密封条的管片，在运输和装拼中应避免擦碰、剥离、脱落或损伤。

3.3.5.8 管片选型与拼装

1. 管片选型

（1）管片选型要适合隧道设计线路。

依照曲线的圆心角与转弯环产生的偏转角的关系，以及转弯环偏转角的计算公式、圆心角的计算公式，可以设计区间线路曲线段的通用环布置方式，结合线路就可以将管片大致排列出来。

（2）管片选型要适应TBM姿态。

管片是在盾尾内拼装，所以不可避免地受到TBM姿态的制约。管片平面应尽量垂直于 TBM 轴线，即 TBM 的推进油缸能垂直地推在管片上，这样可以使管片受力均匀，掘进时不会产生管片破损。保证管片与盾尾之间的空隙，避免 TBM 与管片发生碰撞而损坏管片。在实际掘进过程中，TBM 因为地质不均、推力不均等原因，经常要偏离隧道设计线路。所以当 TBM 偏离设计线路或进行纠偏时，要十分注意管片选型，避免发生重大事故。

（3）根据盾尾间隙进行管片选型。

通常盾尾与管片之间的间隙叫盾尾间隙。如果盾尾间隙过小，盾壳上的力直接作用在管片上，则在 TBM 掘进过程中盾尾将会与管片发生摩擦、碰撞，轻则增加 TBM 向前掘进的阻力、降低掘进速度，重则造成管片错台（TBM 掘进过程中通过调整 TBM 间隙可大大减小管片错台量）。TBM 若一边间隙过小，则另一边相应变大，这时盾尾尾刷密封效果降低，在注浆压力作用下，水泥浆很容易渗漏出来，破坏盾尾的密封效果。

盾尾间隙是管片选型的一个重要依据。每次安装管片之前，对管片的上、下、左、右四个位置进行测量。如发现有一方向上的盾尾间隙很小，就要用通用环的楔形量对盾尾间隙进行调节。调整的基本原则是：哪边的盾尾间隙过小，就选择拼装反方向的点位。

（4）根据油缸行程差进行管片选型。

TBM 是依靠推进油缸顶推在管片上所产生的反力向前掘进的，把推进油缸按上、下、左、右四个方向分成四组。每一个掘进循环中，这四组推进油缸的行程的差值反映了 TBM 与管片平面之间的空间关系，可以体现下一掘进循环盾尾间隙的变化趋势。当管片平面不垂直于 TBM 轴线时，各组推进油缸的行程就会有差异，当这个差值过大时，推进油缸的推力就会在管片环的径向产生较大的分力，从而影响已拼装好的隧道管片以及掘进姿态。

在进行管片选型的时候，既要考虑盾尾间隙，又要考虑油缸行程的差值。而油缸行程的差值更能反映 TBM 与管片平面的空间关系，通常情况下应把油缸行程的差值作为管片选型的主要依据。只有在盾尾间隙接近于警戒值（15mm）时，才根据盾尾间隙进行管片选型。

2. 管片拼装

管片拼装是 TBM 法隧道施工的一个重要工序，用环、纵向螺栓逐块将高精度预制钢筋混凝土管片组装起来，整个工序由 TBM 司机、管片拼装机操作员和拼装工配合完成。

（1）管片安装流程。

管片安装流程如图 3.27 所示。

（2）管片拼装要点。

① 根据设计图要求，相邻两环管片错缝拼装。

② 管片使用通用环，安装满足隧道设计轴线要求，重点考虑管片安装后盾尾间隙要满足下一掘进循环限值要求。管片安装前根据盾尾间隙和推进油缸行程差选择拟安装管片的方式。

③ TBM 掘进行程结束，所有推进油缸伸出的长度都大约在 1.8m 时，TBM 停止掘进，进行管片安装。

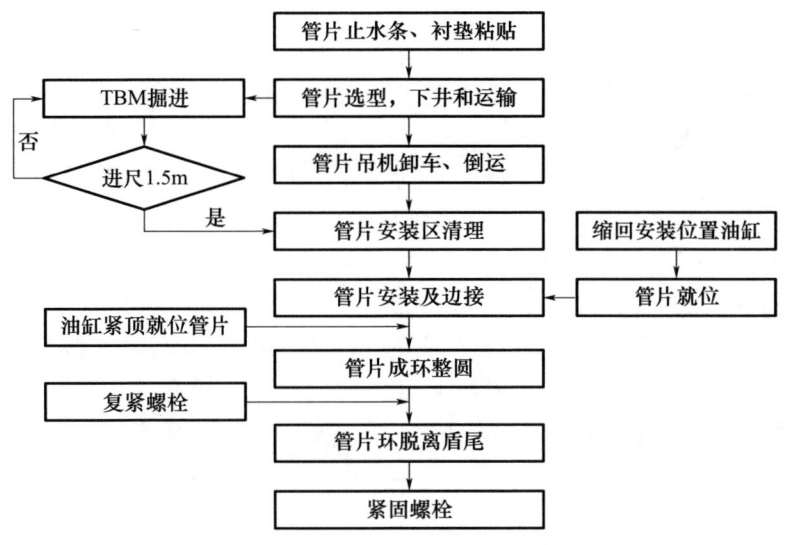

图 3.27 管片安装流程

④ 管片安装前需对安装区进行清理以保证管片安装精度。

⑤ 管片安装时必须从隧道底部开始。每安装一块管片，立即将管片连接螺栓插入连接，并戴上螺帽用电动扳手紧固。

⑥ 在安装封顶块时先搭接 1.0m 以安装机径向顶进，调整位置后缓慢纵向顶推，为防止封顶块顶入时损坏防水密封条，应对防水密封条涂润滑油做润滑处理。

⑦ 管片环脱离 TBM 尾后要及时对管片连接螺栓进行二次紧固。

⑧ 安装管片时采取有效措施避免损坏防水密封条，并应保证管片拼装质量，减少错台，保证其密封止水效果。安装管片后顶出推进油缸，拧紧连接螺栓，保证防水密封条接缝紧密，防止由于相邻两环管片在 TBM 推进过程中发生错动，防水密封条接缝增大和错动，影响止水效果。

3.3.5.9 TBM 到达

1. 测量

TBM 掘进施工范围内时，应对 TBM 的位置进行准确的测量，明确隧道中心轴线与隧道设计中心轴线的关系，同时应对接收洞门位置进行复核测量，确定 TBM 的贯通姿态及掘进纠偏计划。

在确定 TBM 的贯通姿态时须注意两点：一是 TBM 贯通时的中心轴线与隧道设计轴线的偏差；二是接收洞门位置的偏差。

2. 洞门处理

当 TBM 逐渐靠近端头时，应加强对土体的观测，在 TBM 刀盘抵达端头时，停止推进，迅速将泥土清理干净。

3. 洞门圈封堵

在 TBM 贯通开挖面前安装防水装置。

当 TBM 前体盾壳被推出洞门时调整压板使其尽量压紧帘布橡胶板，以防止泥土及浆液漏出。

在最后一环管片拼装完成后，对洞门圈进行注浆填充。注浆的过程中要密切关注洞门的情况，一旦发现有漏浆的现象，应立即停止注浆并进行处理。

4. 接收基座的安装

接收基座的中心轴线应与隧道设计轴线一致，兼顾 TBM 到达姿态。接收基座的轨面标高应适应线路情况。为保证 TBM 刀盘贯通后拼装管片有足够的反力，将接收基座以 TBM 进洞方向＋5‰的坡度进行安装。

5. 到达段的掘进

根据到达段的地质情况确定合理的掘进参数。在最后 20 环管片拼装中要及时将管片连接成整体，以免在推力很小或者没有推力时管片之间松动，拉紧联系条采用〔14b 槽钢，在起重螺母处用 ϕ50mm 螺纹及 M36 螺栓连接，拉紧装置在管片拆除前或 TBM 推力卸去前设置安装。

6. 注意事项

到达前距离 200m 时，每 50m 要进行导线和高程复测，同时应对到达洞门进行测量，以精确确定其位置。

以 50m 为起点，结合洞门位置，参照设计线路，每一环都必须严格按掘进计划进行。

到达前 20 环要采取辅助措施加强管片环间连接，以防 TBM 掘进推力的减小引起环间松动造成漏水。

到达前 6 环的掘进要确保到达端墙的稳定、防止地层坍塌，调整注浆配合比，确保注浆效果，以防涌水、涌泥而引起地层坍塌。

3.3.5.10　TBM 拆卸

1. 准备工作

TBM 到达后应制订详细的拆卸计划，拆卸工作必须有专人负责指挥，保证拆卸工作安全有序。

拆机前必须准备好拆卸所需的各种设备机具，即组装时所用的工具，保证风、水、电的供应，同时做好设备的检修和管线标识等工作，为下一次组装提供方便。

按包装类别和设备的状态情况进行设备分类，以便拆机后的设备修理和性能恢复。对已拆除的设备进行清洗包装，按性能进行修复。

大件的吊卸由 600t 吊机完成，后配套拖车由 100t 吊机完成。拆卸主要设备：600t 汽车吊一台，100t 汽车吊一台以及相应的吊具。

2. 拆卸步骤

TBM 在吊出到达井后进行拆卸，主要步骤如下。

① 将 TBM 推至站前接收井处。

② 断开所有的液压、电气、控制、监测系统的管路和线路连接。

③ 拆除刀盘。

④ 依次拆除盾尾、管片安装机、支撑环等。

⑤ 将切口环吊出到达井。

⑥ 依靠电瓶车依次将后配套拖车推至隧道出口处吊出。
⑦ 拆除所有设备和材料，完成 TBM 的拆卸任务。

3.4 地铁高架区间施工

3.4.1 地铁高架区间的内涵与结构

在狭义上，地铁工程主要指在地下隧道区间中运行的城市地下轨道交通运输系统。然而在广义上，地铁工程会根据对所修建的区间环境和预算成本的考虑，将某一区间的地铁在地面上以高架的形式修建。因此，地铁工程是一个包含地下隧道区间和地上地面区间、高架区间的综合性城市轨道交通运输系统。

地铁高架区间往往不被大多数人熟知，大概有两个原因：其一，大部分人认为地铁是一个纯粹的地下工程，只有以隧道的形式建设在地下才能称为地铁；其二，有的城市地铁虽然存在高架区间，但由于其修建在地上而被错误地认为是轻轨，而不是地铁。但实际上，地铁和轻轨并不是简单地以修建在地上和地下来区分的。两者主要区别在于其人员乘坐高峰期内的单向最大每小时客流量，地铁为大运量系统，高峰期输送乘客的能力为 3 万～6 万人次/小时；轻轨为中运量系统，高峰期输送乘客的能力为 1 万～3 万人次/小时；同时地铁和轻轨由运量决定的车辆轴重与线路技术均存在差异。此外，由于技术标准不同，二者在造价上也会有所差异。

地铁高架区间上部结构多采用简支梁或连续梁结构体系，在特殊地段也可采用悬臂结构体系等其他特殊结构体系。由于简支梁结构简单，受力明确，容易做到标准化、工厂化制造，安装架设方便，施工速度快，适用于中小跨度。当跨度较大时，连续梁结构能降低材料用量，减少伸缩缝数量，改善行车条件，提高桥梁的可靠性和耐久性。

高架桥的结构选型包括上部梁结构和下部墩结构。上部梁的结构类型有箱梁、槽形梁、空心板梁、下承式脊梁和 T 梁等，其中箱梁在地铁高架桥结构中采用较多。下部桥墩的结构类型有单柱式墩、双柱式墩和钢架墩等。在控制地段桥梁跨越道路或建筑物时，可根据实际情况结合城市景观要求采用钢架墩。

3.4.2 地铁高架施工的特点

地铁的高架区间施工与地下施工相比较，施工难度和技术要求相对低，但受到周边环境和气候等因素的影响更多，其具体特点如下。

（1）高架施工面临的环境更为复杂，施工中要考虑到线路周边地上存在的大量邻近建（构）筑物、地下存在的各种管线，工程地质与水文情况也更为复杂，面临大量的不确定性因素。

（2）高架线路的规划多毗邻居民区、交通繁忙地段，甚至有些地方还是多种交通方式的交会地段，施工期间对周边交通影响大，给居民的出行带来较大的不便。

（3）施工过程中分部分项工程较多，各种施工作业穿插其中，施工的方法交叉变换，高支模工程多、高空作业频繁，施工难度大，易造成高空坠落。

（4）施工过程中，使用的机械设备繁多，易造成噪声和扬尘等污染，给临近居民的生活带来较大的不便，易引来居民投诉。

3.4.3 地铁高架区间施工工艺流程

地铁高架区间施工主要在高架桥梁上。其主要施工工艺流程为：桩基础施工→承台施工→桥墩施工→梁体施工→桥面系及附属工程施工。

3.4.3.1 桩基础施工

地铁高架桥桥墩的施工对沉降的要求十分严格，故采用的多是独立承台下桩基础，其桩基主要有预应力高强混凝土（the Prestressed High-intensity Concrete，PHC）管桩、预制钢筋混凝土方桩、钻孔浇筑桩和挖孔桩。

高架施工中多采用钻孔浇筑桩，其主要的施工工序为：场地平台准备→埋设钢护筒→钻机就位→钻进→中间检查→终孔→清孔→检孔→安放钢筋笼→安放导管→二次清孔→浇筑混凝土→凿桩头→桩基检测。

3.4.3.2 承台施工

承台施工主要包括钢筋的绑扎、模板的安装以及混凝土的浇筑。其详细的流程为：测量放样洒灰线→桩施工→凿桩头钢筋→浇筑混凝土垫层→测设承台中心线和边线→检测桩身质量→绑扎钢筋→立侧模及内外支撑→插立柱钢筋→浇筑混凝土→拆模→养护及基坑回填。

3.4.3.3 桥墩施工

桥墩施工工艺流程如图 3.28 所示。

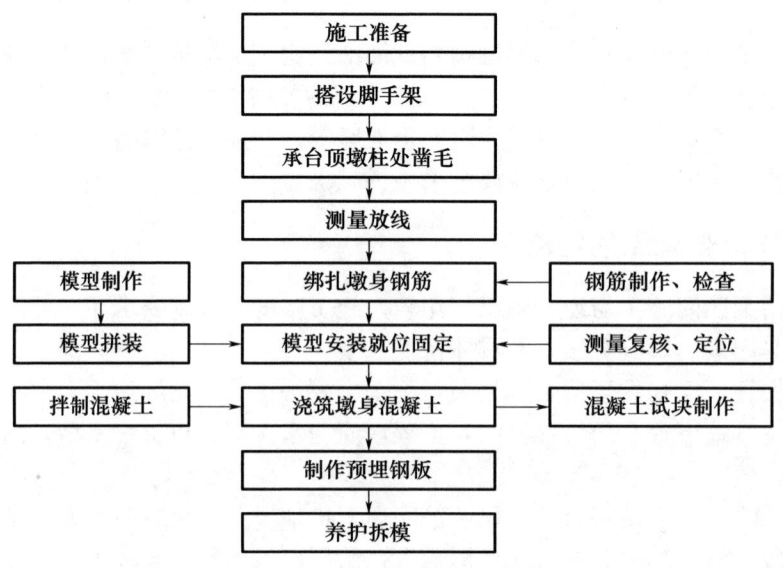

图 3.28 桥墩施工工艺流程

3.4.3.4 梁体施工

地铁高架的梁体按照形式主要分为板梁、箱梁、槽形梁和T形梁。其具体施工步骤如下。

1. 板梁的施工

板梁分为先张法预应力空心板梁和后张法预应力空心板梁。板梁的长度和质量相对较大,当吊装高度大时,一般采用双机台吊法安装。实施双机台吊的关键是合理选择吊车的最佳位置和吊装过程中两吊车间动作的协调。

2. 箱梁、槽形梁和T形梁的施工

混凝土箱梁一般采用满堂支架原位现浇施工,遇软弱地基时,可选用梁柱式模板支架方案;混凝土箱梁也可根据工程技术和经济条件,在预制场内预制,采用吊车、架桥机架设安装。槽形梁和T形梁一般在预制场内预制,用吊车、架桥机或移动支架架设安装。

3.4.3.5 桥面系及附属工程施工

桥面系及附属工程施工主要是对桥面进行布置,主要包括桥面铺装层施工、伸缩缝施工和排水施工等,简要介绍如下。

1. 桥面铺装层施工

桥面铺装层的施工质量是保证高架桥安全运用的前提条件。为了避免桥面铺装层施工中桥面铺装层与行车道板黏结不牢固,沥青混凝土面层、桥面混凝土平层、桥面铺装结构层间结合以及防水层卷材接茬处等施工不规范,造成桥面铺装层产生早期破坏现象,影响桥梁的耐久性和实用性,桥面铺装层的施工应严格按照施工工艺流程进行。桥面铺装层的一般施工工艺流程为:施工准备→加工和安装钢筋→制作和安装模板→拌制和铺设混凝土→后期养护。

2. 伸缩缝施工

伸缩缝施工的一般施工工艺流程为:施工前准备工作→切缝→开槽→伸缩装置的安装。

3. 排水施工

高架桥排水包括桥面表面排水和桥面铺装层内部排水。排水施工的一般流程为:桥面找平层和垫层施工→保证桥面强度→桥面状况处理→保证桥面干燥→伸缩缝和泄水口的处理。

3.4.4 高架区间施工安全

3.4.4.1 高架区间施工安全策划

针对高架工程的特点,在进行高架区间施工时,应重点从以下几个方面进行安全策划。

1. 高架工程对工程周边环境的影响

高架工程基坑、基础、墩部、梁部、桥面及轨道的施工,均存在着较多危害周边建

地铁施工与安全控制

（构）筑物、地下管线等工程周边环境的危险因素。为此，施工单位应制订和实施周边建（构）筑物、地下管线保护方案和监控与监测方案，对施工影响范围内的建（构）筑物和地下管线进行跟踪监测，及时处理数据，反馈信息，指导施工。

2. 高架工程施工对自然环境的影响

高架工程在施工建设中需要进行开挖、填筑、钻孔、设置预制场、使用大型动力机械，以及采集和使用大量水泥、砂、碎石等建筑材料，必然对周围环境造成"三废"（废物、废水、废气）污染和噪声污染。为此，施工单位应制订和实施切实可行的"三废"处理和噪声控制方案。

3. 高架工程施工对周边交通的影响

处理地铁高架工程施工的首要问题是确定合理的交通组织方案。确定交通组织方案首先要对施工所影响的道路交通流量、交通工具分布、交通密集时段情况进行周密的调查和分析，分别为确定基本交通畅通所需的道路宽度、最小净空高度和交通管理部门合理安排与调整车辆通行时段提供依据。地面交通组织方案要得到交通管理部门的认可和批准，并且在交通管理部门的支持和配合下实施。

4. 高架工程本身重大风险源控制

与地下区间隧道相比，高架区间施工本身的重大安全风险主要出现在桥墩混凝土箱梁、混凝土浇筑的高支模工程，预制梁（板梁、箱梁、T形梁、槽形梁）的吊装工程和预制箱梁、槽形梁使用架桥机安装就位过程。这些作业在地面上空进行，一旦出现事故，除威胁现场施工人员外，还将威胁社会车辆、人员和建（构）筑物，因此这些危险性较大的分部分项工程安全专项施工方案需认真编制、进行专家论证和审批，并严格落实。

3.4.4.2　高架区间施工安全风险源

地铁高架工程施工安全风险来源可归纳为以下几个方面。

1. 作业人员未按规定操作

不按规定佩戴劳动保护用品；酒后或疲劳作业；施工中违章用电；特种作业人员无证上岗；施工设备的违规操作，起重吊装违规操作等。

2. 施工安全防护措施欠缺

施工前对地下管线、地下构筑物等未做完全调查，盲目施工；支架、模板支撑、脚手架或工作平台施工前未进行验算与设计或未经检验合格，强度、刚度、稳定性和地基承载力不足，搭设不牢固以及拆除顺序、措施不当；支座、梁等预制构件安装作业过程中无防风措施，雨季施工无防雷击措施，冬季施工无防滑措施；跨越市政道路、公路及其他交通设施时无防护措施；在通航河流上施工时未设立标志和防撞装置，水上施工无防护和救生措施；高处作业未设置防护栏杆，未按规定设置防坠物设施，未划定禁行区而导致区域下方有行人车辆通过；相关设备未按规定进行安装、合格验收和定期检查，非标设备未按规定进行验算、设计、制造等。

3.4.4.3　高架区间施工安全风险控制措施

1. 风险控制的总体要求

高架工程施工前，应详细核对技术设计文件、图纸和相关文件，同时对施工现场进行调查研究，编制相应的安全技术措施；高桥、大跨、深水、结构复杂的大型桥梁施工，应对施工安全技术措施做专题调查研究，采用先进的技术、设备，采取切实可靠的防护措施；单项工程（包括辅助结构、临时工程）开工前，应制定安全操作细则，向施工人员进行安全技术交底。

高架工程施工的辅助结构、临时工程及大型设施等，均应按有关规定做好安全防护措施，安全设施完成后，需经检验合格。

特殊结构的桥涵，采用新技术、新工艺、新材料、新设备时，应制定相应的有针对性的安全技术措施，通过试验和检验，证明可行后方可实施。

高架工程施工，应尽量避免双层或多层同时作业。当无法避免多层同时作业或桥下通航、通车及行人等立体施工时，应设防护棚、防护网、防撞装置，以及醒目的警示标志、信号等，切实做好安全防护措施。

在通航河道上施工，应事先与航运部门协商，清除河道内障碍物，办理航标设置和公告发布等事宜；施工完毕，应对施工影响河道进行清理；水上作业时，应配备救生船只和其他救生设备。

高架桥上进行铺架作业时，桥下禁止车辆、行人、船只和其他交通工具通过。

当高架工程施工遇到影响作业安全的大风、暴雨等恶劣天气时，应停止施工。

2. 模板作业风险控制措施

模板施工伴随着现浇施工贯穿整个高架工程施工过程。下面主要介绍模板运输、安装和拆除的安全控制要点。

（1）模板运输。

在工地运输模板时应进行临时捆绑，不应超载，避免运输途中滑落。模板运送至指定施工地点后，应安放在合适地点，防止阻塞交通和损坏。

（2）模板安装。

桥梁的高桥墩或上部结构采取原位现浇法施工时，其模板的安装属于重要施工安全管理环节，应做好以下几方面的工作。

① 安装模板之前应预先搭设好支架和作业平台，并保证其强度与稳定性。工作平台建在高处时，其外侧应设栏杆及上下扶梯，达到 10m 以上时还应加设安全网。

② 整体模板吊装前，模板要连接牢固，内撑拉杆，箍筋应上紧，并应对吊机、钢丝绳等相关机具进行检查，应符合正常使用的要求。吊点要正确牢固。起吊时，应拴好溜绳，并听从信号指挥，不能超载。在吊装过程中，模板行走路线下禁止员工停留或通过。

③ 模板就位后，应立即固定位置，防止倾倒砸人。

④ 支立高空模板时，作业人员应佩戴安全带，并拴于牢固处。

⑤ 模板安装完毕后应进行验收。

⑥ 在浇筑高架工程混凝土前，应进行预压，测试支架、地面和桥墩能否承受设计质量。卸载时，要注意均匀卸载，防止受力不均匀引发坍塌。

（3）模板拆除。

拆除模板时，应按设计和施工规定的拆除程序进行，并划定禁行区，严禁行人通过。拆除水面上模板时，应配有工作船、救护船。

3. 起重吊装作业风险控制措施

地铁高架工程施工过程中，大量的建筑材料、预制构件需要进行吊装倒运，起重吊装过程中容易发生坠物伤人，造成人身财产损失。施工单位应根据高架工程的施工特点以及具体的作业环境，对危险性大、环境复杂的吊装作业编制安全专项施工方案。同时，要注意高架工程起重吊装由以下原因造成起重机械倾覆的特殊风险。

（1）大量使用臂式起重机械（如汽车吊），容易因超载、臂架变幅或旋转过快等错误操作而引起起重机倾覆。

（2）起重机械作业场地不断变化，一旦地基不平坦、不坚实，或者支腿没有全部伸出，容易导致起重机倾覆。

（3）因地面空间受限，需要起重机械定位在已建好的高架桥上作业时，更容易因操作失误造成起重机倾覆。

（4）在河道上架设高架区间，当需要使用起重船时，起重船的稳定性直接影响起重作业的安全性。

4. 高处作业风险控制措施

地铁高架工程中桥墩、桥梁上部结构、桥面及附属工程和铺架作业等都与高处作业密切相关，高处作业是整个地铁高架工程施工安全管理工作的重点之一，可从以下几个方面加强安全管理，避免事故发生。

（1）施工作业人员。

施工前，作业人员经过安全教育及安全技术交底，架子工等特殊作业人员应具有特种作业操作证。作业时，应正确佩戴安全带、安全帽等安全防护用品。

（2）特殊施工气候。

高架工程应按规定设置避雷设施；雨雪天气进行高处作业时，需采取可靠的防滑、防寒、防冻措施，及时清除水、雪、冰、霜；六级及以上强风、暴雨、浓雾等恶劣天气严禁进行室外攀登与悬空作业；暴风雪及台风暴雨前后，应对高处作业安全设施进行逐一检查，发现异常立即采取加固措施。

（3）临时构造物。

① 支架（脚手架）。支架（脚手架）的选材、配件、搭建和构造应符合相关规定的要求；支架（脚手架）的地基应满足承载力和沉降量要求，并采取防排水和防冻融措施，当位于城市道路附近时，应有防止车辆冲击的措施。要经常对支架（脚手架）的强度、稳定性、刚度、构造要求等容易引发安全事故的指标和因素进行检查，发现问题应立即整改。施工过程中，从业人员应从专用的通道或爬梯上下，严禁攀登支架（脚手架）。

② 操作平台。移动式操作平台应具有足够的强度、刚度和稳定性，并应标明容许荷载值，使用过程中严禁超过容许荷载；操作平台四周应设置防护栏杆，并设置登高扶梯。悬挑及悬挂式钢平台的支撑点与拉结点应设置在稳定的支点上；钢平台安装时，挂钢丝绳的挂钩应挂牢。应经常检查操作平台刚度、强度、稳定性、安装要求等指标和因素，发现问题应立即整改。

（4）临边作业。

临边作业是高处作业中经常遇见的作业形式，是事故的易发源，因此应特别注意临边作业的防护措施。防护措施包括以下内容：孔洞、基坑周边、墩台顶、桥面周边、脚手爬梯与建筑物通道的两侧边等，应设置符合标准的盖板或栏杆和警告牌。

5. 桩基础作业风险控制措施

当地基的上覆软土层很厚，采用一般地基处理方法不能满足设计要求或耗费巨大时，往往采用桩基础将高架区间的荷载传递到深度合适的坚硬土层上，以保证高架区间对地基稳定性和沉降量的要求。下面从预制桩施工和成孔施工两个方面介绍桩基础作业风险控制措施。

(1) 预制桩施工。

预制桩可以经锤击、振动、静压或旋入等方式设置就位，其主要安全风险是物体打击、触电和机械伤害。

打桩机及机架等拼装完毕后，应对机具、设备和安全防护设施进行全面检查验收，确认合格后，方可施工。打桩机架移动时，机体应平稳，禁止将桩锤悬起，桩锤应放在机架的最低位置，严禁边移边起锤，机架移到桩位上稳固后方准起锤；打桩机启动后，作业人员应暂离基桩；振打中出现振桩回跳，机械发生异响，应停振检修；振动下沉过程中，严禁进行机械维修和保养；振动打桩机在停止作业后，应立即切断电源。

(2) 成孔施工。

成孔施工包括机械挖孔和人工挖孔。

① 机械挖孔。机械挖孔常用一般钻机、冲击钻机、旋挖钻机或套管钻机。安全风险主要有机械伤害、物体打击、触电和淹溺等。控制要点：钻机稳定；钻头、卷扬机、钢丝绳、泥浆泵、水泵、高压胶管及相互之间的连接装置以及电气设备完好正常；停钻后孔口遮盖防护。

② 人工挖孔。人工挖孔桩基础是一种限制使用的工法，特殊场合需要采用时，建设单位应按有关规定会同勘察设计单位报当地建设行政主管部门审批。施工过程中主要存在孔内中毒、缺氧、坠物伤人、土体坍塌、触电、高空坠落等风险。在地面挖孔时，夜间作业应悬挂示警红灯；挖孔作业暂停时，孔口应设置罩盖及标志。相邻两孔中，当一孔爆破或浇筑混凝土时，另一孔的挖孔人员应停止工作，并撤出井孔。

6. 围堰作业风险控制措施

当高架桥跨越河流，在河流中施作基础时，需架设围堰以保证施工安全。基坑围堰施工可能出现洪水暴涨、漏水渗入、流砂、涌泥（砂）或支撑变形等风险。常用的围堰形式有土（草）围堰、钢板桩围堰、钢套箱围堰和双壁钢围堰。围堰结构应坚固牢靠，能承受水、土和外来的压力，保证防水严密。围堰的构造应简单，符合强度、稳定性、防冲和防渗要求，并应便于施工、维修和拆除。

7. 桥梁墩台作业风险控制措施

(1) 就地浇筑墩台模板。

安装就地浇筑墩台模板，施工前，必须搭设好脚手架和作业平台，墩身高度在 2～10m 时，平台外侧应设栏杆及上下扶梯；10m 以上时，还应加设安全网。模板就位后，应立即用撑木等固定其位置，以防倾倒砸人。用吊机吊模板合缝，模板底端应用撬棍等工具拔移，不得徒手操作。每节模板支立在边结紧固器、内撑安装支设后方可继续作业。

在竖立高桥墩墩身模板的过程中，安装模板的作业人员必须系好安全带，并拴于牢固地点，穿模板拉杆时应内外呼应。拆除模板时，应划定禁行区，严禁行人通过。

（2）滑模（滑升模板）施工。

当高墩采用滑模施工时，应按照高处作业的安全规定，加设安全防护设施；作业人员应穿戴好个人防护用品；须根据工程特点，编制单项施工方案及其安全技术措施，并向参加滑模施工的作业人员进行安全技术交底。

根据桥墩具体尺寸，对滑模进行特殊设计：在工厂加工制作的爬升架体系操作平台、脚手架等，要保证具有足够的刚度和安全度；架体提升时，要另设保险装置。液压系统组装完毕后，应进行全面检查；施工过程中，液压设备应由专人操作，并经常检查维护，发现问题及时处理。

模板每次提升前，应进行检查，排除故障，观察偏斜数值；提升时，千斤顶应同步作业；模板提升到2m以后，应安装好内外吊架、脚手架，铺好脚手板，挂设安全网，模板内设置升降设施及安全梯。操作平台上的施工荷载，应对称，不能超负荷；平台周围应安设防护栏杆，并备有消防及通信设备。顶杆和平台应稳固，如顶杆有失稳或混凝土有被顶出的趋势，应及时加固；用手动或电动千斤顶做提升工具时，千斤顶丝扣的旋转方向应左右方向对称安装，使其力矩相互抵消，防止平台扭动失稳。

拆除滑模设备时，应做好安全防护。拆除时根据吊装设备能力，选择分组拆除或吊至地面上解体，以减少高处作业量和杆件变形。拆除现场应划定警戒区，警戒线到平台滑模设备边缘的安全距离不能小于10m。

（3）混凝土浇筑。

在浇筑桥墩混凝土时，应严格控制浇筑速度，防止浇筑过快引起模板坍塌。

浇筑过程中，应随时检查支架和模板，发现异常状况，及时采取措施。

当用吊斗浇筑混凝土时，吊斗提降应设专人指挥。升降斗时，下部的作业人员必须躲开，上部人员不得身倚栏杆推吊斗，严禁吊斗碰撞模板及脚手架。

凿除混凝土浮浆时，作业人员必须按规定佩戴防护用品。人工凿除，应经常检查锤头是否牢固。采用吊斗出渣，应拴好挂钩，关好斗门，吊机扒杆转动范围内，不得站人。

8. 混凝土梁浇筑与架设作业风险控制措施

（1）制梁台座和模板装拆。

制梁台座的地基应坚实平整、不沉陷；台座抗倾覆安全系数不应小于1.5。使用机具升吊模板时，应正确选择吊点位置，调整吊点位置时，不能徒手操作；大型拼装式模板安装就位后应及时加支撑固定，保持模板整体稳定。制梁模板不宜与工作平台的支撑相连接，确需连接时，应额外架设支撑加固。模板拆除时，不能强拉强卸。

（2）先张法预应力混凝土简支梁施工。

张拉中使用的工具和锚具（锚环及锚塞）在使用前应检验外观，已有裂伤者严禁使用。高压油泵与千斤顶之间应紧密连接，油泵操作人员应戴防护眼镜。油泵开启后，进回油速度与压力升降应平稳，安全阀应灵敏可靠，张拉中出现异常应立即停机检查。张拉或放松预应力筋时，需采取安全防护措施；操作人员应站在千斤顶的两侧；当采用楔块放松预应力筋时，应控制楔块同步滑出。浇筑混凝土时，捣固棒（振捣器）不能撞击预应力钢丝（钢束）。

(3) 后张法预应力混凝土简支梁施工。

振动器应安装牢固，电源线路需绝缘耐压，防水性能良好。预应力钢绞线整束、编束时，在切口端应用铁线扎紧；搬运梁体时，两支点距离不能大于3m，作业人员间应相互配合。采用金属波纹管制孔时，应防止划伤手脚。

抽拔胶管时，应防止胶管断裂。钢绞线穿束后，梁端应设围栏和挡板，严禁撞击锚具、钢束和钢筋。管道压浆时，应严格按规定压力进行；施压前，应调整好安全阀，关闭阀门时，作业人员应站在侧面，并戴防护眼镜。

(4) 就地浇筑上部结构。

就地浇筑上部结构时，应重点关注支架和模板的安全，防止安装、施工和拆卸过程中发生变形、坍塌、人员坠落等事故，保证施工质量和施工安全。作业前，应对所用机具设备和防护设施等进行检查；针对施工工艺及技术复杂的工程，应编制具有针对性的安全技术措施及安全操作细则等，并对施工作业人员进行技术交底和培训。

浇筑混凝土前应对模板进行预压，检查脚手架的稳定性。浇筑过程中，应避免使用大罐漏斗直接灌入，防止冲击模板，振捣时不能振动顶杆、钢筋及模板。同时，应安排专门人员随时检查支架和模板，发现异常状况，应及时采取处理措施。

就地浇筑预应力混凝土梁时，应根据工程实际进行支架设计和检算，同时作业平台应设置护栏及安全网等安全防护设施。浇筑混凝土时，应根据简支梁、连续梁、悬臂梁的浇筑顺序，严格按设计和有关规定依序施工。

(5) 梁的存放、横移、起吊、装卸、运输。

梁的存放和搬运过程中应注意防止梁片滑移、偏斜或倾覆，以免造成梁体破坏和人员伤亡。梁的存储场应有坚固的存梁台座和地面排水系统；梁片存放时，应支垫牢固，不能偏斜，并有防止梁体倾覆的措施。梁片移动、装运、存放时，需按要求设置支撑点，在梁端两侧应支撑牢固。

用于就地横移梁片的专用轨道应平顺，轨距正确，轨道接头不能有错台、错牙，道床无沉陷。采用滑道横移梁片时，滑道应与卸梁轴线垂直，两股滑道之间的距离需一致，滑道应有足够的强度和稳定性。梁片滑移时，梁底面与滑道之间应加设滑板，两侧应设有能随梁体移动的保护支撑。当梁体运送过程中出现支撑松动时，应停止牵引。

梁片的起顶、支垫、卸顶应对称平衡，支垫牢固。梁体移位交换主点时，千斤顶起落高度不能超过有效顶升行程；移动梁体时，两端行程应同步。梁片起吊、装车、运输时，两端的高差不能大于30cm。梁片用千斤顶装车运送时，千斤顶的起重吨位不能小于梁重的1.2倍；横移时，应保持梁体的平衡和稳定，两端不能同时起落。

(6) 架桥机架梁。

选用架桥机架梁时，宜根据架桥机的性能，按现行国家标准及相关规程制定安全操作细则，并经批准后执行。拼装式架桥机应按设计制造，并符合国家标准《起重机设计规范》（GB/T3811—2008）的有关规定；临时支架搭设应牢固可靠，并与架桥机的行走轨道相对应，轨道安装应平顺，道床无沉陷，轨距与轨缝应符合安全要求。

架梁前应对桥头路基压道，严禁使用已组装的架桥机压道；压道过程中路基下沉严重时，应对路基进行加固。架桥机通过地段的道路净空应满足架桥机的要求。架梁时应由专人检查、加固，非作业人员应撤离架桥机作业范围。

拼装式架桥机架梁前应进行静载、动载试验和试运转。静载试验的荷载为额定起重量的1.25倍，动载试验的荷载为额定起重量的1.1倍；架梁时应安装起载限制器、提升（下降）限位器、缓冲器、制动器、止轮器等装置；架桥机就位后，应使前后支点稳固；用液压爬升（下落）梁体时，前后爬升杆应同步，其高差不能大于90mm；梁体在架桥机上纵横向移动时，速度应平缓。

在大坡道上架梁时，应设专人安放止轮器和操作紧急制动阀，防止架梁机向下坡方向溜动；吊梁小车或者行车的制动装置必须可靠，并设制动失灵的保险设施。在下坡道架梁时，应在架梁机后方安装脱轨器并采取防止车辆脱钩的措施。应有专人防止运梁小车向下坡方向溜动，并备有止溜木楔和止轮器。当风力导致架桥机梁臂不稳定时，应停止架梁对位；对位后应用枕木支垫架桥机背风面，并用钢丝穿过滑车拉住大臂前端，配合摆臂速度收放。

拼装式架桥机到下一桥孔提梁时，运梁台车及前后龙门天车的位置应符合设计规定；当桥梁的一端在运梁台车上，而另一端在龙门天车上吊起准备前移时，龙门天车与运梁台车应同步。对拼装式架桥机重要部件（如轮、轨、吊钩、钢丝绳等）应定期进行探伤检查。

（7）龙门吊机架梁。

采用龙门吊机架梁时，吊机行走轨道基础和地基应专门设计和验算，对软地基进行加固处理，确保坚实、稳固、无沉陷，轨距、水平度、接头、坡度等应符合要求。跨墩龙门架安装构件时，应根据龙门架的高度、跨度，采取相应的安全措施确保构件起吊和横移稳定。构件吊至墩顶后，应慢速、平稳地降落。吊机架梁跨墩起吊时，应采取相应措施确保梁体平稳起吊和横移。

吊机（拼装式吊机）拆除时，应切断电源，将龙门架底部垫实，并在龙门架顶部拉好缆风绳和安装临时连接梁；拆下的杆件、螺栓、材料等应吊下，严禁抛掷。

（8）悬臂拼装造桥机拼装预应力混凝土节段梁。

移梁小车、起重小车、电动或液压卷扬机、造桥机走行系统的限位和制动装置，应安全可靠。造桥机拼装完成后，应进行检查，并先试运转和试吊。试吊时，应做好应力测试，合格后方可使用。吊装作业过程中，不能碰撞悬拼吊架和梁体。在合龙时，两端的连接装置应牢固可靠，并在吊架上进行全封闭保护。

（9）移动模（支）架法建造预应力混凝土梁。

选用移动模（支）架造梁时，宜根据移动模（支）架造桥机的性能，按现行国家标准制定安全操作细则，并经批准后执行。当在地面用移动模（支）架架设预应力混凝土梁时，地基基础应有足够的承载能力；当选用架空移动模（支）架架设预应力混凝土梁时，导梁安装应平稳、坚固，其抗倾覆稳定安全系数应大于1.5；若模架支撑于钢箱梁上，其前后端桁架梁需用优质高强螺栓连接并拧紧。

钢箱梁及桁架梁下弦底面装设不锈钢带，在滑橇上顶推滑行之前，应检查有无障碍物及其他不安全因素；所用机具设备及滑行板等，均须进行检查和试验。直架平移搭设的临时直墩需牢固；在直架平台及主行道上，应满铺脚手板，四周应安装栏杆，贝雷梁下应挂安全网。支墩顶贝雷纵梁导链的安装应由专人指挥；主架横移时，各主墩应同步作业，速度不应大于 0.1m/min；横移时如有异常，应停止作业并进行加固。牵引后横梁和装卸滑模时，要有起重工协同配合作业；牵引时，应注意牵引力作用点，使后横梁在运行时与桥轴线保持垂直；滑移模架行走时，应听从信号指挥，对重要部位，应设专人负责值班观察，并注意人员及设备的安全。

(10) 混凝土梁支座安装。

顶落梁共同作用的多台千斤顶应选用同一类型。顶落梁时，应有保险设施，每个桁架两端主点不能同时起落；施顶或纵横移时，应缓慢平稳，各道工序应派专人检查。悬臂拼装连续梁进行体系转换前，应对支座进行检查验收。

9. 桥面声屏障作业风险控制措施

列车通过高架桥时产生的噪声会给沿线附近居民造成影响，干扰居民的生活和工作。为了减少地铁对周围环境的噪声污染，高架桥上设置吸声和隔声的声屏障是非常有必要的。以下是声屏障安装过程中需要重点关注的施工安全要点。

(1) 立柱吊装。

立柱吊装前，应对设计安全性进行核查，施工时应对吊机的钢丝绳、吊钩等进行检查，合格后方可吊装，作业时应缓慢进行。立柱吊装时，工件与钢丝绳之间应用羊毛毡衬垫，以防止滑动。立柱底脚螺栓紧固后还需人为撞击，如底脚螺栓松动，待重新校正后，再次紧固。

(2) 声屏障安装。

吊装声屏障时应使之垂直，并应轻吊慢放，麻绳与屏体之间要用羊毛毡衬垫，防止滑动。声屏障安装时应注意正反方向不能错位，紧固件需紧固牢靠。在已安装完毕的声屏障处设置标识性的围栏，以防发生意外。

4 地铁工程质量试验与检测

4.1 原材料送检与配合比验证

4.1.1 原材料送检

（1）材料进场后要及时见证送检，送检材料必须与现场材料完全一致，严防供应商在抽样送检过程中更换样品。取样后在样品上签名是防止该种情况发生较有效的方法之一。

（2）检验不合格的材料坚决不用，退货一定要按程序办理，并留存相关资料备查。

（3）不轻信供应商的花言巧语，相信价格与质量的关系。

（4）重视钢筋原材料、水泥、防水材料（特别是防水卷材）、河砂（预防海砂）等材料的质量。

（5）混凝土标准养护试件，一般在达到龄期前 1~2d 送至检测单位即可，过早送至检测单位有可能因其业务饱满而不能及时进行后续养护。

（6）钢筋母材每组送检 5 根进行检验，取样时要将钢筋两端处理平整，以防因质量偏差不合格。

（7）钢筋套筒连接所用的套筒，要与其配套的套丝机对应，避免因套筒与套丝不配套造成抗拉强度不合格。

（8）在沿海地区施工时，在日常检测项目中，要增加砂的氯离子含量指标，以防不合格海砂进入施工现场。必要时，配备氯离子检测仪对现场的砂随时进行检测。

4.1.2 配合比验证

（1）地铁施工受环境、场地条件限制基本采用商品混凝土，施工前对配合比进行验证是业主及主管部门的要求，同时也是控制混凝土质量的重要环节。

（2）配合比验证是为验证厂家提供的理论配合比下混凝土的性能是否满足设计和施工工艺要求。对商品混凝土的日常检查和抽样，是控制好混凝土品质的关键。

（3）为了资料的配套及检查需要，在验证配合比的同时应对其原材料进行品质检验。

（4）配合比验证项目除拌合物常规性能和混凝土力学性能外，还应根据设计要求进行一些耐久性项目（如电通量、氯离子扩散系数、抗硫酸盐侵蚀性等）的检验，并根据设计要求对每立方米混凝土中氯离子含量、碱含量进行计算。

（5）为确保混凝土的质量，在与商品混凝土厂家签订购买合同时，建议附加"关于混凝土 28d 强度与付款时间、付款比例的说明"，这对保证混凝土强度有一定的警示作用。

(6) 管片混凝土配合比的验证需在盾构下井前 3~4 个月开始启动。

4.2 混凝土试件留置与养护

4.2.1 混凝土标准养护试件的留置

1. 留置频率

在地铁工程中，不同结构、不同部位标准养护试件的制作频率是不一样的，主要根据相关规范的要求，并结合各验收规范执行。

2. 混凝土试件留置中常出现的问题

混凝土试件是工程中数量最大、问题出得最多的一类样品，容易少做、漏做；送检时龄期一不留神就超过了 28d；现场制作后如不及时标识或标识不完整、不清楚，易出现强度等级混乱，造成强度不合格；现场不做试件，完全由商品混凝土厂家提供。解决好上述问题，混凝土试件的留置才不会出现问题。

4.2.2 混凝土结构同条件养护

质量验收检查过程中，经常检查出施工单位不能完全按照规范要求留置结构混凝土同条件养护试件，留置数量不够，摆放位置和养护不符合要求，未按规范要求送检，累计温度及温度记录不规范等问题。为做好现场混凝土试件同条件养护，需注意以下几点。

(1) 同条件养护试件包括用于了解混凝土拆模、张拉等龄期的试件和用于结构实体混凝土强度评定的累计养护温度为 600℃·d 的试件。

(2) 同条件养护试件均应在试压的当天送检。用于了解拆模、张拉等龄期的试件必须是边长为 150mm 的标准尺寸试件。

(3) 用于结构实体混凝土强度评定的同条件养护试件，送检时的累计养护温度宜在 600~615℃·d；一天内的平均温度可由最高和最低温度取平均值后确定（可手机定制天气预报，方便且不容易漏记）；每组同条件养护试件均应有详细的养护温度记录；养护温度一般从试件成形的第二天开始记录。

(4) 要想按统计方法评定实体混凝土强度，留置同条件混凝土试件时应有计划，同部位同强度等级的混凝土其试件组数不宜少于 10 组。当混凝土方量较少，标准养护试件也较少时，同条件养护试件的数量不应少于 3 组。

(5) 同条件养护试件的强度代表值应先根据强度试验结果按现行国家标准《混凝土强度检验评定标准》(GB/T 50107—2010) 的规定确定，再乘折算系数取用。折算系数宜取为 1.10。

(6) 试件同条件养护期间应放在结构构件的旁边，不得放于室内或远离结构物处。放置同条件养护试件处应有醒目标识，以防试件丢失或挪作他用。

4.3 钢筋原材料及接头检验

4.3.1 钢筋原材料取样检验

1. 取样要求

应根据钢筋进场情况按批抽检，委托检验时批号与批量要与进场情况一致，不要混合组批；同厂家、同规格、同牌号、同一批号的进场钢筋，不超过60t时取样一组，超过60t的部分，每增加40t（或不足40t的余数），增加一组样品；每组钢筋抽取5根，每根长度不小于500mm（510～580mm为宜），两端部应平整，5根应分别在随机选取的5根原材钢筋上截取，截取时应先去掉端头的50cm，截取的5根样品中至少应有一根表面带有钢筋标识信息。

2. 取样后样品的标识要求

对批号不同的两组及以上同规格型号的钢筋，取样后应分组标注其批号和厂家名称以免混淆，每组5根应单独捆绑。

3. 检验项目要求

根据《混凝土结构工程施工规范》（GB 50666—2011）第5.5.1条规定，钢筋进场时，应按国家现行有关标准的规定抽样检验屈服强度、抗拉强度、伸长率及单位长度质量偏差。

根据《混凝土结构工程施工质量验收规范》（GB 50204—2015）第5.2.1条规定，钢筋进场时，应按国家现行相关标准的规定抽取试件做屈服强度、抗拉强度、伸长率、弯曲性能和质量偏差检验，检验结果应符合相应标准的规定。

4. 避免样品不合格

钢筋原材料样品检验后一般都为合格品，出现的不合格指标中质量偏差超标占绝大部分，进货渠道的规范化是避免出现不合格品的关键。

4.3.2 抗震钢筋

（1）工程质量验收检查中经常提出主体结构要使用抗震钢筋，施工单位要严格按照设计要求选用合格的抗震钢筋（一般在图纸设计说明中会有相关规定）。

（2）《混凝土结构工程施工质量验收规范》（GB 50204—2015）第5.2.3条规定，对按一、二、三级抗震等级设计的框架和斜撑构件（含梯段）中的纵向受力普通钢筋应采用 HRB335E、HRB400E、HRB500E、HRBF335E、HRBF400E 或 HRBF500E 钢筋，其强度和最大力下总伸长率的实测值应符合下列规定：抗拉强度实测值与屈服强度实测值的比值不应小于1.25；屈服强度实测值与屈服强度标准值的比值不应大于1.30；最大力下总伸长率不应小于9%。

（3）普通钢筋即使能满足以上三个数值要求也不可代替抗震钢筋使用。

（4）抗震设防烈度、抗震等级与抗震钢筋的区别。抗震设防烈度是指按国家规定的权限批准作为一个地区抗震设防依据的地震烈度，一般取50年内超越概率10%的地震烈度。抗震等级是设计部门依据国家有关规定，按"建筑物重要性分类与设防标准"，根据烈度、结构类型和房屋高度等，采用不同抗震等级进行的具体设计。以钢筋混凝土框架结构为例，抗震等级可划分为很严重、严重、较严重及一般四个级别。抗震钢筋是指强屈比、屈强比、最大拉力下总伸长率符合要求（1.25%、1.30%、9%）的在牌号后带 E（如 HRB335E、HRB400E 等）的抗震专用钢筋。

4.3.3 钢筋焊接及机械连接接头检验

（1）不管是何种形式的钢筋接头，施工前均要按规范要求数量进行工艺性检验。工艺检验中可不注明具体部位；钢筋焊接报告中要注明焊工姓名和焊工证号。

（2）现场检验时经常出现的问题：工程部位不具体；数量随意填写或不填；操作工人无上岗证等。试验人员的失误，将会造成检验报告信息不全、竣工资料无法验收的后果。

（3）钢筋焊接接头的工艺检验。依据《钢筋焊接及验收规程》（JGJ 18—2012）第4.1.3条，在工程开工或每批钢筋正式焊接之前，参与该项工程施焊的焊工应进行现场条件下的焊接工艺试验，应经试验合格后，方准许焊接生产。

（4）钢筋机械连接接头的工艺检验。依据《钢筋机械连接技术规程》（JGJ 107—2016）第7.0.2条，接头工艺检验应针对不同钢筋生产厂的钢筋进行，施工过程中更换钢筋生产厂或接头技术提供单位时，应补充进行工艺检验。工艺检验应符合下列规定：各种类型和型式接头都应进行工艺检验，检验项目包括单向拉伸极限抗拉强度和残余变形；每种规格钢筋接头试件不应少于3根等。

（5）工艺检验与现场检验不合格时的处理。工艺检验不合格时，可通过改变工艺、更换人员等办法处理，直至满足要求。现场检验不合格时，处理起来则较为麻烦，不但加工好的接头要废弃不用，而且已安装的要拆卸或做加强处理。因此，根据不同规格钢筋及不同部位，科学、合理地选择接头形式，现场加工接头质量要与工艺检验质量一致，不要因随机抽检接头不合格而影响正常施工和工期进度。

4.4 车站施工中的试验检测内容

4.4.1 材料检测

（1）车站施工中所用的钢筋、钢筋接头、水泥、膨润土、外加剂、防水材料等均按照相应规范要求对检测频次及检测项目进行检测。

（2）混凝土常规取样可按照《地下铁道工程施工质量验收标准》（GB/T 50299—2018）、《混凝土结构工程施工质量验收规范》（GB 50204—2015）的要求进行。如设计有耐久性要求时，按照设计及相关耐久性规范要求进行取样，应特别注意检验抗硫酸盐侵蚀性、电通量和抗氯离子渗透系数的试件的留置和检测。

4.4.2 过程控制

（1）泥浆主要控制比重、黏度、含砂量和酸碱度（Pondus Hydrogenii，pH）值等指标。

（2）槽孔清渣后，槽底残渣厚度应小于100mm。垂直度一般为1/300，可采用超重锤法（图4.1）对垂直度进行检测。

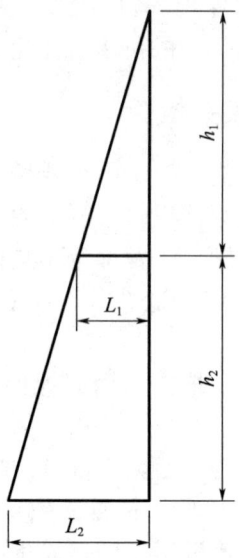

h_2为假定测量部位的孔深；h_1为桅杆高度；L_1为测量孔口偏差；L_2为底部偏差。

图4.1　超重锤法检测垂直度示意

底部偏差的计算如下式。

$$L_2 = \frac{L_1(h_1+h_2)}{h_1}$$

（3）为满足围护结构实体检测需要，在浇筑混凝土前要按照检测频次要求埋设声测管（图4.2），对已经埋设声测管的地下连续墙、浇筑桩要做标识进行保护，以防管路堵塞。声测管应选用钢质管材，内径宜为50～55mm。

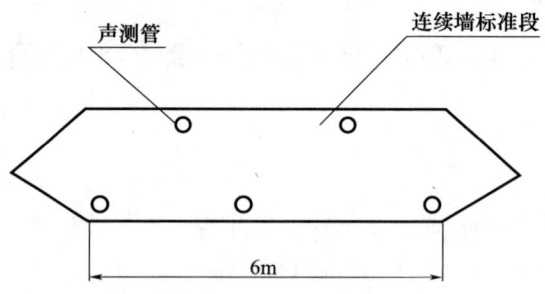

图4.2　地下连续墙声测管布置

（4）严格控制商品混凝土质量，进场后进行坍落度、含气量、温度等性能指标检测，必要时进行氯离子含量快速检测。混凝土品质决定了实体质量。

（5）浇筑底板或大体积混凝土时要注意温度检测和养护，必要时采取加冰屑的方式对混凝土入模温度进行控制。

（6）高度重视防水材料的品质，选择质优的防水卷材是做好车站防水的前提。

（7）底板、底梁和顶板、顶梁一般都有耐久性要求，施工过程中要严格审查设计文件。

（8）高度重视土壤中氡含量的检测，部分地区将此项指标列入了市级优质工程评选必备项。具体应根据施工地要求和设计文件要求执行。

（9）综合接地施工中用到的紫铜排要进行导体电阻率检测。

4.4.3 实体质量检测

围护结构施工结束后，要按照规范要求对墙体和桩体混凝土强度、沉渣厚度、岩土层性状和完整性进行检测。墙体一般采取抽芯试验和超声波检测同时进行的检验方法。桩采用低应变或超声波检验方法，对存在缺陷的桩采取抽芯的方法进行验证。检测频次按照国家标准或地方标准具体要求执行。

低应变检测前应凿除桩顶浮浆及松动部分，露出密实的混凝土。根据激振及安装传感器的要求，将桩顶表面传感器安装点和激振点打磨成直径为 $\phi 50mm$ 和 $\phi 150mm$ 的光滑平面，光滑平面与桩轴线垂直。

采用钻孔浇筑桩施工的围护结构，桩间旋喷桩要进行抽芯检测，对抽取的芯样进行无侧限抗压强度和渗透系数试验。检测频次一般为 0.5%～1.0%，具体按照国家标准及地方标准执行。

为使施工过程中连续、顺利进行工序转换，建议在围护结构施工过程中对检测墙体、桩体提前进行规划，具备条件后及时检测，无须等围护结构全部结束后才开始启动检测工作。

4.5 盾构施工过程中的试验检测内容

盾构施工过程中，试验人员控制好盾构管片混凝土质量和管片附属材料品质即可。虽然项目单一，但责任重大。为确保盾构管片质量，施工单位应派驻厂代表，对管片生产进行监督。

4.5.1 管片质量控制

4.5.1.1 管片配套材料检测

管片配套材料检测见表 4.1。

表 4.1 管片配套材料检测表

序号	材料名称	检测频次	检测项目	备注
1	遇水膨胀橡胶复合型弹性密封垫	每 300 环检测一次	硬度、拉伸强度、拉断伸长率、压缩永久变形率、热空气老化等	管片防水
2	遇水膨胀橡胶挡水条	一月内同型号检测一次	硬度、拉伸强度、拉断伸长率、膨胀倍数、低温弯折等	管片防水

续表

序号	材料名称	检测频次	检测项目	备注
3	丁基橡胶腻子	一月内同型号检测一次	高温流淌性、低温柔性	保护密封垫
4	遇水膨胀橡胶密封圈	一月内同型号检测一次	硬度、拉伸强度、拉断伸长率、体积膨胀倍数、反复浸水试验、低温弯折等	螺栓防水胶圈
5	丁腈软木传力衬垫	一月内同型号检测一次	硬度、拉伸强度、拉断伸长率、拉断永久变形率等	管片拼装调节
6	高渗透改性环氧防腐涂料	同类型、同强度不大于10t检测一次	黏度、抗压、抗拉及抗剪强度、黏结强度、抗渗压力、抗渗压力比等	管片外环面防水、防腐
7	管片螺栓、螺母（8.8级，M24）	进场一批检测一次	抗拉强度、硬度、覆层厚度等	管片连接

注：管片生产过程中的钢筋、水泥、粉煤灰、矿粉、砂、石、外加剂等材料的检测，按照国家相应规范要求执行。

4.5.1.2 管片混凝土试件留置

1. 抗压强度试件

每天拌制的同配合比混凝土，取样不得少于1次，每次至少成形3组。两组试件与管片同条件养护，另一组试件与管片同条件养护脱模后再进行标准养护。两组与管片同条件养护的试件，一组用于检验脱模强度，另一组用于检验出厂强度。经同条件养护脱模后再标准养护的试件，用于检验评定混凝土28d抗压强度。

2. 抗渗性能试件

管片混凝土抗渗试件，同一配合比每30环留置1组试件。

4.5.1.3 管片质量验收

管片质量检测项目包括混凝土强度、外观、尺寸、水平拼装、渗漏、抗弯性能和抗拔性能。因规范要求的频次不同，执行时应按照设计具体要求进行验收，其中钢管片质量验收检测项目及频次见表4.2。

表4.2 钢管片质量验收检测项目及频次

序号	检测项目	抽样检测频次
1	外观	每100环抽检1次，不足100环时按100环计
2	尺寸	
3	水平拼装	每500环抽检1次，不足500环时按500环计
4	焊缝	每100环抽检1次，检验该环焊缝总数的1%，不足100环时按100环计
5	涂层	每100环抽检1次，不足100环时按100环计

4.5.2 盾构施工过程中辅助材料检测

盾构施工过程中辅助材料检测项目及频次见表 4.3。不同施工条件下按照设计要求的材料及品种进行对应检测。

表 4.3 盾构施工过程中辅助材料检测项目及频次

序号	材料名称	检测频次	检测项目	备注
1	帘布橡胶板	一月内同型号检测一次	硬度、拉伸强度、拉断伸长率等	洞门密封
2	高分子聚合物水泥防水砂浆	每批检测一次,对同一类别产品,每 50t 为一批,不足 50t 亦可按一批计	初凝时间、终凝时间、抗压强度、抗折强度、抗渗压力、黏结强度等	管片内环面嵌缝
3	普通硅酸盐水泥	散装水泥同标号、同厂家不大于 500t 检测一次,袋装水泥不大于 200t 检测一次	安定性、比表面积、凝结时间、标准稠度用水量、强度等	同步及二次注浆

4.6 矿山法隧道施工过程中的试验检测内容

下文主要介绍矿山法隧道施工过程中的初期支护施工检测和二次衬砌施工检测。

4.6.1 初期支护施工检测

1. 喷射混凝土原材料

(1) 水泥:采用 P·O 42.5。
(2) 砂、石骨料:按照国家及行业标准要求进行选择及检测,一般执行行业标准。
(3) 水:采用饮用水。
(4) 速凝剂:采用低碱或无碱速凝剂。使用前要进行与水泥相容性试验及水泥净浆凝结效果试验,初凝时间不应超过 5min,终凝时间不应超过 10min。

2. 喷射混凝土拌合

(1) 一般为强度等级大于 C25 的防水混凝土,具体按设计要求执行。
(2) 配合比:水泥与砂石比为 1∶4.5~1∶4,砂率为 45%~55%,水灰比取 0.40~0.45。速凝剂比例一般为 5%~7%,具体通过试验确定。
(3) 称量误差:水泥、速凝剂为±2%,砂、石为±3%。
(4) 喷射混凝土多采用现场拌合方式,水泥使用袋装还是散装要根据施工地的具体要求确定。部分城市不允许现场使用袋装水泥。
(5) 喷射混凝土施工前要进行试喷,控制好坍落度及速凝剂掺量,确保质量。

3. 喷射混凝土试件留置

抗压强度:同一配合比,区间或小于区间断面的结构,每 20m 拱和墙各取抗压试件 1 组,试件的制取可采用大板法或现场钻芯法。

抗渗性能：区间结构每 40m 取 1 组。

4. 锚杆检测

同一批锚杆每 100 根应取一组试件，每组 3 根（不足 100 根也取 3 根），依据《地下铁道工程施工质量验收标准》（GB/T 50299—2018）进行拉拔试验。

5. 初期支护质量检查

（1）黏结检查：喷层与围岩以及喷层之间的黏结应用锤击法检查。

（2）喷层厚度：区间或小于区间断面的结构每 20m 检查一个断面，每个断面从拱顶中线起，每 2m 凿孔检查一个点，断面检查点 60% 以上喷射厚度不小于设计厚度，最小值不小于设计厚度的 1/3，平均厚度值大于设计厚度时方为合格。

（3）喷射混凝土应密实、平整，无裂缝、脱落、漏喷、空鼓、渗漏水等现象。平整度允许偏差为 30mm，且矢弦比不应大于 1/6。

（4）格栅钢架或钢拱架的制作，应按有关要求严格进行，合格后方能进入工地。现场安装一定要做到接头平顺，整榀钢架应在同一平面内。

6. 喷射混凝土养护

（1）喷射混凝土温度不应低于 5℃。

（2）喷射混凝土 2h 后开始养护，时间不少于 14d。气温低于 5℃ 时，不准喷水养护。

4.6.2 二次衬砌施工检测

1. 防水材料检测

二次衬砌施工中采用的防水材料一般为土工布＋PVC 防水板，执行《聚氯乙烯（PVC）防水卷材》（GB 12952—2011）标准。

（1）检验规则：以同类型的 10000m^2 卷材为一批，不足 10000m^2 时也可作为一批。在该批产品中随机抽取 3 卷进行尺寸偏差和外观检验。在上述检查合格的卷材中抽取 1 卷，在距外层端部 500mm 处裁取 3m 进行性能检验。

（2）检验项目：尺寸偏差、外观质量、拉伸性能、热处理尺寸变化率、低温弯折性、中间胎基上面树脂层厚度等，其他检验项目根据现场实际确定。

（3）防水板焊接完毕要进行气密性试验，其重要性不容忽视。焊接不好将影响后期注浆效果。

2. 土工布检测

二次衬砌施工中采用的土工布执行《土工合成材料 短纤针刺非织造土工布》（GB/T 17638—2017）标准。

（1）检验规则：检验以同一班次生产的同一规格的产品为一批，批量较小时可累计 100 卷为一批，但一周产量仍不满 100 卷时，则以一周内产量为一批；交付验收的产品应以同一品种、同一规格、同一工艺的一个交货批划分检验批。

（2）检验项目：外观质量、单位面积质量、幅宽、厚度、断裂强力、断裂伸长率、撕破强力、加州承载比（California Bearing Ratio, CBR）、顶破强力、动态穿孔、等效孔径、垂直渗透系数，其他检验要求根据现场实际确定。

3. 混凝土试件留置

隧道结构防水混凝土抗渗及抗压试块取样与留置：防水试件的留置组数，同一配合比下，每 100m³ 和 500m³（不足者也分别按 100m³ 和 500m³ 计）应分别做两组抗压强度和抗渗试件，其中一组同条件养护，另一组在标准养护条件下养护。

4. 二次衬砌质量检测

二次衬砌混凝土强度检验，可采用回弹法。衬砌厚度、保护层厚度、衬砌背后混凝土密实度和衬砌内部钢架、钢筋等无损检测可采用地质雷达法。

5 地铁工程施工安全风险及管控

5.1 明挖法基坑施工安全风险及管控

5.1.1 明挖法基坑施工安全风险

5.1.1.1 围护桩（墙）施工阶段

1. 施工道路

在施工过程中，路面开挖未及时设置护栏、路面开挖乱堆土不及时清理、路面施工不设置超高限标志、路面施工夜间没有明显照明警示灯等情况，容易导致在施工道路处存在施工安全隐患。

2. 大型机械

当大型机械进场时，项目部吊装专项施工方案或大型机械装拆专项方案须完成审批，吊装令制度执行等管理流程缺失易造成安全隐患。在机械施工过程中，指挥人员指挥信号不清或者存在错误，施工机械操作不规范，例如，起重臂旋转半径范围内有人员作业和停留，起重机载运人员，起重机斜拉斜吊物体，起重机起吊地下埋设或凝固重物，起重机停机时物体未降到地面，起重臂变幅过程中换挡，载荷状态下下降起重臂，未按规定带载行走和上下坡，行驶时底盘转台上载人或载物，将会导致施工存在重大风险。

3. 成孔（槽）施工

在成孔（槽）施工过程中，水泥搅拌池边或泥浆池边如果未设置防护措施，存在施工人员失足跌落的风险。浇混凝土时，未在孔口加板加防护栏，存在施工现场人或物坠入桩孔的安全隐患。同时，泥浆液位、泥浆参数控制不当也容易导致孔壁塌孔。

4. 吊装施工

在吊装施工过程中，较为典型的风险源主要为：出现多机抬吊的情况，在邻近架空线路的区域或者在邻近建筑物的区域进行吊装作业，SMW 工法中 H 型钢起拔作业。

5. 围护结构

围护结构若存在施工缺陷，则容易导致产生施工安全隐患。例如，地下连续墙垂直度超标、接缝错裂、夹泥；SMW 工法桩桩间有空隙；排桩后帷幕渗水，将会导致基坑开挖阶段渗漏、涌土、喷砂。

5.1.1.2 降水施工阶段

1. 降水井施工

降水井施工阶段的风险源主要为：在降水井冲孔前未确认地下障碍物和空中管线；

在埋设井管时未按操作规程作业；起拔井管时无技术人员在场指挥；施工人员用电不规范；技术人员未向作业人员交底等。

2. 承压水控制

承压水控制也是降水施工阶段的重要风险源。降水施工时，对承压水位控制不到位、承压水降水失效，将会引起坑外地面沉降、管线移位，甚至引起坑底管涌。

5.1.1.3 土方开挖及支撑施工阶段

1. 土方开挖与放坡

土方开挖过程中，如果存在分层高度、分块、开挖深度、地面载荷等不满足设计要求的情况，将导致周边环境、地下管线变形过大，影响使用安全，管线失效容易导致工程安全隐患。

边坡留设若不满足设计要求，将可能造成土体滑移。同时，若挖土过程中土体产生裂缝而未采取措施，将可能造成土体滑坡。挖土动工前未申请挖土令，是重大的风险源。在挖土施工过程中，在支护桩头周边挖土动作过大、地下管线和地下障碍物未探明或距既有管线1m范围以内机械挖土，也会导致严重的安全隐患。

2. 基坑临边防护

在基坑临边防护方面，典型的施工风险源为：未设置防护设施、防护设施不牢固或者不按标准搭设防护设施；防护设施设置后未验收合格就使用或验收结果不合格后未按要求整改；设置防护设施的材料不符合质量要求；防护设施设置后未经同意随意拆除；防护设施虽经同意，但工作完毕后未立即复位；基槽过路围栏及基坑上下通道设置不规范等。

3. 支撑施工

支撑施工过程中，若支撑分段浇筑施工不能满足设计要求，将造成围护变形过大；底模选材及设置不当；混凝土垫层未达到要求强度时就开始上部施工等情况，都是重大的施工风险源。

4. 基坑监测

基坑监测方面的重大施工风险源为：监测部位及监测频率不满足要求；测点保护不到位；支护设施已变形，却未及时采取预警措施等。

5. 塔式起重机基础

塔式起重机基础方面较为典型的安全隐患为：塔式起重机基础的设计方案不完备；塔式起重机基础承载力不足，焊接效果不佳，连接处螺栓不能满足设计要求，基础处所使用的混凝土强度不足等。

5.1.1.4 地下结构回筑阶段

1. 大底板施工

大底板施工时，钢筋支架设置不当将会导致工程安全隐患。

2. 拆除工程（支撑拆除和分隔墙拆除）

在拆除支撑与分隔墙时，典型的工程风险源为：在拆除作业时，周边不设置警戒线；支撑机械拆除分块吊装；施工过程中违反安全操作规程；爆破作业时，周边围护不严密；爆破器材管理不严谨；施工前未设置安全立足点，施工作业前，技术人员未向施

地铁施工与安全控制

工人员进行安全交底等。

3. 防水处理

防水处理不当，导致结构渗漏，将会影响后期建筑运营，是重大风险源。

5.1.2 明挖法基坑施工安全风险管控

5.1.2.1 围护桩（墙）施工阶段

1. 道路施工

在场地道路施工阶段，路面开挖后必须及时设立护栏。开挖造成的堆土需要及时清理，不得堆积过久。在路面施工时，需要根据工程设置超高限制标志。在夜间施工时，需要设置照明效果清晰可见的警示灯。

2. 大型机械

在大型机械进场前，必须提前设计专项方案，同时申请大型机械施工相关审批与大型吊装机械施工前，需对施工人员进行安全生产教育，严禁违章操作。

3. 成孔（槽）施工

在成孔（槽）施工过程中，水泥搅拌池或者泥浆池周围必须设置防护设施，以防现场人员坠落。成孔（槽）施工过程中应严格控制孔内（槽段内）泥浆液位及泥浆参数，避免导致孔壁塌陷。浇筑混凝土前，孔口需加板并设置防护栏，以防人或物落入桩孔。同时，在上述区域周边需设立警示标牌，以防发生意外。

4. 吊装施工

在场操作人员及指挥人员必须持证上岗，通过施工专业培训，接受安全施工教育。现场设立专员统一指挥施工，避免指挥混乱。严格管控多机抬吊的工况。在吊装施工前，必须制订完备的方案，同时在周边设置安全标识，规定警戒区域，施工过程中严禁无关人员进入。在 SMW 工法 H 型钢起拔施工过程中，需要严格按照施工方案施工，严禁违章施工。

5. 围护结构

地下连续墙施工时，在已完成的槽段接头处用接头刷连续清洗，直至接头刷无泥土为止，避免接头处夹泥，产生冷缝引起渗漏。在墙后的预留注浆孔位应根据设计要求和现场情况综合判断设置，并密封保护，防止堵塞。待注浆扩散半径达到设计要求后方可停止，从而加强地下连续墙的抗渗能力。利用成槽机上配备的测斜仪，可对成槽过程中的偏移进行监测、纠偏，并辅以经纬仪进行垂直度跟踪观测，以确保垂直度不大于 1/300。

使用 SMW 工法施工时，每根桩施工前应用水准尺检查导向架和搅拌轴的垂直度，保证其垂直度。必须严格把控影响搅拌桩施工质量的主要环节，如提升速度、水泥用量、喷浆的均匀性和连续性，以及施工机械的性能。相邻搭接搅拌应连续施工，施工间歇不得超过 24h。

5.1.2.2 降水施工阶段

1. 降水井施工

降水井施工冲孔前，必须联系相关单位确认是否存在地下障碍物与空中管线。埋设井管前，必须对在场施工人员进行技术交底，并进行安全教育培训。施工过程中，操作人员必须按照操作规程作业，规范用电。起拔降水井时，需要设立专员进行指挥。

2. 承压水控制

基坑降水必须由具备相应资质的设计单位进行深化设计，深化设计方案须经有关部门审批，方案调整、通过后，方可进行施工。

施工前对降水方案进行验算和专家评估，确保降水效果；预降水时间不少于15d。降水施工中应布设观察井，随时观察地下水位变化情况。根据地下工程开挖情况，在保证基坑底稳定的情况下宜采用分阶按需降水方法，只开启部分深井，以满足开挖段安全需要，开井的井位和数量根据基坑开挖施工工况不断调整，按需控制。

施工中应对基坑周边地表沉降变化加强监控测量，出现异常情况应采取相关措施。如果潜水井管周围的空隙中的潜水被抽掉，将引起显著的地面沉降。因此，抽取承压水必须把潜水封在隔水层以上，封井必须严密。

5.1.2.3 土方开挖及支撑施工阶段

1. 土方开挖与放坡

土方开挖遵循"分层、分段、对称、均衡、限时"的原则，应控制好每一小段的挖土长度和深度，每段长度为3~6m，每层开挖深度不超过1m（结合具体工程地质状况进行综合确定），开挖过程中应注意设置纵坡，保证土体开挖综合纵向坡不陡于1∶1.5。明挖过程中土方支撑安装与开挖应紧密配合，遵循"短开挖、快支护、严治水、勤测量、分层分段、先撑后挖"的原则，采取措施分段开挖，上层土方开挖完成后应立即安装下层支撑，并按需施加预应力。每段挖土、支撑、施加预应力的施工时间控制在12h内完成。基坑放坡处降水至设计要求，坡顶土方及时清理，严禁堆载。

2. 基坑临边防护

应在围护结构、挖土洞口设置围栏和防护网，在上下基坑楼梯处设置扶手；对于大开挖段应按规范施工，防止坡顶重物下落造成伤害。对"四口"（楼梯口、电梯口、通道口、预留口）需加强防护措施，井口的临边防护栏按照《建筑施工安全检查标准》（JGJ 59—2011）严格执行。通道口、楼梯口、吊装口设置防护栏杆并安装立网，预留口加盖防护。

3. 支撑施工

基坑施工遵循先撑后挖原则，跨度较大的基坑中部应设置格构钢柱和大直径钢管支撑搭接，从而增强横向支撑刚度。

4. 基坑监测

施工前应对施工相关人员进行技术交底，重要的施工部位和工序要求精心施工，并在地面建立地面监测和信息反馈系统。重要管线处，在地面采取跟踪注浆措施。在地面埋设注浆管，灌注浆液并洗管。仔细监测地面沉降情况，如沉降仍然较大，需要继续注浆直至地面沉降稳定为止。应预备足够的机动设备，一旦发生意外情况，在第一时间投入抢险。若地面变形值达到警戒值或水土流失严重，则应采取注浆的方法来确保施工顺利进行。在地面准备双浆液材料和聚氨酯，基坑内也预备聚氨酯，做好堵漏的相关准备。

5. 塔式起重机基础

塔式起重机基础设计单位必须具备相应的设计资质,并给出完整的塔式起重机基础设计方案。在塔式起重机基础施工过程中,必须严把材料质量关。塔式起重机轨道基础必须制订专项深化方案,并进行验算。施工验收合格后,方可投入使用。在距塔式起重机基础一定距离处,应设置相应的排水设施,以及设立围护边坡。

5.1.2.4 地下结构回筑阶段

1. 大底板施工

大底板施工时,必须制订钢筋支架设置方案,现场施工必须按方案进行。

2. 拆除工程(支撑拆除和分隔墙拆除)

施工作业前,技术人员应向现场施工人员进行技术交底,尤其是进行人工凿除作业前,还需对施工人员进行安全施工培训。在支撑和分隔墙拆除过程中,必须按照施工方案拆除,不得违反安全操作规程。同时,在拆除工程施工过程中,必须在周边设置警戒线,竖立警戒标识,并安排安全立足点。如存在爆破作业,必须严格管理爆破器材,在爆破作业过程中,需要设置安全、严密的周边维护设施,以免发生意外。

3. 防水处理

防水材料应严把质量关,优选混凝土配合比,掺加磨细矿渣或粉煤灰及高效复合减水剂,提升混凝土的防裂抗裂能力。防水混凝土应尽可能保持连续浇筑,少留施工缝,施工缝处设凹形接缝和止水带。后续混凝土浇筑前,需对混凝土接缝进行凿毛,并涂刷素水泥浆。对混凝土及时进行养护,控制温度,防止干缩裂缝和温度裂缝。

5.2 浅埋暗挖法施工安全风险及管控

5.2.1 浅埋暗挖法安全策划重点

浅埋暗挖法施工过程复杂,存在较高的风险。施工过程中需要根据项目具体的地质条件,对不同的技术安全措施进行策划,以确保洞室施工安全;同时减小周边土体沉降量,使洞室施工对周边地表与地下构筑物的影响最小化。

1. 前期准备阶段

(1) 确立项目施工安全目标。

(2) 制定、完善各项安全生产规范,根据不同部门、职级、工种的特点,制定相应的安全管理体系,并定期进行安全检查。

(3) 落实各级管理人员和操作人员的安全职责。

(4) 编制应急预案,明确应急抢险组织成员。

(5) 提高职工安全意识,做好相应的安全生产培训,制定相关制度和流程,树立"安全第一"的思想。

(6) 每一工序开工前,应制订详细的施工方案、完善施工措施,保证施工技术及安全工作的交底质量。

2. 超前加固阶段

（1）勘察工程周边的水文地质情况。

（2）了解工程项目周边建（构）筑物、地下管线、周边道路和交通情况，对环境保护方式进行分析策划。

（3）确定超前支护措施和安全施工措施。

（4）确定降水方案、工艺参数和施工安全措施等。

3. 开挖支护施工阶段

（1）确定掘进方式、开挖进尺和安全施工措施。

（2）确定隧道内支护方式和施工安全措施。

（3）安全使用主要施工机械。

（4）施工衬砌使用的脚手架、工作平台、跳板、梯子等工具的承重应当在设计能力范围内。

（5）对特大断面、受力复杂部位进行分析，对可能发生的安全风险进行识别。

（6）确定施工监测方案、安全巡查内容等。

5.2.2 浅埋暗挖法施工安全风险

在浅埋暗挖法地下工程施工过程中，由于施工对土体的扰动不可忽略，施工风险不可避免。造成风险的主要原因有主观误差和系统固有风险因素。主观误差指人为导致的风险因素，主要是前期勘探不足、设计经验缺失、施工经验不足（施工方式不当、支护不满足要求、群洞效应）、施工组织及管理不当（初期支护施工不及时、钢架结构连接不规范）等方面带来的风险。系统固有风险因素包括施工方式自身特点所致的风险（围岩压力的释放）和施工环境所带来的复杂多变的风险（恶劣的水文地质条件、密布的建筑管线）。

1. 自然环境风险

复杂多变的自然环境是地下工程最主要的风险源，主要包括以下几个方面。

（1）地质风险，包括围岩的物理性质变化、抗震不利地段、良性地震断裂带、溶洞、溶腔、膨胀土等特殊土、未探明的障碍物等。

（2）水文风险，包括未探明的暗河、湖等补给水源，流砂、突水、突泥等突发情况。

（3）恶劣气候、地震、泥石流、山体滑坡等自然灾害。

2. 技术及设备风险

在浅埋暗挖法工程施工中，施工方案的合理性及施工装备水平等对施工安全都有直接的影响，其风险主要包括：

（1）施工方法选择不当，引起施工事故。

（2）施工设备备件短缺，施工设备维修不当，引起安全风险。

（3）施工设备对于工程的适用性不足等。

3. 施工作业风险

浅埋暗挖法施工工艺较为复杂，在多个环节容易造成施工风险，主要包括地层改良加固、超前支护施工、通道开挖支护施工等阶段存在的风险，具体为：

(1) 注浆孔设置不合理，注浆范围及结构强度均不能达到设计要求。
(2) 注浆压力设置不合理导致注浆均匀度不够，出现逸浆、土层变形大等现象。
(3) 浆液配合比不当导致地层改良效果不佳，土体强度达不到设计要求。
(4) 注浆引起的地表局部大变形。
(5) 注浆深度与范围设置不合理，地层改良效果不明显。
(6) 超前支护钢管搭设角度及精度存在偏差。
(7) 超前支护钢管搭设区域设置不合理。
(8) 超前支护钢管注浆施工时对周围地层扰动过大。
(9) 钢管注浆咬合度不佳（若设置咬合管棚）。
(10) 开挖过程中出现地层大变形甚至塌方事故。
(11) 隧道变形引起衬砌结构破坏和衬砌变形超限。
(12) 降水、防水不当导致洞室漏水、涌水或流泥等事故。
(13) 整体结构与支护结构产生差异沉降导致建筑结构开裂、超限。
(14) 施工引起的地表沉降过大，影响周边建筑及道路安全。

4. 周边环境风险

在城市人流量大、建筑物密布的区域使用浅埋暗挖法时，一般存在较大的施工风险。在浅埋暗挖法施工过程中，风险主要来自开挖造成的对周边建筑物的扰动和破坏，具体表现为：

(1) 施工引起的邻近建筑物的沉降。
(2) 邻近建筑物倒塌、开裂、倾斜。
(3) 影响邻近建筑物的正常使用功能。
(4) 邻近建筑物损坏所致的财产损失。
(5) 管线不易迁移，造成施工难度增加。
(6) 水管爆裂，形成渗水，进而影响隧道结构及围岩的稳定性。
(7) 邻近建筑物损坏引发民事纠纷等。

5. 作业环境风险

在浅埋暗挖法施工过程中，作业人员需要在半封闭环境中工作，作业危险性高，主要风险包括：

(1) 开挖时地层中释放出的有害气体，对隧道内的施工作业人员造成身体伤害。
(2) 可燃气体、瓦斯引起火灾或者爆炸事故，造成人员伤亡。
(3) 洞内照明不充分，容易发生安全事故。

6. 管理风险

管理风险主要是由工程各方的管理水平差异及沟通合作关系所导致的，主要包括：

(1) 施工现场各方通信不畅。
(2) 施工现场安全措施落实不到位。
(3) 原材料、成品和半成品材料供应风险因素。

5.2.3 浅埋暗挖法施工安全风险管控

浅埋暗挖法施工工程水文地质条件具有复杂性和不确定性，且空间条件有限。因此,其风险具有高危险性、偶然性、可变性、多样性等特点,需要从施工的全过程对隧道施工风险进行有效的管理和控制,以保证施工的安全。

5.2.3.1 加强施工安全体系建设

项目应制定完善的应急管理体系。根据工程特点,确定风险来源,对风险进行评估和分析,深刻认识风险并制定相应的应对策略,明确各岗位职责,完善应急方案等。同时,确定专职安全管理人员配置、安全生产管理、安全生产教育、安全生产监督管理等配套制度。典型风险管理流程如图 5.1 所示。

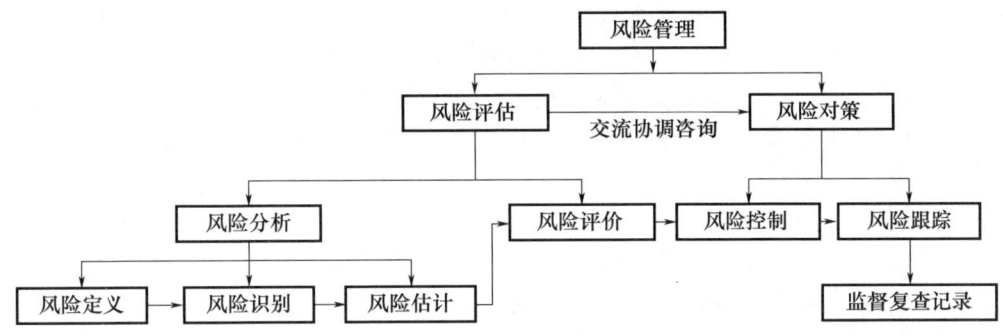

图 5.1 典型风险管理流程

在施工过程中,对施工人员进行进场教育、特殊教育和岗前教育,确保施工人员对工作内容、工作环境、场内安全设施和安全防护有明确的认识。施工单位应制订合理的应急机制和应急方案,发生突发状况时按照应急救援程序有序退场,及时撤离。

施工现场实行逐级防火责任制,分区域管理,定期对现场消防设备器材进行检查,定期对施工人员进行消防安全知识普及和消防技术训练。

现场还应准备应急资源以防不时之需。例如,防塌专用机械设备的设置;隧道施工中不仅要提前安排好支护、注浆材料和专用设备的数量,施工现场还需预备医用急救包、担架等装备。尤其对于水下隧道和城市房屋密集处,应及早准备,以防不测。

定期召开安全生产例会,总结分析安全生产形势。按照"四不放过"(即事故原因未查清不放过、责任人员未处理不放过、整改措施未落实不放过、有关人员未受到教育不放过)的原则,认真分析和研究施工过程中存在的安全隐患,制定合理的安全预警机制和应急措施。

5.2.3.2 重视前期勘察设计

充分安排和做好前期勘察设计工作是浅埋暗挖风险管控的首要条件。通过对地质条件的详细勘探,充分认识施工过程中可能遇到的重点、难点,经过对各工程方案的比对和计算,提出合理的结构设计方案。应对各施工步骤的结构强度和变形量进行验算,模拟各个阶段基坑主体和支护结构的变形,使设计结果尽可能符合工程实况并对现场起到一定的指导作用。在施工过程中,应做到设计施工全方位协调,根据实际的地质条件和监测结果不断修正和完善设计方案。

要对现场状况和安全隐患有深刻认识。尽量采用各种直观的预测手段和仪器,对施工现场可能出现坍塌的地段进行调查分析。在施工过程中，需要加强勘察和监控。通过施工阶段的地质工作和实时监测数据的反馈，可以第一时间了解现场的地质情况，从而优化设计和施工方案，采取更加合理、有效的防坍塌措施。

5.2.3.3 重视施工组织设计

浅埋暗挖法施工前，应根据地质、地面环境等工程条件，因地制宜地设计施工工艺，选择配套施工工法。施工方案内容应符合现场实际情况，充分发挥其对实际施工的指导作用。施工组织设计中应详细策划和分析施工中的风险要点，对施工工艺及施工设备可能带来的风险进行评估，并制定相应措施。重视现场的组织管理，包括施工场地布置、施工任务划分、施工顺序、施工工艺、新技术应用、施工准备、机械需求、安全风险管理体系等内容。以此确保现场施工平稳有序，处于可控范围之内。

现场项目施工需要严格按照已制定的施工组织设计进行，以满足安全风险控制要求。采用浅埋暗挖法施工，必须预先实施可靠的地层加固措施，并设计可靠的隧道结构和开挖方法来保证施工安全，严格按照"管超前、严注浆、短开挖、强支护、快封闭、勤量测"的十八字原则施工。尤其对于土体软弱、含水量高、易发生较大变形，稳定性差的淤泥质地层，更需要重视安全技术措施的执行。

1. 早喷锚、强支护，尽快封闭成环

为了提高隧道施工初期支护的刚度和承载力，应尽快进行喷锚和支护，尽早封闭成环。需要注意的是，采用钢架对初期支护进行加固，减小隧道变形，是施工过程中很好的防坍塌手段。

2. 重视开挖手段和方法的选择

开挖手段及方法的选择应遵循最大限度减小围岩扰动的原则。尽量选取机械开挖、风镐开挖和人工开挖的方式，以保证开挖面的稳定，避免采用钻爆法开挖。

3. 开挖控制时空效应

循环开挖进尺要短，控制关键工序间距；对闭合成环时间有特别要求的仰拱与开挖面距离，要严格按计划规定控制。

4. 地层预加固与改良

预加固地层与改良地层技术方案是稳定掌子面、提供开挖与开挖后支护条件最合适的技术方案，使用时注意适用范围即可。

5. 辅助工法的掌握与应用

施工过程中用于处理各类围岩坍塌的辅助施工方法也应熟练掌握。对于重点工程或特殊地层，应安排地质工程师来处理相关地质问题，综合运用辅助施工方法。

6. 特殊方案处理

应对一些特殊工程，如浅埋、偏压、大跨断面、超大断面等进行专门研究，采用特殊的施工方案和技术进行处理。

7. 加固措施

当出现围岩应力应变超限或其他塌方迹象时，应及时采取加固措施。初期支护可采取以下加固措施：嵌钢架、加网喷、加锚、壁后注浆、提前模筑混凝土、顶柱、设扇形支撑等。通过现场监测反馈的实时数据，判断加固措施是否可靠以及是否需要采取进一步措施。

8. 支护原理与计算图表

根据防塌支护原理和计算图表，制订防塌技术方案。应保证防塌技术方案的可靠、有效、可行，确保方案能够第一时间实施。

9. 地下水灾害预防

为了防止隧道施工中地下水引起灾害，必须结合现场水文地质条件，提前对地下水的情况进行勘察。地下水的存在可能会使软岩软化、无胶结围岩流动化崩塌、土质岩和膨胀岩膨胀、粉质黏土内聚力丧失等，造成土层承载力的减小和荷载的增加，从而形成流砂、突水和突泥等灾害，导致围岩失稳、坍塌，支护结构变形甚至被破坏，进而引起大塌方，对隧道施工产生极大危害。

5.2.3.4　重视施工环境及安全措施管理

为防止有限空间中施工对作业人员的影响，隧道施工中应严格执行有害气体的工前检测，始终将新鲜空气送至掌子面。施工过程中作业面应防范突然产生的有害气体和粉尘等污染，配备防护粉尘口罩、防中毒与防窒息设备等保护作业人员的健康。

施工现场出入口应有安保人员检查，禁止非施工人员随意进出。施工现场要做好"交叉路口"防护，张贴并悬挂指示牌、指示灯等安全标识。在一些主要的道路口设置人员引导，防止出现安全事故。施工人员必须佩戴安全帽，穿反光背心，特殊作业人员必须穿戴相应的劳保用品等。各种机械设备均应经验收合格后方可投入使用。吊运材料要设专职的信号指挥人员。使用电气设备需符合技术规范和操作规程。应由合格的专业技术人员安装电气设备、进行电气切割作业等。

施工方案应考虑消防设施的布置，并在现场多处张贴消防标志，未经允许不得更改。建筑材料的堆放、保管应严格按照设计图纸要求进行，易燃材料应单独存放。施工现场消防器材和设备不得被掩埋、占用或挪作他用。

5.2.3.5　重视风险巡视与预防

施工时应通过安全巡视、施工监测等手段做到安全风险的提前防范。

1. 风险巡查内容

安全巡查的目的就是通过观察和分析，判断工程自身和周边环境的安全性，确保工程和周边环境的安全。安全巡视具有及时性和直观性的特点，是固定测点监测所不能替代的。浅埋暗挖法的主要巡查内容如下。

（1）施工开挖面地质安全状况。巡查内容包括：土质性质及其变化情况、密实度、湿度颜色和分布等情况；开挖面土体渗漏水量、发生位置等情况；工作面坍塌位置、坍塌体大小、发展趋势等情况；抽降水控制效果、降水井井位、出水量及含沙量、附近地面沉陷等情况。

（2）结构体系安全状况。强化作业面的施工过程管控。在每个施工场地配备3名及以上有隧道施工经验的技术人员，监督和指导劳务作业人员的施工。对于施工现场的一些关键部位，应加强安全管控，增加巡检次数。巡查内容包括：支护体系施作及时性，支护体系施工是否符合规范设计要求，支护体系开裂、变形和发展趋势等情况；临时支撑安装拆除缺陷，下台阶及仰拱施工缺陷、特殊断面的缺陷等情况；拱背是否存在空洞，回填是否密实等情况；土方开挖、支护结构施作、注浆、降水等是否符合要求等情况。

（3）周边环境安全风险。巡查内容包括：建（构）筑物倾斜、开裂、沉降；周边既有隧道结构开裂、渗水、变形情况；周围地面开裂、地面沉陷、隆起情况；周边地下管线破损、渗漏等情况。

（4）施工环境及安全措施管理巡查。巡查内容包括：施工人员、设备、应急物资等资源到位情况；作业人员安全防护用品是否到位、施工人员是否提前进行安全教育；作业区域空气污染情况、防火安全检查等。

巡查人员对现场施工人员的违法、违规行为应及时纠正，并进行现场教育。对于部分难以消除的危险源，必须采取一定的安全措施，在醒目的位置设置安全标识。

2. 重视事故预兆

在浅埋暗挖法工程事故发生前，往往有预兆。要重视事故预兆，预防或控制事故发生。预兆主要有：开挖后顶部未支护部位的围岩发生掉块甚至不停掉落；使用喷射混凝土支护围岩后仍有掉块情况发生；掌子面可见出水点位置不断变化；掌子面突然涌水或涌水压力突然增大；掌子面正向坍塌并向内发展；岩层张开的裂隙明显增大（肉眼可见明显增大）；原岩层填料被水冲走，并且水量增大；松弛地层开挖后不停地掉渣、掉砂；涌水由清变浊；岩石出现肉眼可见的岩粉；掌子面及其附近区域无故出现尘土、灰尘；流砂地段塌方预兆；拱脚下沉显著增大，承载力不足；喷射混凝土大面积开裂、脱离，随之有"噼啪"声响；锚杆垫板松动；钢支撑扭曲变形，边墙支撑中间部位凸出，连接节点明显变形；钢支撑之间的喷射混凝土或土岩发生剥落；网格支撑中的喷射混凝土明显开裂，钢筋露筋并变形；拱顶喷射混凝土对称开裂，边墙喷射混凝土开裂，并伴随剪切下滑的现象；钢支撑承受较大压力发出声响；钢支撑之间连接板发生错位，连接螺栓发生剪切破坏；钢支撑之间的砂土和岩层被挤出，土块、岩块掉出；洞口多处地面持续开裂，且裂口数目逐渐增加、裂口增大、加深；地面陡岩发生崩塌现象；地面明显沉陷，由水平观测点判断，掌子面通过后，其上地面仍然持续下沉，且累计值超过300mm；变形监测表明，变形长期不收敛且变形速率仍然较大；变形收敛监测曲线表明，已收敛，但又出现变形值突然增大情况等。

5.3 盾构隧道施工安全风险及管控

5.3.1 盾构隧道施工安全风险

盾构施工由于其工艺特性，所涉及的风险可分为两大类：一类是建筑工程中普遍存在的风险；另一类是由于其工艺的特殊性而存在的风险。

5.3.1.1 普通风险

本部分所描述的普通风险是正常的建筑工程施工均有所涉及的风险，具体类别如下。

1. 中毒

中毒产生的原因包括：管线破损导致有毒有害气体泄漏；未按规定佩戴防护用具；作业处通风不良；防护用具失效等。

2. 物体打击

物体打击产生的原因包括：堆载超限；堆载离边沿过近；堆载过高；拆除工作不彻底留有悬空易坠物；在起吊物下作业、停留；设备防护罩缺损等。

3. 坍塌

坍塌产生的原因包括：未按规定搭拆设施；堆载超限；设施基础不坚实；未按规定挖土放坡；未按规定采取降水排水措施；未按规定支护。

4. 起重伤害

起重伤害产生的原因包括：未按规定持证上岗；未遵守操作规程；超负荷起重作业；作业人员酒后上岗；被吊物件质量不明；机械设备未经检测合格；机械设备部分机件失效，未及时修复；恶劣天气起重作业；起重作业环境不当等。

5. 机械伤害

机械伤害产生的原因包括：未按规定持证上岗；未遵守操作规程；作业人员酒后上岗；机械设备安装后未经验收合格；机械设备防护装置缺损；使用国家禁用的多用途机械等。

6. 车辆伤害

车辆伤害产生的原因包括：未按规定持证上岗；车辆未及时做好例行维护；车辆故障运行；场内有轨车辆轨距不符要求；轨枕与轨道之间连接不牢固；车辆未经检测或验收合格等。

7. 火灾

火灾产生的原因包括：动火作业人员未按规定持证上岗；动火作业人员未遵守操作规程；在禁火区域吸烟；仓库不符合消防规定；易燃物管理不当；未对易燃易爆物品设置危险品仓库；动火作业器材安全装置无效等。

8. 高处坠落

高处坠落产生的原因包括：未佩戴或正确使用防护用具；恶劣天气违反高处作业规定；设施搭设拆除不符合要求；作业人员酒后上岗；作业人员在高处无防护区域行走；预留洞口无有效防护；高处临边无有效防护；易坠落区域无有效隔离措施；高处作业平台或通道无有效防护；恶劣天气平台或通道无针对性的防护措施；楼层通道口未设置安全门等。

9. 触电

触电产生的原因包括：作业人员未按规定持证上岗；作业人员未遵守操作规程；作业人员酒后上岗；电工带电作业时无人监护；线路设置不符合要求；带电体外露无防护；未做到三级配电二级保护；机械设备未配置漏电开关；检维修设备未能断电、挂标识牌；未根据环境情况使用安全电压灯具；高度设置不符合要求；临时用电通电使用前未经过验收合格；保护接地、接零不符合要求；用电装置无防雨措施；电箱不符合要求；采用不合格导体代替熔断丝等。

10. 爆炸

爆炸产生的原因包括：乙炔瓶卧放；采用明火烘烤气瓶；气瓶在烈日下暴晒；氧气瓶口接触油脂；气瓶使用未留余气；擅自焊割危险品容器；擅自焊割废弃气体管线；易爆物品存放不当；使用乙炔瓶无回火装置；压力容器未按规定检测合格；减压阀未定期检验；隧道内甲烷等易爆气体浓度超标等。

11. 淹溺

淹溺产生的原因包括：潜水作业人员未持证上岗；未配置相应救生设施或设备；恶劣天气船舶等设备回避不当。

5.3.1.2 特殊风险

本部分所描述的特殊风险是由盾构法工艺带来的施工过程中涉及的风险，具体类别如下。

1. 盾构始发风险

盾构始发风险主要包括：凿除洞门时出现涌土、流砂；洞口土体流失；盾构推进姿态不良；反力系统出现失稳等。

2. 盾构推进风险

盾构推进风险主要包括：盾构正面掘进土体失稳；推进过程中遇到障碍物；地面隆起变形；盾构出现涌土、流砂、漏水；盾尾密封装置泄漏；盾构沉陷；盾构掘进轴线偏离设计轴线；管片破损；刀盘或土舱结泥饼；螺旋输送机喷涌。

3. 换刀施工风险

换刀施工风险主要包括：掌子面漏水、涌砂、坍塌；人员伤害；障碍物等。

4. 盾构接收风险

盾构接收风险主要包括：凿除洞门时出现涌土、流砂；洞口土体流失；盾构卡住无法进洞等。

5. 大型设备吊装风险

大型设备吊装风险主要包括吊车倾覆和吊车坠落。

6. 穿越建（构）筑物风险

穿越建（构）筑物风险主要包括穿越建筑物及一般构筑物风险和穿越大直径管线风险，具体有建（构）筑物发生不均匀沉降，造成建（构）筑物倾斜、开裂，管道断裂，隧道开裂、变形，高架桥梁倾斜等。

7. 孤石爆破施工风险

孤石爆破施工风险主要包括爆破事故和周边建（构）筑物损坏。

5.3.2 盾构隧道施工安全风险管控

5.3.2.1 盾构选型及配置

盾构选型应考虑地层的渗透系数、颗粒级配、地下水压等因素，除此之外，还要对用地环境、竖井周围环境、安全性、经济性进行充分考虑。

（1）根据盾构施工所处地层的渗透系数、颗粒级配进行盾构选型。

5　地铁工程施工安全风险及管控

（2）深入调查施工场地条件，合理选择盾构施工工作井位置，满足盾构施工用地需要。

（3）综合考虑盾构施工周边环境，并借鉴国内外类似工程的成功经验。

（4）深入研究盾构施工所处地层资料，合理参考类似工程盾构的设计经验和实际使用效果。

（5）充分考虑盾构施工过程中的困难，提高设备的性能。

5.3.2.2　盾构始发施工风险管控

1. 凿除洞门时出现涌土、流砂风险管控

洞口土体加固应提高施工质量，保证加固后土体强度和均匀性，保证加固土整体强度、渗透系数符合设计要求。

对洞门圈进行加固封堵，措施有双液注浆、水平冻结等。

加强对洞门圈附近、工作井和周围环境变化的监测。

2. 洞口土体流失风险管控

洞门密封圈安装要准确，在盾构推进的过程中要注意观察，防止盾构刀盘的周边刀割伤橡胶密封圈；可适当涂抹牛油增加密封圈的润滑性；要及时调整洞门圈的扇形钢板，改善密封圈的受力状况。

在设计洞门密封装置时应预先考虑盾构同步注浆管形式。当采用外置式时，在相应位置设置可调节的构造，保证密封性能。

3. 盾构推进姿态不良风险管控

盾构基座中心夹角轴线应与隧道设计轴线方向保持一致，当出洞段隧道设计轴线为小半径曲线时，可考虑将盾构基座沿隧道设计曲线的切线方向放置，切点位置必须考虑盾构直径与洞圈大小的偏差。

对基座框架结构的强度和刚度进行验算，以满足出洞时盾构穿越加固土体所产生的推进反力的要求。

控制盾构姿态，尽量使盾构轴线与盾构基座中心夹角轴线保持一致。

盾构基座的底面与始发井的底板之间要垫平垫实，保证接触面积满足承载力要求。

在推进过程中合理控制盾构的总推力，使千斤顶合理编组，避免出现不均匀受力。

4. 反力系统出现失稳风险管控

对体系的各构件必须进行强度、刚度校验，对受压构件一定要做稳定性验算。各连接点应采用合理的连接方式保证连接牢靠，各构件安装定位精确，并确保电焊质量和螺栓连接强度。

5.3.2.3　盾构推进施工风险管控

1. 盾构正面掘进土体失稳风险管控

正确计算选择合理的土舱压力，土舱压力应为静止水土压力的 1.2 倍左右；正面上体由膨润土悬胶液稳定，由盾构空气压力系统控制，随时根据变化情况补偿正面土压力。

遇到砂性土等不利地层时，要及时注入新鲜泥浆。事前检验泥浆的物理性质，包括泥浆的流变性能、渗透性、成泥膜的检验。测定固体颗粒大小分布、泥浆密度、塑性黏滞度。泥浆可渗入砂性土层一定的深度，迅速形成一层泥膜。这种泥膜有助于提升土层的自立能力，从而可以有效支撑整个开挖面，对透水保持动态平衡。

在超浅覆土段掘进时，应控制掘进速度和泥渣排土量及泥浆补给量。一旦出现冒顶、冒浆，应开启盾构气压平衡系统。

2. 推进过程中遇到障碍物风险管控

选择有经验的勘察单位，采用先进的勘探技术，或综合应用多种勘探技术。加密地质勘探孔，准确定出障碍物的位置。对开挖面前方20m开展超声波障碍物探测，及时查出孤石、防空洞等。使用特种设备对障碍物区域进行地面垂直清障。如地面无条件，也可附设从密封舱隔板向工作面延伸的钻机，对障碍物进行破除。如果孤石等障碍物强度过高，常规清障手段效果不好，可采用爆破清障的方式，但需进行严格爆破设计，并组织专家论证。

3. 地面隆起变形风险管控

加大监测频率，及时调整施工参数。汇总分析出施工参数的规律，严格控制切口压力及推进速度设定值，避免其波动范围过大。按理论出土量和施工实际工况定出每环合理的出土量。

4. 盾构出现涌土、流砂、漏水风险管控

设定与实际工况相适应的、合理的切口压力。控制推进速度，正常推进时速度宜控制在2~4cm/min。对渣土进行改良，可向刀盘前方、土舱内加注渣土改良材料，如膨润土浆、泡沫剂高分子聚合物等，以改良渣土的流动性、渗透系数等指标。

5. 盾尾密封装置泄漏风险管控

严格控制盾构推进的纠偏量，尽量使管片四周的盾尾空隙均匀一致，降低管片对盾尾密封刷的挤压程度，避免造成密封系统失效。采用优质的盾尾油脂，要求有足够的黏度、流动性、润滑性、密封性能。及时、保量、均匀地压注盾尾油脂。严格控制同步注浆量、注浆压力，以防止压浆过量或注浆压力过高，击穿盾尾密封。

6. 盾构沉陷风险管控

加密地质勘探孔，准确定出不良地层的位置，分析对盾构掘进施工的影响。对开挖面前方20m进行地质探测，及时查出不良地层或障碍物。

定期检查盾构，使盾构保持良好的工作性能，减小掘进施工时盾构出现故障的概率。

7. 盾构掘进轴线偏离设计轴线风险管控

在推进施工过程中，对每一环都必须提交切口、盾尾高程及平面偏差实测结果，及时调整盾构姿态，由此减小盾构与成环隧道中心、设计轴线的偏差。

将测量结果绘制成隧道施工轴线与设计轴线偏差图，一旦发现有偏离轴线的趋势，采取及时、连续、缓慢的纠偏方法。严禁在纠偏过程中过大地调整切口位置，造成后续掘进中的姿态偏离。盾构滚动角宜控制在±10mm/m以内，合理调整左右千斤顶行程差。

8. 管片破损风险管控

管片吊运要平稳，防止过大的晃动、碰撞引起管片损伤。管片堆放时上下两块之间

需放置垫木。专用管片运输平板车应加设避振设施，减少运输过程中的振动。在工作区应放置枕木将管片垫高，避免管片与隧道产生碰撞而损伤。管片起吊过程中要小心轻放，防止管片边角磕坏。管片拼装时要小心谨慎、缓慢平稳，减少管片撞击。

提高管片拼装质量，控制调整环面平整度、环面与隧道设计轴线垂直度、纵缝偏差等。若出现偏差，则及时加贴衬垫予以纠正，使后拼上的管片受力均匀。

勤测盾尾间隙，发现盾尾间隙过小时，应在管片拼装过程中加贴纠偏楔形环，并在下一环盾构推进时进行姿态调整。及时调整管片环面与轴线的垂直度，使管片在盾尾能居中拼装。

9. 刀盘或土舱结泥饼风险管控

盾构设计、选型方面的措施如下。

（1）设计盾构时，应选择适当的开口率（特别是中心位置），尽可能保证土体进舱顺利。

（2）在土舱内设置土压力传感器，及时反映土舱内泥土黏附情况，预防泥饼的形成。

（3）刀盘内侧（土舱侧）设有搅拌棒，随刀盘一起转动，可加速土体流动及对螺旋输送机喂料，减少泥饼的形成。

盾构掘进施工过程中采取的措施如下。

（1）当涉及黏性土地层施工区域时，为降低土体间的黏聚力、减小土舱中渣土压密结实的概率、减小切削土体与刀盘结构间的附着度，应改善土体的和易性，确保土舱内土压力的稳定和出土的顺畅。在掘进过程中，应及时观察所排土体的情况，分析土体黏度和含砂率，必要时添加适量的添加剂进行土体改良，以降低土体黏度和附着力。

（2）合理设定切口压力值以减小其波动频率，具体可根据实际操作调整。分析盾构所穿越地层的物理特性，在推进过程中应控制好推进速度，减小泥饼产生的概率。

（3）土压力传感器应设置在不同高度的土舱内，通过土压力差可测出土体的密度。当黏度值大于12s时，应注入泡沫剂和膨润土改良砂土的和易性。

（4）严格控制土舱温度，其封闭空间的温度很大程度上与刀盘的冷却程度有关。当外界气温高于30℃、隧道内通风系统较差而土舱内的温度随之上升较快时，应控制刀盘的循环水冷却系统降低温度。

（5）避免长时间的停机，因为停机会导致土舱内土压逐步升高、流动性降低，刀盘及刀具板容易出现结泥饼现象。

10. 螺旋输送机喷涌风险管控

在水量较大的地段掘进时，螺旋输送机应采用双闸门控制，加注水泥浆或高分子聚合物。同时进行二次注浆，在管片外圈形成连续的封闭环，切断阻隔管片周围的漏水通道，以避免喷涌。

严格控制盾构掘进油缸的行程差，加强盾构铰接密封检查，以确保盾构铰接部分不漏砂、不漏水。检查盾尾刷密封效果，经常添加油脂，确保密封刷状态良好。若出现喷涌现象，应立即关闭螺旋输送机的后门，适当向前掘进，通过刀盘的转动将土舱内的土体搅拌均匀，保持土舱内压力处于稳定状态。

向土舱中加入膨润土或发泡剂，改善切削土体的和易性，使土体中的颗粒和泥浆形成一个整体连续排出，避免喷涌。在中微风化岩地层中，如果同步注浆效果不理想，需通过管片进行双液二次注浆，以便封堵隧道四周漏水通道。

5.3.2.4 换刀施工风险管控

1. 掌子面漏水、涌砂、坍塌风险管控

（1）带压施工。

详细调查拟换刀地点的地层、透水情况，对其稳定性进行综合分析评价，确定合适的压力作业值。正式施工前，在土舱内压注膨润土，并建立土舱压力，将膨润土浆液压至刀盘周边土体内，形成泥膜。地面监测点加密，并增大监测频率，如地面沉降有异常数据出现，监测人员立即向项目部汇报，技术部门对数据进行分析，并拟定下一步应对措施。换刀过程中如发现掌子面有失稳情况发生，作业人员应立即与舱外人员联系，同时通过减压使作业人员出舱，并重新制作泥膜（可重复制作）。

（2）常压施工。

开舱前须观察渣土，根据渣土分析目前土舱开挖面水文地质情况，并与地质勘察报告对照看是否有较大出入，确定开挖面土质良好后，逐渐出土降低土压，清空上部土舱内渣土。

根据出土方量计算土舱渣土清空情况后，进入人闸，通过土舱壁上的球阀观察孔观察土舱开挖面稳定性情况。在打开球阀时，若土舱压力很小，则基本没有气体流动；若发现打开球阀后长时间存在气体流动，则说明开挖面不稳定，有泥水涌入土舱。

在通过观察孔确定土舱开挖面安全的情况下，准备空压机通风，选定已交底人员做准备，并明确分工，开舱作业机具及应急物资准备到位后开舱作业。

土舱人闸打开后，人员不能立即进入土舱，必须先观察开挖面土体情况及土舱底部渣土情况，观察有无泥水涌入或冒气泡等现象。若发现异常情况，应继续观察或关闭舱门推进一段距离后，再次确定开舱条件。

2. 人员伤害风险管控

在人员进入土舱前，将有害气体检测仪放入土舱底部进行检测，判断土舱内是否有有害气体存在，同时对土舱内温度进行检测。若发现有有害气体或温度过高，应判断开舱条件是否具备，同时将盾构空压机管插入土舱底部进行通风，待土舱内温度及空气条件适合人员进入时，再进行土舱内作业。

土舱内作业一次最多进入2人，并且作业时间不超过1h，人闸舱内必须有1~2个对应的接应和观察人员，盾构上必须有安全员及项目部有经验的管理人员在场指挥监督。一旦发生异常情况，立即停止开舱作业并及时处理。

开舱作业人员一旦感觉不适应立即出舱，不允许继续作业。

舱内作业期间应保持一定推力以适当平衡开挖面土压，土舱闸门处于半开状态，操作室必须有人员值守，一旦发生情况，立即撤离舱内人员及设备并关闭舱门。再次作业前需重新评估开舱条件。

3. 障碍物风险管控

保证土舱内照明条件，防止因照明条件不足而碰撞，导致工具、刀具等掉落在土舱内。在换刀作业过程中，需对使用的工具进行管理，防止作业过程中将工具遗留在土舱内影响螺旋输送机及刀具等。

5.3.2.5 盾构接收风险管控

1. 凿除洞门时出现涌土、流砂及洞口土体流失风险管控

洞口土体加固应提高施工质量，保证加固后土体强度和均匀性，保证加固土整体强度、渗透系数符合设计要求。对洞门圈进行加固补充封堵，如进行双液注浆、补充冻结等。尽量提高盾构接收工作效率，减少土体暴露时间。洞门打开前，需在盾尾后方打设环箍，以封闭渗漏水通道。及时封闭管片与洞圈间的漏水通道，并及时进行注浆充填。注浆应按照多点、多次、少量、均匀的原则进行，合理选取注浆孔位，严格控制注浆流量、注浆压力等参数。盾构进洞过程中应加强监测，及时反馈地面变形、沉降信息，以便采取二次注浆，减小盾尾通过后隧道外周围形成的建筑空隙。盾构进洞选择二次进洞方法。

2. 盾构卡住无法进洞风险管控

进洞前对盾构姿态、洞门中心进行多次复测，并经多方结果比对，以减少测量资料错误的产生。在进洞过程中控制好盾构姿态，严格按照预定姿态进行纠偏，并尽量在盾构进入加固区前完成姿态调整。打开洞门后，迅速判断刀盘与洞圈相对位置，在可能发生碰撞的位置架设导轨，对盾构推进方向进行引导。

5.3.2.6 大型设备吊装风险管控

1. 吊车倾覆风险管控

吊装施工前，编制专项吊装方案，并经专家论证。吊装施工前，对起重机停放范围进行地基承载力试验，保证地基承载力满足需要。吊装施工前，对所使用的起重机进行检查，保证其型号、配重与吊装方案中的描述一致且状态完好，无带病工作现象。吊装施工前，对相关人员进行交底，明确各工况的相关控制参数。吊装施工过程中，起重指挥必须严格按照吊装方案流程进行指挥，不得擅自变更或违章指挥。吊装施工过程中，对双机抬吊需进行严密监控，2台起重机需指令统一，协同工作。

2. 吊物坠落风险管控

吊装施工前，对吊装所使用的吊索具进行检查，保证其规格与吊装方案中的描述一致且状态完好，无带病工作现象。对吊物上的附件进行拆除或加固，防止在吊装过程中意外坠落。

5.3.2.7 穿越建（构）筑物风险管控

1. 穿越建筑物及一般构筑物风险管控

（1）组织措施。

成立专项维稳小组，以保证施工过程中相关维稳工作顺利进行。

项目成立房屋维稳工作组（由项目书记任组长），下设2个小组：管理组，负责建档、开会、接待、走访、维稳、处理、善后；修缮组，负责建筑物、门窗、地面等的小修小补，满足居民百姓的各种诉求。

成立项目应急抢险注浆工作组，工作内容包括：对盾尾突发漏水、漏砂等险情，第一时间进行聚氨酯或双液注浆的堵漏；对沉降过大的区域进行隧道壁后注浆，以控制建筑物、地面沉降。

(2) 技术措施。

针对盾构穿越建（构）筑物、砂性土等复杂情况，对盾构进行改造。增开盾构头部注浆孔，配备泡沫发生器和聚合物注入设备，用以改良盾构正面土体，防止出现喷砂、涌砂情况，同时可以有效减小刀盘扭矩。对盾构千斤顶区域进行编组重设，以利于盾构在小半径施工过程中的左右纠偏及转弯。施工前详细调查隧道沿线建筑物的准确资料，明确其与隧道的相对关系。

施工前应建立完整的测量和监控测量系统，对建筑物的沉降、变形进行监测，监测频率及周期应通过模拟试验段施工的具体情况确定，原则上能确保反映盾构施工时周边环境的实时影响。房屋变形控制标准：整体倾斜度不大于2‰，房屋沉降、隆起量不大于10mm，砌体承重结构基础的局部倾斜度不大于1‰，相邻柱基沉降差不大于1‰L（L为相邻柱基的中心距离）。

设置盾构施工模拟段，综合分析模拟段各项施工数据。通过对比及时调整盾构姿态、推进速度、刀盘转速、正面土舱压力、同步注浆量等施工参数。严格控制正面土压力、推进速度、盾构姿态，根据监测数据及时调整盾构推进参数确保盾构平稳穿越，保证施工影响范围内地层损失率不大于1‰。严格控制、精细作业。重点为盾构施工参数设置、同步注浆、两次补浆及盾尾封堵止水等一系列关键工序的操作，杜绝一切人为因素所造成的质量问题的发生。

2. 穿越大直径管线风险管控

取得管线、勘察单位的支持，进一步摸清上述地下管线的确切位置、走向、埋深和结构情况，并摸清相近建筑与盾构的确切位置、建筑结构等。对相近地下管线布设沉降监测点，有条件时尽可能采用直接法在管线顶部及建筑物上设沉降观测点，并预留跟踪注浆管。

为确保盾构顺利穿越，穿越前必须对机械、电气设备等进行检修，保证其顶进时具有良好的性能。根据监测反馈结构及时调整和控制盾构推进参数。盾构穿越建筑物及地下管线时，若地面沉降量超过警戒范围，则需在隧道内通过管片注浆孔进行壁后注浆或地面跟踪注浆来保护建筑物及地下管线。

排水管上设置直接沉降观测点，盾构通过排水管期间应加强施工监测，根据监测数据及时调整盾构施工参数，尽量减少对地层的扰动。及时进行同步注浆，并加强二次注浆。及时补充盾尾油脂，确保盾尾不漏浆，若因设备原因出现盾尾漏浆，应及时采取措施加以封堵。严格控制管片拼装精度，施工中严格按操作程序进行。

5.3.2.8 孤石爆破施工风险管控

1. 爆破事故风险管控

针对标孔、钻孔、清孔和验孔进行严格管控，保证炮孔达到设计及规范要求。爆破施工前，对爆破器、起爆器、击发针等器材进行检查，确保使用安全。检查导爆管网路，不应存在死结、接头情况，相邻传爆雷管间应保持足够的安全距离。

为防止静电引起早爆事故，爆破作业人员进行爆破作业或接触爆破器材时，不得穿化纤服装。严禁使用铁质炮棍进行装药填塞作业，必须使用木质或竹质炮棍。装药前，应校核最小抵抗线，如有变化应适时调整装药量。按设计要求填塞雷管长度和质量，以防冲炮。爆破体须按设计进行近体防护或离体防护，以防飞石过远。对距爆区较近的保护物，应按设计设置主动保护措施。待全部人员撤至安全地点后，方可导通起爆网路和连接起爆电源。

爆破施工前，应在爆破范围内设置警戒线和标志，并安排巡查人员，非爆破作业人员不得进入该区域。

以警报器或哨子作为爆破信号的音响器材。炮响后，必须等15min后方可接近现场进行检查。爆后发现盲炮，应由有经验的爆破员及时排除。施工作业人员需正确佩戴安全帽及防护用品。爆破作业人员必须持证上岗，严禁酒后上岗。爆破作业点和爆破器材存放点严禁吸烟和明火作业。

爆破作业施工过程中若遇雷电、暴风雨天气，应立即停止作业，全部人员撤至安全地点。

2. 周边建（构）筑物损坏风险管控

根据设计图纸，进行详细现场踏勘，掌握现场第一手资料。收集整理爆破作业影响区内的建（构）筑物资料，并进行现场对比，发现不一致情况，应及时进行核实，以掌握爆破影响区内的建（构）筑物情况。

根据翔实的现场资料有针对性地进行爆破设计，并按《爆破安全规程》（GB 6722—2014）中有关安全振动速度和安全距离加以验算，保证设计在规程允许范围之内。采取行之有效的减振措施，减小爆破产生的振动，以控制对周围建筑物和设施管线的影响。

参考文献

［1］ 北京城建集团有限责任公司. 地下铁道工程施工质量验收标准：GB/T 50299—2018［S］. 北京：中国建筑工业出版社，2018.

［2］ 陈灿，倪曦. 城市地铁隧道施工监测的方案探究［J］. 四川水泥，2017（10）：223.

［3］ 陈刚，张兆元，余浩. 地铁工程施工技术与隧道安全管理［M］. 武汉：华中科技大学出版社，2022.

［4］ 陈克济. 地铁工程施工技术［M］. 北京：中国铁道出版社，2014.

［5］ 程景栋. 地铁施工重特大危险源安全管理指南［M］. 成都：西南交通大学出版社，2021.

［6］ 崔晓，许锋，马俊成，等. 地铁施工监测重难点分析及存在问题对策研究［J］. 天津建设科技，2023，33（3）：30-34.

［7］ 丁淮. 地铁区间高架连续梁施工技术［J］. 工程机械与维修，2020（3）：116-117.

［8］ 龚剑，吴小建. 地下工程施工安全控制及案例分析［M］. 2版. 上海：上海科学技术出版社，2019.

［9］ 韩小龙. 隧道工程TBM装机的重难点及组装施工［J］. 兰州石化职业技术学院学报，2022，22（1）：17-20.

［10］ 黄嘉，唐振华. 地铁运营管理的信息化建设［J］. 都市快轨交通，2014，27（5）：21-24+31.

［11］ 雷雨亮. 浅谈地铁矿山法区间隧道施工测量控制技术［J］. 居舍，2017（26）：43.

［12］ 李聪. 论地铁施工中的监测技术及其安全风险管理［J］. 城市建设理论研究（电子版），2017（16）：158-159.

［13］ 李怀玉，程维敬. 地铁施工监测与安全风险管理研究［J］. 运输经理世界，2022（22）：59-61.

［14］ 李军辉，肖建东. 智慧城市建设要求下的通信基础设施规划［J］. 中国新通信，2018，20（8）：13.

［15］ 李明华. 城市地铁施工技术［M］. 长沙：中南大学出版社，2015.

［16］ 李云飞. 地铁车站信息化施工及安全协同管理研究［D］. 大连：大连交通大学，2019.

［17］ 李志建. 矿山法地铁区间隧道施工测量控制要点探析［J］. 安徽建筑，2019，26（9）：255-256.

［18］ 刘建军. 地铁施工监测技术与安全风险管理［J］. 河南建材，2019（3）：127-128.

［19］ 刘小琦，张宇明. 地铁车站明挖基坑施工技术研究［J］. 工程建设与设计，2022（22）：133-135.

［20］ 马梓凯. 地铁施工监测技术与安全风险管理分析［J］. 运输经理世界，2021（30）：1-3.

［21］ 孟祥飞. 矿山法段隧道施工技术研究［J］. 企业技术开发，2013，32（22）：23-24+27.

［22］ 聂雷震. 城市地铁区间高架连续梁施工［J］. 科技情报开发与经济，2005（18）：278-279.

［23］ 牛文，黄日生，刘红伟. 地铁土建工程施工技术及应用研究［M］. 长春：吉林科学技术出版社，2021.

［24］ 潘彦凌. 基于信息化的地铁施工安全管理研究［D］. 杭州：浙江工业大学，2020.

［25］ 任光跃. 地铁工程项目中的盾构法施工工艺［J］. 工程建设与设计，2022（22）：121-123.

[26] 陕西省建筑科学研究院．钢筋焊接及验收规程：JGJ 18—2012［S］．北京：中国建筑工业出版社，2012．

[27] 沈圆顺．地铁工程建设安全管理信息化应用研究［J］．城市轨道交通研究，2012，15（8）：24-28．

[28] 石钰锋，龚宏华，黄展军，等．地铁施工技术［M］．北京：中国铁道出版社，2023．

[29] 苏晓刚．地铁施工工地试验检测与工程质量分析［J］．低碳世界，2023，13（10）：160-162．

[30] 孙山尊．浅议地铁车站明暗挖施工过程控制要点及措施［J］．工程建设与设计，2019（8）：179-180．

[31] 孙永延．地铁施工监测技术与安全风险管理分析［J］．城市建设理论研究（电子版），2023（35）：193-195．

[32] 陶鹏飞，卢进，魏晨亮，等．地铁土建工程施工技术与安全管理［M］．武汉：华中科技大学出版社，2023．

[33] 王曙光．地铁施工安全监测与风险管理研究［J］．四川水泥，2020（6）：169．

[34] 严晗，赵凯，李林．地铁车站装饰安装工程施工指南［M］．北京：中国铁道出版社，2018．

[35] 战启芳，杨石柱．地铁车站施工［M］．北京：人民交通出版社，2011．

[36] 张能，毕永清，李威．城市地铁施工监测信息管理系统的设计研究［J］．测绘与空间地理信息，2019，42（8）：119-120＋123．

[37] 张勇．自动化的地铁施工监测信息技术分析［J］．中国新通信，2023，25（24）：33-35．

[38] 长江水利委员会长江科学院．工程岩体分级标准：GB/T 50218—2014［S］．北京：中国计划出版社，2015．

[39] 赵红斌．矿山法隧道施工关键技术探析［J］．交通科技与管理，2024，5（14）：170-172．

[40] 中国建筑科学研究院，荣盛建设工程有限公司．钢筋机械连接技术规程：JGJ 107—2016［S］．北京：中国建筑工业出版社，2016．

[41] 中华人民共和国住房和城乡建设部．混凝土结构工程施工规范：GB 50666—2011［S］．北京：中国建筑工业出版社，2012．

[42] 中华人民共和国住房和城乡建设部．混凝土结构工程施工质量验收规范：GB 50204—2015［S］．北京：中国建筑工业出版社，2015．

[43] 周明月．地铁工程项目管理信息化系统建设与管理探讨［J］．铁路通信信号工程技术，2022，19（1）：82-86．

[44] 朱建勋．地铁盾构区间隧道施工风险的分析与控制［J］．工程建设与设计，2022（1）：129-131＋159．

[45] 朱鹏鹏，李晓钰．地铁区间盾构施工技术探究［J］．智能城市，2019，5（4）：105-106．